陕西省社会科学基金项目“完善党的自我革命制度规范体系的内在逻辑与实践路径研究”（项目编号：2023B016）

长安大学中央高校基本科研业务费专项资金资助（项目编号：300102164605）

PHILOSOPHY

人民日报学术文库

党内监督制度建设的
历史发展与现实推进研究

刘俊霞｜著

人民日报出版社
北京

图书在版编目（CIP）数据

党内监督制度建设的历史发展与现实推进研究／刘俊霞著．--北京：人民日报出版社，2024.1．--ISBN 978-7-5115-8124-2

Ⅰ．D262.6

中国国家版本馆 CIP 数据核字第 2024BM8511 号

书　　名：党内监督制度建设的历史发展与现实推进研究
DANGNEI JIANDU ZHIDU JIANSHE DE LISHI FAZHAN YU XIANSHI TUIJIN YANJIU
作　　者：刘俊霞

出 版 人：刘华新
责任编辑：曹　腾　杨　校

出版发行：人民日报出版社
社　　址：北京金台西路 2 号
邮政编码：100733
发行热线：（010）65369509　65369527　65369846　65369512
邮购热线：（010）65369530　65363527
编辑热线：（010）65369523
网　　址：www.peopledailypress.com
经　　销：新华书店
印　　刷：三河市华东印刷有限公司
法律顾问：北京科宇律师事务所　010-83622312

开　　本：710mm×1000mm　1/16
字　　数：223 千字
印　　张：15.5
版次印次：2025 年 1 月第 1 版　　2025 年 1 月第 1 次印刷

书　　号：ISBN 978-7-5115-8124-2
定　　价：95.00 元

目　录

CONTENTS

第一章

绪论

作为一个百年大党，中国共产党历经沧桑而充满活力，一个重要原因就在于党始终重视自我革命，注重保持自身肌体健康。习近平总书记指出："勇于自我革命是我们党区别于其他政党的显著标志。……正是因为具备这种独有的政治品格，我们党才能穿越百年风风雨雨，多次在危难之际重新奋起、失误之后拨乱反正，成为打不倒、压不垮的马克思主义政党。"① 党内监督制度建设是管党治党的基础性工程，是党勇于直面问题、勇于自我革命的直接体现与基本标志，是完善党的自我革命制度规范体系的重要举措。党的十九届四中全会公报指出："党和国家监督体系是党在长期执政条件下实现自我净化、自我完善、自我革新、自我提高的重要制度保障。"② 党的二十大报告也强调，完善党的自我革命制度规范体系，需要"完善权力监督制约机制"③。加强党内监督制度建设对于不断进行自我革命、保持党的肌体健康具有重要意义。党肩负着光荣的使命，责任重大。为此，亟须全面、系统地对党内监督制度建设进行深入研究，以期为新时代加强党的自身建设、积极应对各类风险与挑战提供借鉴与启示。建党百余年来，中国共产党对党内监督制度建设进行了积极探索，取得了重大成就，积累了丰富的经验。研究党内监督制度建设的历史发展与现实推进等问题，对于深化对党内监督内在规律的认识，

① 习近平谈治国理政（第4卷）[M]. 北京：外文出版社，2022：541-542.

② 中共中央关于坚持和完善中国特色社会主义制度 推进国家治理体系和治理能力现代化若干重大问题的决定 [N]. 人民日报，2019-11-06（001）.

③ 习近平. 高举中国特色社会主义伟大旗帜 为全面建设社会主义现代化国家而团结奋斗——在中国共产党第二十次全国代表大会上的报告 [N]. 人民日报，2022-10-26（001）.

解决党自身建设面临的突出矛盾与问题具有重要意义，同时，有助于推动党更好地完成自身肩负的历史使命，推动国家治理取得更大成绩。

第一节　问题缘起及研究意义

党和国家对党内监督制度建设的高度重视，当前党的自身建设面临的矛盾与问题，以及学界对党内监督制度建设研究的不足等，要求我们不断加强对这一问题的研究。回顾历史，总结经验，对新时代党建工作的推进具有重要意义。理论上，有助于丰富马克思主义党建内容，并从历史维度深刻把握党内监督规律，推动相关理论向前发展；实践上，有助于推动新时代党内监督制度科学化，有助于弘扬党的自我革命精神，解决新时代党的自身建设面临的突出矛盾与问题，同时，有助于完善党和国家监督体系，实现国家治理现代化；学术研究上，有助于解决学界对于党内监督制度理解不全面、研究不透彻等问题。

一、问题缘起

党和国家高度重视党内监督制度建设，这要求学界加强对党内监督制度相关问题的研究。同时，党的自身建设面临突出的矛盾与问题，亟须加强对党内监督制度建设历史的研究，从中吸取经验教训。另外，学界对党内监督制度建设研究存在不足，也要求我们不断加强对这一问题的研究。回顾历史，总结经验，对新时代党建工作的推进具有重要意义。

第一，党和国家对党内监督制度建设的高度重视，要求学界加强对这一问题的研究。2013 年，党的十八届三中全会要求进一步加强廉政建设并完善反腐败工作的体制机制。2014 年，党内通过相关方案，推动党的纪检体制改革，增强纪委权威性。2016 年，修订党内监督条例，标志党内监督制度化、规范化水平进一步提高。随后，在党的建设实践中，党中央做出一系列重大战略安排，推动纪检工作双重领导体制改革，同时，完善巡视、派驻等监督方式，并进行国家监察体制改革。2019 年，党的十九届四中全会对党内监督制度战略地位的认识进一步提高，把党和国家监督体系统筹布局，一体纳入国家治理体系。2021 年，党的十九届中央纪委五次全会要求，进一步坚持与完善党和国家监督体系，推进“三不腐”，深化纪检监察体制改革，扎实推进党内监督规范化法治化建设。可以看出，党内监督制度不断完善。这要求学界加强对党内监督制度建设的研究，深化对党内监督内在规律的认识，进而为党和国家发展的实际需要提供理论参考。

第二，深化全面从严治党，解决党内面临的突出矛盾与问题，迫切需要加强党内监督制度建设研究。当前，广大党员在遵守党纪、贯彻党和国家方针政策方面总体是好的。但也要看到，党所处的国内外环境复杂，“四大考验”与“四种危险”并存。少数党员信仰缺失、纪律涣散，妄议党的方针政策；少数党员干部利用职务之便，滥用权力，损害党和人民利益；“四风”问题、腐败问题存量尚未清空，增量仍在发生。对此，习近平总书记指出：“中央委员会的同志们、党的各级领导干部要保持头脑清醒，对全党的思想、组织、作风、廉洁等情况要有客观正确的认识和把握，以正视问题的勇气和刀刃向内的自觉推进党的自我革命。”① 党内监督是解决党内突出问题的重要手段。党内监督制度建设的历史是党的自我革命历史的重要组成部分。习近平总书记指出：“在建党百年之际，我们要居安思危，时刻警惕我们这个百年大党会不会变得老态龙钟、疾病缠身。对党的历史上走过的弯路、经历的曲折不能健忘失忆，对中外政治史上那些安于现状、死于安乐的深刻教训不能健忘失忆；对自身存在的问题不能反应迟钝，处理动作慢腾腾、软绵绵，最终人亡政息！”② 如今，有必要加强党内监督制度建设研究，深刻总结历史经验教训、及时发现相关问题，提出进一步加强党内监督制度建设的实践路径，强化对权力的制约与监督，有效解决新时代管党治党宽松软的问题。

第三，学界对党内监督制度建设研究不足，需要加强对这一问题的研究。通过对相关研究成果的梳理，可以发现，目前学界主要针对党内监督体制改革、机构变迁，巡视制度、派驻制度等某一项具体制度以及《中国共产党党内监督条例》等某一具体党内监督法规展开研究。而关于党内监督制度建设

---

① 习近平谈治国理政（第 4 卷）[M]. 北京：外文出版社，2022：543.

② 习近平谈治国理政（第 4 卷）[M]. 北京：外文出版社，2022：544.

的整体性研究尚不够深入，对于党内监督历史发展的梳理较为零散，现实问题分析不够全面，同时还存在重复性研究较多等问题。为此，亟须对相关问题展开进一步研究，回顾党内监督制度建设的历程，深入分析总结这一过程中取得的重要成就、基本经验与突出问题，并提出进一步解决问题的基本路径，为党内监督制度建设研究提供理论参考。

二、研究意义

从理论意义上看，探讨党内监督制度建设等问题可以丰富马克思主义党建内容，并从历史维度深刻把握监督规律，推动相关理论向前发展；从实践意义上看，既有助于推动新时代党内监督制度科学化，又有助于弘扬党的自我革命精神，解决新时代党的自身建设面临的突出矛盾与问题；从学术意义上看，有助于丰富学界对于党内监督制度的理解和研究。

（一）理论意义

以党内监督制度建设的历史事实为依据，对党内监督制度建设的相关问题展开研究，具有一定的理论意义。

第一，有助于丰富马克思主义党内监督理论。重视党的自我监督，是无产阶级政党的优良传统。系统梳理马克思主义经典作家与党的主要领导人的相关思想，总结党内监督制度建设的重大成就与基本经验等，有助于丰富马克思主义党内监督理论，加深对党建工作的理论认知。

第二，有助于从历史维度深刻把握党内监督制度建设的内在规律。任何事物的发展都有其自身规律性。系统研究不同历史阶段党内监督制度建设的历程，有助于认识不同历史背景下党内监督制度建设的主题侧重、时代特点，把握不同历史阶段党内监督制度建设的具体要求及其演变的内在动因，进而把握党内监督工作的规律性。

（二）实践意义

第一，弘扬党的自我革命精神，为解决新时代党的自身建设面临的突出矛盾与问题提供理论参考。中国共产党要保持肌体健康，就需要强化自身建设。从历史维度进行审视，可以把握党内监督制度建设的发生逻辑、演变动因与相关规律，为探索这一制度的未来走向赋予必要思考，有助于回应当前党的建设现实需求，解决“七个有之”、“四个不纯”、贪污腐化等问题。

第二，有助于在新的时代条件下，为不断完善党内监督制度提供理论参考。对党内监督制度建设问题展开研究，有助于准确把握党内监督工作的历史进程、重大成就与基本经验，为相关工作的开展提供借鉴；有助于把握新的历史条件下党内监督制度建设存在的突出问题，分清主流与支流，为党内监督制度建设厘清方向；有助于把握监督工作的规律，为运用科学的方法开展党内监督制度建设提供指导；有助于明确新发展阶段加强党内监督制度建设的实践路径，为完善党的自身建设提供思路。

第三，为推动国家治理现代化提供理论参考。治国理政离不开一套有效的制度规范。加强党内监督制度建设研究，有助于提出针对性措施，推动党内监督工作的发展，进而发挥带动作用，带动其他监督制度的发展。

（三）学术意义

加强党内监督制度建设研究，有利于弥补学界对于这一问题研究的不足，为学界开展相关研究提供一定借鉴。

第一，有助于深入、完整地理解党内监督制度的核心要义。目前学界对党内监督制度的理解相对片面。本研究提出，党内监督制度包含四个重要组成部分，即党内监督体制、党内监督法规制度、巡视等党内监督具体方式、党内民主监督制度。这四个部分相互区别又紧密相连，深入理解这四个方面，有助于为学界解决研究对象理解不全面的问题提供参考。

第二，有助于解决学界关于党内监督制度建设重大成就与突出问题研究不深入的问题。目前，学界对于党内监督制度建设取得的主要成就与存在的突出问题的研究还有待深入。本研究认为，建党百余年来，党内形成了较为成熟的党内监督制度建设理论、建立了较为系统的党内监督制度框架、增强了全党自觉尊崇党内监督制度的观念与意识、实现了党内监督制度优势向治理效能的高效转化。同时提出，党内监督体制性障碍依然存在，党内监督法规制度严密性与执行力有待加强，巡视等具体监督方式仍需完善与创新，党内民主监督制度科学化规范化水平有待提高，党内外协同监督制度有待健全等问题。上述探讨有助于弥补学界关于党内监督制度建设重大成就与突出问题研究的不足之处，为学界提供一定借鉴。

第二节　研究现状述评

一、国内研究现状述评

目前，关于党内监督制度建设的相关成果以著作与论文为主。国内学者主要围绕相关概念界定，党内监督制度建设的探索历程、理论基础，巡视制度、派驻制度、请示报告制度等具体监督方式，党内监督制度建设的问题与基本路径等方面进行研究，具体归纳如下。

（一）基本概念的研究

第一，关于党内监督的内涵与特点。就内涵而言，多数学者强调，党内监督即相关主体根据制度规范在党内进行的监察、督促活动。① 总体而言，国内学者对于党内监督内涵基本达成共识，认为党内监督是来自政党内部的监督，其重心在于制约权力。对于党内监督的特点，王宏琳认为党内监督具有主客体统一性、自觉性等特点。② 滕明政认为党的十八大以来党内监督呈现出鲜明特点，即党委与纪委的作用更加凸显，巡视“利剑”作用显著，派驻优势发挥明显，监督策略、体系更加健全与完善，国内“打虎拍蝇”成效空前，国际追逃取得重大进展。③ 蒋光贵认为，十八大以来党内监督思想的主要特点是：紧紧围绕新时代“四个伟大”进行，坚持问题导向、全覆盖、严要求，突出各方面的重点，坚持抓早抓小、防微杜渐。④

第二，关于党内监督制度的内涵及完善这一制度的意义。就内涵而言，

---

① 陈进．中国共产党党内监督问题研究综述［J］．内蒙古社会科学（汉文版），2010（06）：20-24.

② 王宏琳．论中国共产党党内监督制度建设［D］：［博士学位论文］．长春：吉林大学，2007.

③ 滕明政．中国共产党十八大以来党内监督的鲜明特点［J］．重庆社会科学，2021（01）：116-127.

④ 蒋光贵．浅析十八大以来党内监督思想发展的特点［J］．中共济南市委党校学报，2018（03）：23-26.

目前学界的观点还未完全统一。具体来看，第一种观点主要从基本依据方面理解，认为党内监督制度即开展相关工作时遵循的基本原则、党章及其他各类党内规章制度的总和。这类观点为多数学者所认同。第二种观点主要从党内监督制度的构成或类别来界定其内涵，如丁清晔认为，党内监督制度包括党内监督机制、具体制度及其领导体制。① 李宗楼和朱启友认为党内监督制度包括党内监督体制及与之相关的法规制度、民主制度等。② 关于党内监督制度建设的意义，第一种观点认为有助于加强党的自身建设，巩固党的执政地位，如肖光文与蔡春燕认为，党内监督制度科学化有助于巩固党的执政地位，有助于深入推进反腐倡廉建设。③ 第二种观点认为有助于促进党内外监督共同发展，如丁清晔认为，加强制度建设不仅能保证党内监督的权威性、有效性和规范性，而且能促进并带动其他社会监督制度的健全和完善，同时，保证党内民主的实现。④ 第三种观点认为有助于营造良好政治生态，如周良书指出，加强对权力的制约，有助于营造良好的政治生态与社会风气。⑤ 又如褚尔康和赵宇霞认为，强化监督制度的权威性，有助于维护党内政治秩序的健康运行。⑥

（二）关于党内监督制度建设历史演进的研究

一是从建党百年的整体历史视域进行考察，这类文章较少。如刘红对中国共产党百年党内监督制度建设实践进行了考察，认为相关制度建设必须坚持民主集中制、坚持改革创新精神、坚持吸收其他国家政治发展的智慧与经验。⑦ 王峰认为，纪检制度建设的历史与党史相统一，王峰根据党史的发展对

---

① 丁清晔. 中国共产党党内监督制度研究［D］:［博士学位论文］. 北京：中共中央党校，2009.

② 李宗楼，朱启友. 党内监督制度建设与反腐败［J］. 理论建设，2004（02）：27-30.

③ 肖光文，蔡春燕. 关于党内监督制度科学化的若干思考［J］. 理论导刊，2017（11）：15-19.

④ 丁清晔. 中国共产党党内监督制度研究［D］:［博士学位论文］. 北京：中共中央党校，2009.

⑤ 周良书. 党内监督机构和体制的历史演进［J］. 人民论坛，2016（S2）：50-52.

⑥ 褚尔康，赵宇霞. 党内监督与政治生态［J］. 毛泽东邓小平理论研究，2016（01）：76-80+93.

⑦ 刘红. 中国共产党百年历程中党内监督制度建设实践及启示［J］. 哈尔滨市委党校学报，2021（04）：1-5.

其进行了相应的阶段划分，他强调，百年纪检制度建设历史始终围绕党要管党、从严治党这一主线，抓住如何处理好党委与纪委关系这一关键问题，立足实际，发展具有中国特色的纪检制度。① 二是从某个具体历史时期对党内监督制度建设的历史演进进行考察。谢撼澜和谢卓芝认为，改革开放以来党和国家监督制度建设经历了恢复重建、初步发展、强化巩固、纵深推进等四个阶段。② 于红指出，改革开放以来党内监督在理论、体制、重点等方面进行了创新发展。于红认为，理论上，党认识到这项工作的开展意义重大，有助于推动改革开放工作顺利进行，同时，对党内监督的本质、内容、重点对象等重要理论问题进行了完善；体制上，恢复和建立专门监督机构、不断强化专门监督机构职能、建立健全党内监督领导体制；监督对象上，把领导干部作为重点；制度上，党章、党内法规、党的代表大会等制度不断完善。③ 三是考察党内监督制度的某一要素或某一项具体制度的演进过程，如有学者对党内监督机构的发展史进行了研究，④ 认为这一发展过程启示我们，未来加强纪检监察工作，要坚持党的集中统一领导、加强纪检队伍建设、创新相关的体制机制。⑤ 部分学者还对特定历史时期巡视工作的发展进行了研究。⑥

（三）关于马克思主义经典作家及中国共产党党内监督相关思想的研究

党内监督制度建设受到马克思主义经典作家及党的领导人的高度重视，他们的相关思想与理论是学界梳理与研究的重点：

关于经典作家党内监督思想的梳理。沈丽英梳理了马克思的相关思想，

---

① 王峰．中国共产党纪律检查制度的历史考察［J］．中国高校社会科学，2018（02）：44-52+157-158.

② 谢撼澜，谢卓芝．改革开放以来党和国家监督制度建设的进程与经验［J］．探索，2018（05）：121-128.

③ 于红．改革开放30年来党内监督的创新与发展［J］．中共山西省委党校学报，2008（05）：34-36.

④ 周良书．党内监督机构和体制的历史演进［J］．人民论坛，2016（S2）：50-52.

⑤ 刘长秋，史聪．新中国成立70年来我国纪检监察机关构建的经验与启示［J］．理论与改革，2019（06）：66-81.

⑥ 段妍．民主革命时期党内巡视的实践探索及现实启示［J］．马克思主义理论学科研究，2020（02）：113-120.

认为应从实行党代会制度、选举制度、强化民主等方面强化党内监督。① 邬思源也对这一方向进行了研究，在此基础上，补充了建立监督机制、实行集体领导制度等内容。② 王进芬梳理了列宁的相关思想。列宁认为党的权力来自人民，党作为受托者，必须受到人民监督，同时苏共党内官僚主义问题突出，为了同这一现象斗争，必须加强自我监督。列宁认为加强党内监督要充分发挥从党的代表大会到基层党组织自上而下的监督职能、建立健全党内监督机构、切实提高监督工作者的素质、重视舆论监督。③

关于中国共产党党内监督思想的研究。刘金如指出，毛泽东不仅强调党内监督对于保持党的肌体健康的重要性，而且还提出通过党纪建设、机构建设等途径加强党内监督。④ 佟静强调，邓小平不仅注重拓宽监督渠道，而且注重党内外监督的相互衔接。⑤ 徐思光指出，江泽民认为党内监督有利于从严治党、避免政党衰亡、实现国家长治久安，党内监督要抓好领导干部这一“重点对象”，并围绕领导干部设计监督制度。⑥ 欧晓明指出，江泽民把党内监督提升至党的各项建设重要组成部分的高度，初步提出了比较完整的党内监督体系。⑦ 张凤华、王晓埂指出，习近平总书记对党内监督战略地位形成新认识、完善了党内监督体系及相关制度、发挥了各类监督的合力等。⑧

---

① 沈丽英．马克思主义党内监督思想与现实运用［J］．中共福建省委党校学报，2005（10）：11-14.

② 邬思源．论马克思恩格斯权力监督与制约思想［J］．求实，2008（06）：22-25.

③ 王进芬．列宁加强党内监督的理论逻辑、现实考量和制度设计［J］．南京师大学报（社会科学版），2019（03）：80-86.

④ 刘金如．毛泽东党内监督思想论略［J］．湖南科技大学学报（社会科学版），2004（01）：63-66.

⑤ 佟静．简论邓小平党内监督思想［J］．中国青年政治学院学报，2004（04）：12-17.

⑥ 徐思光．江泽民同志关于党内监督思想初探［J］．毛泽东思想研究，2005（04）：146-148.

⑦ 欧晓明．试论江泽民对加强党内监督的创新与发展［J］．贵州社会主义学院学报，2006（04）：51-54.

⑧ 张凤华，王晓埂．习近平党内监督思想探析［J］．中南民族大学学报（人文社会科学版），2018（01）：7-11.

（四）关于巡视制度、派驻制度、请示报告制度等党内监督具体方式的研究

关于巡视制度的研究。专家学者十分关注这一问题，相关成果较多。一是关于巡视制度价值功能与理论渊源等基本理论的研究。付胜南、王传利认为，巡视制度的表层功能是遏制腐败，里层功能是党内监督，根本功能是政治建设。① 任祥、杨春华认为，巡视制度的思想资源包括中国监察制度文化、中国古代巡视思想、马克思列宁经典理论、西方权力制衡理论、中国共产党及世界主要政党监督理论。② 二是关于巡视制度演进的历程、动力机制与经验启示的研究。孙亮认为，巡视制度的演进分为创建探索、调整动荡、修复发展、战略性安排等阶段，其动力机制包括外部压力、内部推力、主观助力等方面。③ 冯宏良、贾丹丹对中国共产党百年巡视制度建设进行了回顾，并从强化顶层设计、建立健全工作体制机制、创新巡视功能定位和工作方式、坚持制度建构与思想引领相统一等方面进行了经验总结。④ 三是关于巡视巡察制度建设成就与运行困境的研究。宋伟认为，党的十八大以来巡视制度成就显著，形成了党自我净化的有效路径、开创了人民群众有序参与反腐败的新局面等。⑤ 宋雄伟、张兴通过实证研究发现，巡视巡察制度存在政治与业务关系把握不准、巡视巡察的标准体系与联动机制不健全、巡视巡察人员管理体制不够规范、巡视巡察结果的整改运用机制不健全以及巡视信息公开与监督制度欠缺等困境。⑥ 四是关于巡视制度完善路径的研究。万银锋认为，未来要从加强党的领导、提高巡视队伍综合素质、加强巡视巡察上下联动、加强巡视监

---

① 付胜南，王传利．整治与政治：中国共产党巡视制度的嬗变和结构功能分析［J］．理论探讨，2020（04）：133-138.

② 任祥，杨春华．中国共产党巡视制度的理论逻辑、历史演变与框架体系［J］．云南社会科学，2020（04）：42-47.

③ 孙亮．中国共产党巡视制度的百年演进及其动力机制［J］．河海大学学报（哲学社会科学版），2021（03）：16-21+105-106.

④ 冯宏良，贾丹丹．中国共产党党内巡视制度化建设的百年历程、经验与启示［J］．社会主义研究，2021（03）：11-18.

⑤ 宋伟．新时代中国共产党巡视工作的理论创新与实践成果［J］．党建，2020（04）：49-50.

⑥ 宋雄伟，张兴．中国共产党巡视巡察制度的执行难点与治理策略——基于T省巡视巡察制度实施的多案例比较研究［J］．中国社会科学院研究生院学报，2021（01）：34-43.

督与其他监督的协同等方面提升巡视制度治理效能。①

关于派驻制度的研究。相比于巡视制度，学界关于派驻制度的研究相对较少，具体来看集中于以下几方面。一是关于派驻制度的历史演进与经验启示的研究。颜杰峰和唐锡康认为，党的纪检监察派驻制度经历了1962年建立与初步发展、改革开放的恢复、新世纪的进一步发展、党的十八大以来全面而深入发展等阶段。这一历程启示我们，派驻制度建设要始终明确派驻定位，加强派驻机构的自身建设，推进派驻机构的垂直管理。② 二是关于派驻制度改革的成就与困境的研究。周磊、陈洪治认为，党的十八大以来，派驻机构监督能力、专业化程度、制度化水平有了较大提升，且派驻机构更加聚焦反腐败职能。③ 有学者指出，目前存在个别派驻监督者对自身角色不适应、素质不够高，相关工作规范不够完善，监督范围有限等问题。④ 三是关于派驻制度改革方向与路径的研究。周磊、陈洪治认为，未来应注重发挥派驻机构在预防腐败方面的作用、深化统一管理体制、健全考核机制、提升派驻专业化水平等。四是关于高校派驻制度的研究。⑤ 李雷认为，有必要向高校派驻纪检监察机构，并对相关党规、国法进行修订或解释，构建制度保持党规、国法的衔接、协调。⑥

关于请示报告制度的研究。一是关于请示报告制度历史演进与基本经验的研究。熊辉、仰义方从形成原因、发展历程、具体规定、历史作用等方面

---

① 万银锋．党的十八大以来巡视制度创新发展与治理效能提升研究［J］．中州学刊，2022（02）：8-12.

② 颜杰峰，唐锡康．党的纪检监察派驻制度的历史脉络及其经验启示［J］．毛泽东邓小平理论研究，2020（07）：87-93+108.

③ 周磊，陈洪治．新时代派驻监督体制改革：内容、成效与展望［J］．河南社会科学，2019（06）：12-16.

④ 钟稳．纪检监察派驻机构管理改革：演化、困境、展望——写在派驻机构统一管理制度走过10年之际［J］．求实，2014（08）：35-39.

⑤ 周磊，陈洪治．新时代派驻监督体制改革：内容、成效与展望［J］．河南社会科学，2019（06）：12-16.

⑥ 李雷．向高校派驻纪检监察机构的必要性及规范完善路径——以深化国家监察体制改革为背景［J］．社会科学家，2020（03）：122-127.

对请示报告制度进行了深入探讨。① 李娟、吴甜甜认为，百年来请示报告制度经历了初步创建、正式确立、调整完善、深化发展和成熟定型等阶段，加强请示报告制度建设要以维护党中央权威和集中统一领导为根本目的，以请示报告与守土有责有机结合为基本原则，以坚持制度建设与实践发展同频共振为动力源泉。② 陈金龙、肖志伟根据党史的演进，对百年来请示报告制度的发展阶段进行了划分，他们强调，加强请示报告制度建设要准确把握从毛泽东到习近平总书记请示报告论述一脉相承的逻辑关系、坚持以党章为根本遵循、抓住领导干部这一重点、坚持以人民为中心。③ 二是关于请示报告制度的困境与对策研究。王立峰、孙文飞认为，请示报告制度面临配套实施法规供给不足、制度执行不力、联合请示报告不规范与监督机制不健全等问题。未来加强请示报告制度建设要从完善配套实施法规、增强制度执行能力、规范联合请示报告的程序与权责界限、健全请示报告制度的监督机制等方面着手。④

（五）关于党内监督制度建设问题与不足的研究

专家学者提出了五方面的突出问题。第一，党内监督体制不完善。曹雪松认为，一方面，党代会应对党委会展开监督，但由于党代会不常召开，实际上权力更多集中于党委会，权力授受与监督关系有所弱化。另一方面，“双重领导体制”导致纪委独立性、权威性受到限制，作用难以充分发挥。⑤ 第二，党内监督制度、机制不健全。于红认为，改革开放以来，党内监督制度成就突出，但是，也存在政策性色彩过浓，实施细则缺乏，定性类、预防类制度较少，可操作性差，自下而上监督制度不健全等问题。⑥ 陈东辉认为，党

① 熊辉，仰义方．解放战争时期党内请示报告制度的历史考察［J］．中共党史研究，2012（04）：28-38.

② 李娟，吴甜甜．中国共产党请示报告制度的百年历程与基本经验［J］．新视野，2021（02）：11-17.

③ 陈金龙，肖志伟．中国共产党建党百年请示报告制度的历史进程和基本经验［J］．湘潭大学学报（哲学社会科学版），2021（03）：1-6+147.

④ 王立峰，孙文飞．中国共产党请示报告制度：实践价值、现实困境与未来进路［J］．理论与改革，2021（03）：1-11.

⑤ 曹雪松．党内监督优势与实现路径［J］．中国特色社会主义研究，2016（04）：102-106+112.

⑥ 于红．论改革开放 30 年来党内监督制度的发展和完善［J］．湖北社会科学，2008（08）：24-27.

内监督对监督者民主权利保护不够，监督难以全方位展开。① 曹雪松认为，党内监督保障机制、协调机制、问责机制仍不健全，导致监督传导机制在一定程度上受阻。② 第三，针对纪检机关自身的监督制度不健全。赵璐认为，部分违纪分子用“组织决定”“集体负责”等名义为自身违纪行为推卸责任。③ 何阳、任鹏飞认为，纪检机关权力监督制度存在的不足主要表现为相关制度灵活性较强，难以操作。④ 第四，监督主体问题。党内监督制度建设离不开党的组织、党内成员、纪检机构等主体的积极践行，但是监督主体方面亦存在监督意识不强、监督能力较弱的问题。如陈东辉指出，部分党员甚至少数领导干部把监督看成“挑刺”，缺乏接受监督和主动监督的意识。⑤ 徐伟指出，部分党员对相关规定了解不多，存在不会监督的问题；有些党员不敢监督，担心被打击报复；有些党员不愿监督，存在“明哲保身”的错误思想。⑥

（六）关于加强党内监督制度建设的路径研究

针对上文中提到的问题，学者们提出了相应的对策与建议，主要包括五方面：

第一，明确基本原则。关于党内监督的基本原则，蒙慧与任鹏认为，应坚持“两个维护”、服务大局、有效解决实际问题等原则。⑦ 另外，党内监督制度建设属于党的制度建设的重要组成部分，因而与党的制度建设有共性和相通之处。部分学者关于党的制度建设的原则可以为党内监督制度建设原则提供借鉴。如陈金龙提出，新时代党内制度制定应坚持以党章为根本遵循，坚持于法周延、于事有效，坚持目标导向和问题导向相统一、继承与创新相

---

① 陈东辉．十八大以来党内监督的实践探索与经验启示［J］．长白学刊，2017（01）：8-13.

② 曹雪松．党内监督优势与实现路径［J］．中国特色社会主义研究，2016（04）：102-106+112.

③ 赵璐．增强党内监督有效性问题探论［J］．理论导刊，2013（09）：34-36+41.

④ 何阳，任鹏飞．论纪检机关权力的监督———兼评《中国共产党纪律检查机关监督执纪工作规则》［J］．中国矿业大学学报（社会科学版），2020（05）：101-112.

⑤ 陈东辉．十八大以来党内监督的实践探索与经验启示［J］．长白学刊，2017（01）：8-13.

⑥ 徐伟．如何有效加强党内监督［J］．党政论坛，2012（11）：42-44.

⑦ 蒙慧，任鹏．十八大以来党内法规的创新向度与内在逻辑———基于《关于新形势下党内政治生活的若干准则》的研究［J］．攀登，2019（02）：89-96.

统一等原则。① 第二，加强党内监督法规制度建设。代表性的观点如下：蔡文华认为，应构建结构合理的党内监督制度网络、制定出台相关解释细则与实施办法、强化制度执行的法规保障。② 曹雪松认为，加强党内监督制度建设，要做好顶层设计，增强制度的系统性与整体效应；要注重做好前期评估工作，增强科学性与适用性，改变监督主体分散、责任不清、操作性不强等问题；要注重制度具体化、程序性，压缩自由裁量空间。③ 吴海红认为，增强监督实效性，需要强化制度体系建设，增强其合力。为此，要对党内监督制度进行梳理，修改矛盾与冲突之处，加强纪法衔接，加强制度的执行力等。④ 第三，改革和完善党内监督体制。赵璐指出，要校正权力授予与监督的关系，加强党代会的监督。⑤ 陈振认为，学界关于提高纪检监察机关地位、增强其独立性、组建专门纪检监察机构的观点各有利弊。要看到改革的优点，也要看到其中存在的问题与风险。如纪委地位过高带来的纪委自身监督风险、垂直管理的成效如何仍需进一步分析等。他认为党内监督体制改革要从长远考虑，放到党和国家总体布局中综合谋划、统筹考虑。⑥ 庄德水认为，当前对纪检体制的改革与分析，忽视了其功能性的转化，导致改革出现系列困境。因此，他强调围绕职能优化加强改革。⑦ 第四，聚焦提升监督意识，进行思想教育。徐雅芬、樊东光提出，不但要加强党性修养教育，增强全党监督意识；而且要加强警示教育，发挥典型案例的震慑作用。⑧ 第五，突出对干部的监督。欧阳媛提出，要规范权力运行制度，不给主要领导干部违纪违法的机会。⑨

---

① 陈金龙．新时代制度治党的科学指南［J］．理论学刊，2019（01）：26-31+2.

② 蔡文华．党内监督制度体系的存在形态及其优化路径［J］．理论探索，2017（05）：82-86+122.

③ 曹雪松．党内监督优势与实现路径［J］．中国特色社会主义研究，2016（04）：102-106+112.

④ 吴海红．党内监督路径创新探讨［J］．新视野，2009（02）：48-50.

⑤ 赵璐．增强党内监督有效性问题探论［J］．理论导刊，2013（09）：34-36+41.

⑥ 陈振．我国纪检监察体制改革评析［J］．中共天津市委党校学报，2013（06）：79-86.

⑦ 庄德水．纪检体制改革的职能分析及其实践要求［J］．理论与改革，2015（01）：51-54.

⑧ 徐雅芬，樊东光．当前党内监督问题及对策分析［J］．人民论坛，2015（11）：11-13.

⑨ 欧阳媛．完善民主集中制　强化一把手监督［J］．人民论坛，2014（11）：71-73.

（七）国内研究现状评析

对于国内研究，当前学术界的相关研究取得了一定的成果。从上文的研究综述可以看出，学界的研究内容十分丰富，研究成效显著。与此同时，也要看到，相关研究还存在以下不足。

第一，关于党内监督制度内涵的界定不够清晰。总体来看，学界对这一概念的界定不是很清晰，容易把党内监督法规制度和与党内监督相关的民主制度及党在实践中形成的各类具体监督方式，如巡视制度、党内谈话制度、重大事项报告制度等混淆在一起使用，往往造成党内监督制度建设研究不全面、不系统。为此，本文将从党内监督的体制，与之相关的法规制度、民主制度，以及以巡视为主的党内监督具体方式等方面深刻把握其内涵。

第二，关于党内监督制度建设历史脉络的研究，特别是取得的主要成就与基本经验的研究不够深入。目前学界关于这一问题的研究取得了一定成果，但由于对党内监督制度的内涵把握不清，导致历史脉络的梳理零散，缺乏主线。同时，对于党内监督制度建设成就与经验的总结也主要集中于新时代，对于百余年来党内监督制度建设取得的主要成就与基本经验研究成果较少。为此，本文将从整体性视域把握建党百余年来党内监督制度建设的主线，从纷繁复杂的历史线索中抓住最关键最核心的经验，并系统总结这一实践过程中取得的主要成就，以期对党内监督制度建设取得更为全面、深入的认识。

第三，关于党内监督制度建设存在的问题研究得不够全面深入。学界关于这一问题的研究，存在重复性研究过多，浮于表面、不够深入的问题。虽然相关研究取得一定成果，但关于党内监督制度包含的四个核心制度方面存在的问题还需全面深入地探讨，并挖掘各类问题背后产生的原因。

第四，关于进一步加强党内监督制度建设实践路径的研究有待加强。新时代如何进一步推进党内监督制度建设，保证相关制度落地生根，发挥应有的作用，需要进一步探讨。

结合前人研究的成就与不足，本文将对党内监督制度建设的历史发展与基本经验，取得的主要成就与存在的问题，未来党内监督制度建设的实践路径等展开深入研究，以期对党内监督制度建设研究作出微薄贡献。

二、国外研究现状述评

由于中国与国外其他国家国情的不同，以及不同国家政党性质与政党地位的不同，党内监督并没有成为国外多数国家特别是西方政党活动的优先议题，亦没有成为国外学术研究的核心命题。根据相关文献的梳理，国外关于这一问题的研究成果并不多，主要散见于对中国国家治理、中国共产党的自身建设、反腐败等问题的研究中。具体来看，包括以下内容：

第一，关于党内监督制度建设的内容及成就。国外多数学者对中国共产党的自身建设保持客观公正的态度，认为在反腐过程中，党内监督制度建设取得重大进展。一是中国共产党采取重大措施改革党内监督体制机制，制度改革成效显著。印第安纳大学 MacabeKeliher 和 HsinchaoWu 认为，党的十八大以来，中国共产党采取两个关键性的举措加强反腐制度改革，一方面，加强行政改革。增加纪检监察室数量、中央纪委掌握各级纪委的任命权，中央巡视组逐步恢复并不定期展开巡视，这极大地增强了中央纪律检查委员会的自主权。另一方面，加强纪律规范。习近平总书记关于纪律建设的举措得到充分肯定。① 美国杜克大学 Melanie Manion 认为，十八大以来的反腐败运动减少了反腐败的结构性障碍，中纪委及其直属机构的职责更加专业化，和反腐不相关的公务明显减少。同时，这些反腐措施有效阻断了“双重领导体制”的影响。② 二是制度改革有效遏制了腐败行为，巩固了党的领导地位。韩国学者 Yukyung Yeo 认为，十八大以来，中央巡视组的监督，对于反腐意义重大，有助于巩固中国共产党的执政地位。③

第二，党内外监督存在的问题与原因。多数学者习惯于研究中国的腐败

① Macabe Keliher, Hsinchao Wu. Corruption, Anti-corruption, and the Transformation of Political Culture in Contemporary China [J]. The Journal of Asian Studies, 2016, 75 (1): 5-18.

② Melanie Manion. Taking China's Anticorruption Campaign Seriously [J]. Economic and Political Studies, 2016, 4 (1): 3-18.

③ Yukyung Yeo. Complementing the local discipline inspection commissions of the CCP: empowerment of the central inspection groups [J]. Journal of Contemporary China, 2016, 25 (97): 59-74.

问题，其中部分内容涉及对中国共产党党员、领导干部的监督问题。Tony Saich 教授认为，中国社会建设的成就巨大，但在经济发展过程中也产生过“系统性”腐败，少数官员抵制组织的监督。① Peter Howard Corne 认为，中国纪检机构缺乏独立调查和处罚的权力，对于违纪党员往往采取党内处罚而不是法律制裁，这使得问责制在中国很难实现。② 牛津大学 SamsonYuen 认为，中国共产党纪律建设很重要，但过度依赖党的纪律而不是国家法律可能会导致中纪委权力过大。③

第三，加强对党员、干部监督的对策。国外多数学者从制度层面提出监督对策。如基尔福特学院 Guo Xuezhi 教授强调，改革开放时期反腐效果不明显，根源在于反腐制度不完善。因此，要有效约束党员、减少腐败现象，必须消除制度障碍，加强制度改革尤其是法治改革，推动“运动式反腐”向“依法治腐”转变。同时，还可以建立条件性赦免，督促违纪者上交贪污受贿的财物。④ 此外，还有学者主张加强党外监督。如美国学者 Melanie Manion 认为，中国应加强新闻媒体和网民的监督，进一步有效遏制腐败。⑤

可以看出，随着经济的发展与国家地位的提升，国外学者试图寻找“中国奇迹”背后的原因，逐步加强对中国共产党的研究。通过梳理发现，不少学者能客观公正地看待中国共产党的自身建设问题，看待党内监督问题。他们的研究思路灵活、视角广阔，对于党内监督问题具有借鉴之处。例如，他们关于党内监督问题的研究，多从制度、法律根源进行分析，许多观点值得思考。但相关研究亦存在一定的不足：一是由于国别、语言、文化背景的不同，海外学者难以掌握最准确的资料，外加意识形态的影响，个别学者的观

---

① Tony Saich. Governance and politics of China (2nd editon) [M]. Hampshire: Palgrave Macmillan, 2004: 329-337.

② Peter Howard Corne. “Legal Supervision.” Foreign Investment in China: The Administrative Legal System [M]. Hong Kong University Press, 1997: 243-282.

③ Samson Yuen. Disciplining the Party: Xi Jinping's Anti-crruption Campaign and its Limits [J]. China Perspectives, 2014 (3): 41-47.

④ Guo Xuezhi. Controlling Corruption in the Party: China's Central Discipline Inspection Commission [J]. China Quarterly, 2014, 219 (6): 597-624.

⑤ Melanie Manion. Taking China's Anticorruption Campaign Seriously [J]. Economic and Political Studies, 2016, 4 (1): 3-18.

点有待商榷；二是研究内容上系统性略显不足。当前，海外学者的研究多从反腐败活动出发，部分涉及党内监督制度建设的问题，呈现出系统性、学理性不足等问题，对于党内监督制度建设尚未形成系统的学理阐述。

第三节 研究思路与研究方法

一、研究思路

本文遵循“回顾历史——总结经验与成就——分析问题——提出对策”的逻辑进路对党内监督制度建设进行研究。全书共五章，分为三个部分论述党内监督制度建设。第一章、第二章为第一部分，是本研究的前提性研究。第一章阐述了“党内监督制度建设”的研究缘起、现状，以及本文的基本思路等。第二章论述了党内监督制度建设的基本概念及理论基础。第三章、第四章为第二部分，回顾总结党内监督制度建设的进程，归纳总结党内监督制度建设的成就与经验，并分析存在的问题。第五章为第三部分，针对第四章提出的问题，提出对策。

二、研究方法

根据本研究要解决的核心问题与具体内容，本研究主要使用以下三种研究方法展开研究：

文本研究法。以历史上的经典文献、新时代“党内监督制度建设”相关的政策文件、法规制度等为研究文本，深入挖掘党内监督制度建设的理论，追溯其理论渊源，同时从历史文本中搜集与整理相关文献，梳理和把握这一制度自建党以来的历史脉络、历史主线以及基本经验，深化对党内监督制度建设历史规律的认识。

理论与实践相结合的方法。对党内监督制度建设进行研究，既要从理论层面深刻把握党内监督制度建设的理论渊源，又要从实践层面深刻把握党内监督制度建设的历史进程及面临的突出问题。只有把理论与实践有效结合，才能突出党内监督制度建设的理论必要性与现实紧迫性，最终结合理论与现实提出强化党内监督制度建设的实践路径。

逻辑与历史相统一的方法。文章既需要重点考量党内监督制度发展的历史，探究其一脉相承、与时俱进的实践脉络。同时，还需要通过系统地梳理与对比，分析每一历史时期党内监督制度建设的历史背景及历史发展的现实指向，把逻辑与历史有效结合，为新发展阶段的党内监督制度建设提供有效路径。

第四节 创新之处与不足之处

本研究论述了党内监督制度建设的概念及相关理论内容。同时，对党内监督制度建设的历史进程、主要成就、基本经验、存在的问题等进行了梳理、总结与分析。最后，通过对问题的分析，提出进一步加强党内监督制度建设的实践路径。上述研究具有创新之处，亦存在不足之处，具体表现为以下几个方面。

一、创新之处

本研究可能存在的创新之处有以下两点：

第一，研究框架的创新。以往研究多集中于党内监督制度建设的历史与经验，且由于对党内监督制度的内涵把握不清，导致学术界的研究多侧重于某一具体制度的研究，对于党内监督制度建设整体历史脉络的梳理相对零散，缺乏主线。同时，针对党内监督制度建设主要成就与突出问题的研究成果相对较少。本研究尝试构建起较为完整的研究体系，对党内监督制度建设的理论基础、历史演进、主要成就、基本经验、突出问题与完善路径等进行系统研究，特别是对党内监督制度作出清晰界定，并根据这一界定系统梳理了党内监督制度建设的脉络、总结了最为核心的基本经验，同时总结了这一过程中取得的突出成就与存在的突出问题，形成了较为完整的研究体系，展现出了党内监督制度建设的全貌。

第二，研究观点的创新。本研究在已有研究的基础上，提出以下观点。其一，深入、完整地阐明了党内监督制度的核心要义。目前学界对这一问题的理解还不够全面深入。学者们或从党内监督领导体制层面理解、或从党内监督法规制度方面理解，此类观点相对片面。本研究认为党内监督制度包含四个重要组成部分：一是党内监督体制，二是党内监督法规制度，三是以巡视、派驻、请示报告等为主要内容的党内监督具体方式方法，四是以党代会制度、党务公开制度等为主要内容的党内民主监督制度，以期对党内监督制度的理解更加深入、完整。其二，科学总结了党内监督制度建设的成效。目前，学界对这一问题的研究主要集中于新时代这一历史阶段，对于党内监督制度建设取得的主要成就研究成果较少。本研究认为，建党百余年来，形成了科学的党内监督制度建设理论、建立了较为系统的党内监督制度框架体系、增强了全党自觉尊崇党内监督制度的观念与意识、实现了党内监督制度优势向治理效能的高效转化。其三，提出了党内监督制度建设存在的主要问题。具体表现为，党内监督制度执行主体的自身建设有待加强、党内监督体制性障碍依然存在、党内监督法规制度的严密性与执行力有待加强、巡视等具体监督方式仍需完善与创新、党内民主监督制度科学化规范化水平有待提高、党内外协同监督有待加强。其四，提出了进一步解决问题的对策与路径。未来应围绕责任落实，加强党内监督制度执行主体自身建设；聚焦专责机关监督职能的优化，进行纪检体制改革；突出体系化思维，加强党内监督法规制度制定与执行；坚持问题导向，完善具有中国特色的党内监督具体方式；着眼于民主监督质效的提升，加强党内民主监督制度建设；以党内监督为主导，推动各类监督贯通协同。

二、不足之处

党内监督制度建设内涵深刻、内容丰富，相关研究是一项复杂的工程，加之个人知识水平有限，对党内监督制度建设的研究还存在理解粗浅、认识不足之处，主要表现在对党内监督制度建设的研究视野与研究思路还不够开阔。党内监督制度建设不仅涉及相关制度本身，而且与党建的其他方面密切相关，涉及的问题较多。结合党的自身建设的其他方面展开研究，有助于为党加强党内监督制度建设提供基本经验与借鉴。但由于本人掌握的文献资料还不够丰富，对党内监督制度建设相关问题的研究还有待进一步加强，研究视野与思路有待进一步拓展。

第二章

党内监督制度建设的相关概念及理论问题

对党内监督制度建设展开研究，首先需要明确党内监督制度建设的相关概念，科学认识“监督”“党内监督”“党内监督制度”以及“党内监督制度建设”等相关概念，阐明党内监督制度建设最基本的问题。同时，还需要深入认识这一制度的功能作用，明确其在党和国家建设中的重要意义与地位，进而明确为何要加强党内监督制度建设、为何要开展这一研究等问题。另外，充分了解党内监督制度建设相关理论，可以为具体研究的开展提供必要条件。

第一节　党内监督制度建设的内涵解析

概念的清晰界定，是展开学术研究的基本前提，为正文的开展奠定基础。科学认识党内监督制度的概念、党内监督各项制度之间的关系、建设主体与建设的主要内容等，是对党内监督制度建设展开研究首先应阐明的问题。

一、监督

把握党内监督制度建设的概念，首先需要科学认识监督的概念。监督主要指“监察”“督促”。监督的本质是对权力的约束。深入理解监督的概念、本质及基本要素，可以为科学把握党内监督制度建设的概念奠定基础。

（一）监督的概念

《辞海》解释到，监督即监察、督促。《现代汉语词典》中，“监”，即从旁边查看；“督”，即督促；“监督”，即从旁边查看并督促。① 《汉语大辞典》对“监督”的解释有三，一是指监察督促，二是指督查军事，三是指旧时官名。此外，从监督的英文来看，supervision，指自上而下观察。“监督”一词，在我国古代早已有之。东汉《周礼注疏》中强调，治理国家政治事务，关键是要监督官员的政治活动。这是古代文献中监督一词的最早出处。之后，《后汉书·荀彧传》也记载到，在古时，调兵遣将打仗之时，一般会设置监军一职，对军事行动展开督查，避免因为将领的失误而导致战事失败。可以看出，此处的“监督”是指古代的官职，主要负责监督皇帝派出打仗的军事将领，督促其积极执行朝廷的命令，有效避免过失，防止出现军事问题，威胁国家安全。可见，我国古时即有“监督”一词。随着时代的不断变迁，近代以后，“监督”一词的使用越来越广泛，军事含义逐渐淡化，监察督促的含义被保留，现在主要是指监察、限制，防止出现错误并及时纠正错误。

从政治学的角度来看，监督，是指为确保权力正常运行而对权力行使者进行的检查。它是权力所有者督促权力行使者按照自己的意志行使权力的行为过程。通过对政治学理论的学习可知，监督的产生是由于生产力的发展、私有制的形成。原始社会的生产力水平较低，生产产品仅能满足基本的生存和生产需要，并无剩余产品产生。随着社会发展，生产力水平逐渐提高，除满足自身生存外，剩余产品增多。为了对剩余产品进行管理和控制，便产生了专门的监督人员和机构。

（二）监督的本质

监督与权力密不可分，与权力授受关系的出现紧密相关，结合人类实践活动可以看出，监督的本质即制约权力。权力是社会生产力发展到一定阶段的产物。在高度组织的社会生活中，人与人之间的利益关系错综复杂，往往需要借助权力这一强制性的力量加以协调，保证社会秩序正常有序。它既包括个人权力，也包括国家权力，还包括社会工作中的职权等，在社会生活的多个领域存在。权力自诞生之日起，就有异化变质的倾向。拥有权力的人，很容易滥用权力谋利。权力的特殊属性要求对权力加以监督、制约，才能防

① 中国社会科学院语言研究所词典编辑室编．现代汉语词典（第7版）［M］．北京：商务印书馆，2016：632-633.

止权力无限扩张，保证其在规定范围内有序运行。监督的本质和核心就是权力所有者对授权者使用权力的监督，确保权力按照自身意志和利益运行。

（三）监督的要素

监督的要素主要有五个。一是监督主体。监督主体是指享有监督权力或权利的一方，既可以是组织也可以是个人。二是监督对象。监督对象是指被监督的组织或个人，一般在监督活动中处于核心地位，没有监督对象，监督活动便不会存在。三是监督内容。监督内容是监督主体依据相关规定与原则检查监督对象是否认真完成其肩负的责任与义务。四是监督方式。监督方式是指开展监督的方法。如检举、汇报、罢免、惩处等。五是监督目的。监督目的是指通过监督所要达成的目标。一般意义上，监督是为了防止权力被滥用，保证权力所有者的意志得到贯彻执行、利益得到有效保护。

二、党内监督

科学把握“党内监督制度建设”，需要在理解“监督”这一概念的基础上，进一步把握“党内监督”。而且要明确它不同于“党的监督”，不等同于“纪律检查”。党内监督有特定的主体、对象、任务与内容。唯有从不同维度科学把握党内监督，才能为科学把握党内监督制度建设奠定基础。

（一）党内监督的内涵

党内监督，是指政党内部的组织、个人或机构对政党自身的监督。本书特指中国共产党党内监督。关于党内监督的内涵，学界基本达成共识，认为党内监督是党的各级组织和广大党员依据党章和其他党内法规以及国家法律，重点对党的各级领导机关和领导干部特别是各级领导班子主要负责人进行的监督。党内监督的核心是对权力的监督。

需要注意的是，有两组相近的概念需要加以区分。一是党内监督不同于党的监督。前者仅包括政党的自我监督。后者的范围则更为广泛，包括党内监督、党对国家机关及其工作人员的监督，以及对其他民主党派、社会团体的监督。二是党内监督不等同于纪律检查。纪律检查是党内监督的核心内容之一。除此之外，党内监督还包括对维护党中央权威、贯彻各项政策、贯彻民主集中制、秉公用权等情况的监督，范围要更广泛、内容要更丰富。

（二）党内监督的主体体系与重点对象

党内监督的主体体系。2016年修订的党内监督条例规定，要“建立健全党中央统一领导，党委（党组）全面监督，纪律检查机关专责监督，党的工作部门职能监督，党的基层组织日常监督，党员民主监督的党内监督体系”①。其中，有几点需要强调。一是强调党中央统一领导，确保全党令行禁止。二是突出强调党委主体责任。以往的党内监督，在主体责任方面存在责任不清晰的问题，有的党委甚至把党内监督工作直接推给纪委，导致相关工作成效不明显。党的十八大以来，党中央深刻认识到这一做法的可改进之处，故突出了党委的责任，并在党纪中对此作出明确规定，从根本上解决了主体责任缺失的问题。三是突出强调纪委监督责任。以往纪委监督职能定位不准确，常常出现包揽无关业务的问题。十八大以来，党中央深化认识，将纪委职能定位为监督执纪问责，这一定位推动纪委聚焦主责主业，有效避免纪委大包大揽、监督执纪问责落实难的问题。

党内监督重点对象。就监督客体而言，主要包括各级党组织、党员及纪检机构等。其中，“党内监督的重点对象是党的领导机关和领导干部特别是主要领导干部”②。他们在党内掌握重要权力，肩负重大责任。这一特殊地位决定其成为党内监督的重点对象。抓住“关键少数”就牵住了“牛鼻子”，这是对全面从严治党经验的深刻总结。具体而言，一是突出对党的领导机关的监督。党的领导机关是党的各级代表大会及其委员会。由于党代会间隔时间长，平时主要由其选出的中央委员会及地方各级党委主持相关工作，因此，对领导机关的监督，重点是加强对中央委员会及其委员、党的地方各级党委及其委员的监督。正因如此，党的十八大以来，党中央明确要求中央政治局以身示范，每年向中央委员会全体会议做好相关工作的汇报，带头遵守党规党纪。二是突出对领导干部的监督。全党要做好领导干部的选拔任用工作，教育领导干部树立正确的义利观，加强对相关制度的建设。特别是2021年首次出台《中共中央关于加强对“一把手”和领导班子监督的意见》，突出了监督重点，为未来的监督工作提供了重要指导。

---

① 中国共产党党内监督条例［M］. 北京：人民出版社，2016：5.

② 中国共产党党内监督条例［M］. 北京：人民出版社，2016：4.

（三）党内监督的任务与内容

党内监督的任务和内容是党内监督的方向标与指路灯。明晰相关工作需要达成的目标与需要完成的工作内容，有必要根据党内监督条例及相关党内法规，系统梳理相关内容。

党内监督的主要任务可以分为三个方面。一是推动党内法规落地生根，巩固党的团结统一。党内法规是党内各项活动有序开展的刚性约束与根本遵循，党的各项规章制度的执行情况，直接影响党的政策的贯彻落实，影响党的领导地位的巩固。党内监督的任务之一，就是检查党内法规是否被执行，这项任务可谓意义重大。二是解决好党的自身建设存在的突出问题。“打铁必须自身硬”，党是各方面工作的领导核心，把党自身建设好，才能确保党和国家各项事业不断向前发展。根据十八大以来管党治党的经验，党中央要求党内监督要重点解决管党治党宽松软的问题。三是确保党组织与党员肩负起自身的责任，做各项工作的坚定执行者，在工作中发挥相应的作用。①

党内监督的主要内容可以分为八个方面，即监督全党遵守相关规章制度的情况，执行党的政策的情况，坚持民主集中制的情况，落实全面从严治党责任、特别是严明政治纪律和推进党风廉政建设的情况，落实中央八项规定精神的情况，按照相关规定选拔干部的情况，清正廉洁、合法用权的情况，完成党组织交代的工作任务的情况。② 从上述主要内容可以看出，强化政治监督是监督机构推进相关工作的重要方面。这与政治建设的地位密切相关，是适应时代潮流，适应管党治党新情况的重要举措，是未来党内监督的重要发展方向。

三、党内监督制度

把握党内监督制度建设的概念，除了对“监督”“党内监督”的概念进行界定，还需对“制度”“党内监督制度”的概念加以研究。目前，学界关于“制度”“党内监督制度”尚未形成统一的观点，为此，需要在全面、深入了解学界观点的基础上，得出适用于本研究的概念。具体从“制度”“党内

① 中国共产党党内监督条例［M］. 北京：人民出版社，2016：3.

② 中国共产党党内监督条例［M］. 北京：人民出版社，2016：3-4.

监督制度”“党内监督各制度之间的关系”等几方面展开。

（一）制度

制度的内涵较为丰富，目前各界的观点没有完全统一。在古代，制度是指各类法令、礼俗等规范。《现代汉语词典》中则有两种解释，这两种解释也被社会上多数人认同。一是指在特定群体中制定的规则，相关成员需遵守相关内容。如社会上各类工作、各个领域中形成的各类规范、程序等；二是指历史积淀而成的体系，范围相对较广，如社会主义制度等。[①]《辞海》中除了上述两种解释外，还有第三种解释，指政治上的规定法度。

从学者的观点来看，西方学者的观点，主要从制度的表象或功能出发来展开，突出强调制度的稳定性、规范性、强制性，强调个体行为受到集体或其他外在力量的规范和约束。如塞缪尔·P. 亨廷顿认为，制度在生活中较为稳定，具有强制性，受社会群体尊崇，是一种重复性的行为模式。[②] 约翰·R. 康芒斯认为制度是指：“集体行动对个人行动的控制。”[③] 我国也有不少学者对制度展开研究。如雷安平认为：“社会制度是在一定历史条件下人们的社会关系和社会活动的有组织的规范体系。”[④] 张旭昆认为，制度是“人们行为的规则，是关于人们的权力、义务和禁忌的规定。”[⑤] 王长江把制度具体解释为三个层次，一是政治统治形式，即社会形态，如社会主义制度等；二是指各种规则、条例等制度规范；三是指与制度相关的各要素组成的有机系统，要素组合方式不同，制度亦不同，如各类体制、机制等。[⑥] 可以看出，制度的内涵虽未完全统一，但是通过对学界观点的分析，可知，制度既可以指单一的规范、准则，也可以指多个规范性关系有机组合后形成的系统、体系，并且该体系中各项制度的地位不同。制度中的规范准则以人们的普遍认同为基

---

① 中国社会科学院语言研究所词典编辑室编．现代汉语词典（第7版）［M］．北京：商务印书馆，2016：1689.

② ［美］塞缪尔·P. 亨廷顿．变化社会中的政治秩序［M］．王冠华，刘为，等译．上海：上海人民出版社，2021：10.

③ ［美］约翰·R. 康芒斯．制度经济学（上）［M］．赵睿，译．北京：华夏出版社，2017：80.

④ 雷安平主编．社会学概论［M］．长沙：湖南师范大学出版社，1989：280.

⑤ 张旭昆．制度的定义与分类［J］．浙江社会科学，2002（06）：2-8.

⑥ 王长江．政党现代化论［M］．南京：江苏人民出版社，2004：337-339.

础，具有强制性、相对稳定性，为人与人之间的交往提供必要保障，通过奖励或制裁等方式确保各主体的行为在特定的轨道中正常运行。这些内容为我们理解党内监督制度提供了可能，因而具有重要的意义。

（二）党内监督制度

目前，关于党内监督制度的认识，学界的观点尚未完全统一。具体来看有以下几种观点：第一种观点认为，党内监督制度是指开展监督的实践活动中所遵循的基本原则、党章及其他各类党内规章制度的总和，这类观点为多数学者所认同。第二种观点主要从党内监督制度的构成或类别来界定其内涵。狭义的党内监督制度就是指具体的监督方式，广义的党内监督制度包括党内监督机制、具体制度及其领导体制。部分学者认为党内监督制度包括与党内监督相关的法规制度、体制，以及民主制度（如党务公开制度）等。第三种观点主要从主体角度来划分，认为党内监督制度可以分为自上而下的组织监督制度、自下而上的民主监督制度及同级间的相互监督制度。第四种观点认为党内监督制度既包含党章、党内监督相关的条例、条规、决定、办法等；又包含专门监督机构的组成方式、全党的监督意识及监督实践中形成的具体形式、途径、手段、程序、保障措施等。

综合学界的观点，笔者认为，党内监督制度主要包括党内监督体制，党内监督法规制度，以巡视、派驻等为主要内容的党内监督具体方式方法，党内民主监督制度四个方面。党内监督体制是指党内监督机构的设置及其隶属关系、监督主体间的分工及其相互关系等一系列体系和制度的总称；党内监督法规制度是指党内监督主体开展党内监督的主要依据，包括党章及由专门机构制定的与党内监督相关的法规条文；党内监督方式特指党内监督过程中固化为制度的具体监督方式方法，如巡视制度、领导干部有关事项报告制度等；党内民主监督制度是指下级对上级进行民主监督过程中形成的保障党员充分行使民主监督权利的一系列制度，如，民主集中制、集体领导制度、党务公开制度、党的代表大会制度等，这些制度有助于发现党内的错误思想与行为，保持党的先进性、纯洁性，是开展监督工作的重要基础和保障。

（三）党内监督各制度之间的关系

党内监督各制度之间是辩证的关系。一方面，四者各有独立性和明确的内涵，不能相互混淆和替代。党内监督体制阐释了以党委和纪委为主体的组织结构之间的关系；党内监督法规制度一般包含党章及其他相关法规条文，为纪检机构开展工作提供主要依据；党内监督具体方式是开展监督活动过程中形成的具体制度与方法；党内民主监督制度是党员进行自下而上的民主监督过程中，形成的保障党员充分行使民主监督权利的一系列制度，该制度是保障监督活动顺利进行的基础。四者的作用不同、功能不同，无法相互替代。另一方面，四者之间又相互联系、相辅相成。党内监督体制是在整个监督活动中实施领导的组织结构，为党内监督法规制度、具体方式、民主制度的运行提供基本动力和有效领导，带领党内监督制度的各个组成部分运行起来。党内监督法规制度为党内监督体制、具体方式与民主制度的运行提供基本依据与根本保障，为保障党内监督制度各个要素有效运行提供条文依据与运行规范。党内监督具体方式为党内监督体制、法规制度、民主制度的运行指明具体的方法，提供方法论指导。党内民主监督制度是实现与加强党内监督的前提，为党内监督体制、法规制度的制定与落实提供智力支持、群众基础与活力来源。没有民主，党内监督活动及党内监督各项制度的运行都无从谈起。四者有机结合、相互配合，组成一个系统或体系，党内监督才有可操作性，党内监督活动才能落实到党的实际生活中。

四、党内监督制度建设

在对“监督”“党内监督”“制度”“党内监督制度”等概念进行深入了解之后，“党内监督制度建设”的概念逐渐清晰地展现出来。具体而言，可以从以下几方面深入了解“党内监督制度建设”。

（一）党内监督制度建设的概念

党内监督制度建设是指以科学化、规范化为导向对党内监督制度进行构建，为党内监督提供制度保障，更好地满足党的建设实际需要的活动。通俗来讲，党内监督制度是党内监督过程中形成的基本规范，党内监督制度建设是一种显性的措施形态，是特定主体在党内监督的实践过程中制定相关制度、完善相关制度并确保相关制度发挥作用的举措、手段的总和，是一个实现党内监督制度化、规范化的动态过程与系统工程。党内监督制度建设与党内监督制度本身、党内监督制度建设主体、党内监督的外部环境与目标导向等密切相关，是一个纵横交错、动态联动的复杂过程。加强党内监督制度建设不是出台一系列规则这样机械单一的事情，而是使党内监督制度可以适应时代发展更好地强化对党自身的监督，确保权力正确运用的过程，其目的在于应用，在于督促党员作出正确的价值判断与行为选择，真正把党的纪律和规矩内化于心、外化于行，做到对党的纪律与制度有敬畏、自身言行有边界。

（二）党内监督制度建设的主体

党内监督制度建设的主体由党的中央组织、各级党委与纪委、党的基层组织与党员等组成。唯有各个党内监督制度建设主体积极推动，党内监督制度建设才有可能取得成功。具体而言，包括以下几方面主体：一是党的中央组织、党委（党组）与纪委。党的中央组织主要负责全面领导党内监督制度建设的相关工作，部署相关政策与任务，督促自身与其他党员干部遵守党规党纪、落实党内监督制度。党委（党组）在党内监督制度建设中负主体责任，主要负责领导本地区、本部门组织实施各项监督制度。纪委是党内监督制度建设的专责机关，主要负责监督法规制度与党的政策的落实情况，在具体履行制度建设职责的过程中，要重点落实好纪检双重领导体制改革、加强派驻制度改革等。二是党的基层组织与党员。党的基层组织应当严格组织生活，督促党员遵纪守法，确保党员认真履行自身职责；维护和执行党纪，及时向上级组织反映党员干部遵守纪律的情况。党员应正确行使监督权利，负责任地揭发、检举党内的违纪违法行为，督促相关制度落实到位。

（三）党内监督制度建设的主要内容

由上文可知，党内监督制度包括四个重要组成部分，在此不再赘述。另外，党内监督制度建设离不开党委、纪委、基层党组织与党员等执行主体，执行主体的自身建设亦是需要重点考虑的因素；党外监督是对党内监督的重要补充，在党内监督活动中也具有一定补充和支撑作用。据此，加强党内监督制度建设应从以下几个方面进行：一是加强党内监督制度执行主体的自身建设，确保相关主体认真履行自身职责。二是理顺党内监督体制，确保相关机构设置合理，实现权力的科学配置，提升专责机构的权威性与独立性。三是加强党内监督法规制度建设，完善相关的条文，为监督工作的开展提供基本依据。四是完善监督过程中形成的具体监督方式，如巡视、派驻等，提高工作效率与水平。五是完善党内民主监督制度，维护党员民主监督权利，确保自下而上的民主监督充分实现，为党内监督制度的发展提供基本前提。六是加强党内外协同监督制度建设，形成对党内监督制度建设的有力补充，形成监督合力，确保监督工作顺利开展。

第二节 党内监督制度建设的功能作用

党内监督制度建设在党和国家建设中具有重要的功能与作用，加强党内监督制度建设有助于巩固党的领导核心地位，有助于完成党肩负的历史使命，有助于全面从严治党，有助于实现国家治理现代化。深刻认识党内监督制度建设的功能与作用，是展开相关工作的前提与基础，有助于增强党内监督制度建设的自觉性。

一、巩固党的领导核心地位

党内监督制度建设的功能多样，首要的是巩固党的领导核心地位。全党要充分认识，党内监督制度建设的根本目的与价值在于实现党中央的集中统一领导，加强党内监督制度建设可以坚持与改善党的领导，推动党建工作进一步向前发展，为稳固党的执政地位提供坚强的制度保障。

第一，党内监督制度建设的根本目的在于实现党中央的集中统一领导。什么是党内监督制度建设的根本，这是科学认识与加强党内监督制度建设需要回答的首要问题。对这一问题的科学认识与精准把握决定党内监督制度建设的基本方向。若认识不到位，党内监督就无法切中要害，无法取得预期效果。以往，人们常常习惯于把党内监督制度建设同惩治腐败联系起来，认为党内监督制度建设的根本目的在于正风肃纪、反腐倡廉。随着时代的发展，党和国家的实际情况发生了许多新的变化，党的自身建设情况也发生了许多新的变化，同时，党中央对自身建设规律与执政规律的认识也不断深化，党中央深刻认识到，仅把党内监督制度建设的职责限定在拒腐防变层面已不能完全适应管党治党的实际需要。特别是“七个有之”“四个不纯”等问题，使党深刻认识到，必须从加强和巩固党的集中统一领导来把握党内监督制度建设的布局定位。习近平总书记指出：“各级纪委要突出加强党的领导这个根本，确保党中央政令畅通。”① 这一科学认识为党内监督制度建设指明了基本方向，有力推动相关工作不断向前发展。党内监督条例把“坚持党的领导”作为制定该条例的根本目的写入总则第一条，充分彰显了党内监督制度建设的根本目的。条例还规定，“党内监督的任务是确保党章党规党纪在全党有效执行，维护党的团结统一，重点解决党的领导弱化、党的建设缺失、全面从严治党不力，党的观念淡漠、组织涣散、纪律松弛，管党治党宽松软问题，保证党的组织充分履行职能、发挥核心作用，保证全体党员发挥先锋模范作用，保证党的领导干部忠诚干净担当。”② 可见，党内监督制度建设的目标不仅仅是惩治腐败，其根本价值目标是通过对党员的错误言论、违纪行为等消极因素进行制约，巩固党中央的集中统一领导。

第二，党内监督制度建设为坚持与巩固党的领导提供制度保障。从历史与现实来看，历史和人民选择了党，但这种选择并不是一劳永逸的，而是需要不断地维护与巩固。党内监督制度建设是坚持与巩固党的领导的重要支撑，具体而言，一是有助于约束权力，确保权力在阳光下运行。作为党和国家事业的领导核心，中国共产党掌握着党和国家的重要权力。有权必有责，用权受监督。巩固党的领导核心地位的基本前提是加强对权力的制约，确保权力服务于人民。党内监督制度建设作为党进行自我约束与自我管理的实践活动，必将有助于防止领导干部被外界的诱惑侵蚀，确保领导干部手中的权力在规定的轨道内正常运行，最终实现政治清明，赢得民心，巩固党的领导地位。二是有助于实现党的自我净化、自我完善、自我革新、自我提高，保持党的先进性、纯洁性，巩固党的长期执政地位。党内监督制度建设是清除党内灰尘、革除党内毒瘤的有力武器，它不仅在一般意义上关系着党的纪律，而且从根本上关系党的先进性、纯洁性、关系党的执政地位。作为长期执政的大

① 习近平．在第十八届中央纪律检查委员会第六次全体会议上的讲话［M］．北京：人民出版社，2016：29.

② 中国共产党党内监督条例［M］．北京：人民出版社，2016：3.

党，中国共产党面临的环境复杂，侵蚀党的肌体健康的因素众多，如何保持党的长期执政地位是党面临的一大难题。习近平总书记多次强调，“如果管党不力、治党不严，人民群众反映强烈的党内突出问题得不到解决，那我们党迟早会失去执政资格，不可避免被历史淘汰。”① 结合社会主义发展历史来看，苏联解体的原因之一就在于缺乏有效的自我监督制度，缺乏祛除自身弊病的能力。结合党内外的历史经验与教训，习近平总书记指出：“我们党历史这么长、规模这么大、执政这么久，如何跳出治乱兴衰的历史周期率？毛泽东同志在延安的窑洞里给出了第一个答案，这就是‘只有让人民来监督政府，政府才不敢松懈’。经过百年奋斗特别是党的十八大以来新的实践，我们党又给出了第二个答案，这就是自我革命。”② 党内监督正是党祛除自身弊病、保持肌体健康的重要方式。它可以为党员提供刚性约束，划定纪律“红线”，预防与纠正违纪行为；可以防止官僚主义与腐化变质的危险，革除党的健康肌体上的毒瘤；可以解决管党治党宽松软等问题，防止和克服政治分裂行为，维护党的团结统一。长远来看，必将有助于保持党的先进性、纯洁性，保持党的凝聚力、战斗力，帮助党跳出“人亡政息”的历史周期率，巩固党的长期执政地位。

第三，党内监督制度建设为改善党的领导提供重要制度保障。为了让党更好地适应国内外形势的发展，应对各方面的风险与挑战，必须不断加强党的自身建设，完善其执政方式、提升其领导能力，更好地把我国的根本制度优势体现到各个领域。加强党内监督制度建设有助于实现这一目标。一方面，有助于发扬党内民主，为改善党的领导提供良好政治氛围。党内监督制度建设是实现党内民主的基本途径和重要保障，是提高政治生活质量的有效措施。加强党内监督制度建设必将促进党内民主的发展，有助于搜集群众意见、接受群众监督、发现党内问题、提高党的能力，使党更加成熟。新修订的党内监督条例中，关于集体领导与分工负责、批评与自我批评等规定十分丰富，这对于实现党内民主，带动人民民主具有重要意义；对于增强领导班子的能力，推进相关决策科学化、民主化，从决策和执行等环节预防和克服消极腐

---

① 习近平谈治国理政（第 2 卷）[M]. 北京：外文出版社，2017：43.

② 习近平谈治国理政（第 4 卷）[M]. 北京：外文出版社，2022：541.

败现象具有重要意义，最终有助于提高党的执政水平。另一方面，党内监督制度建设可以督促全党正确遵守党规党纪、正确运用党规党纪，进而提高党治国理政的能力和水平。

二、完成党肩负的历史使命

党内监督制度建设是完成党的历史使命的基本前提与重要保证。党建工作历来与党的各项工作任务相关，为国家的各项政策与基本路线服务。围绕党和国家工作大局，为完成党的中心工作与重点任务来加强党的自身建设是党的一条宝贵经验，也是管党治党需要把握的一条基本规律。党内监督制度建设作为推动党建工作向前发展的重要举措，必然也在完成国家各项任务中发挥作用。当前，党肩负重要历史使命。加强党内监督制度建设，有助于把党建设得更加坚强有力，推动党更好地进行具有许多新的历史特点的伟大斗争、应对好“四种危险”与“四大考验”，克服前行路上的阻力，更好地完成历史任务、实现历史使命。同时，党是各项事业的领导核心，党内监督制度建设有助于巩固党的团结统一，确保行动一致，更好地贯彻党的路线方针政策，有助于发挥党员的先锋模范作用，更好地团结全党与全国人民为完成党的历史使命而不懈奋斗，为实现历史使命凝聚更多的力量与智慧。

第一，党内监督制度建设有助于更好地进行伟大斗争，战胜前行道路上的各类风险与考验。党中央立足我国发展实际，开启了新的历史征程，确立了实现“两个一百年”奋斗目标、实现中华民族伟大复兴中国梦的历史使命。这一征程的开启是宏伟的，是鼓舞人心的，但同时也应看到，在实现这一目标的过程中，党面临的任务是繁重的、艰巨的，困难是多样的、复杂的，有时甚至还会面临惊涛骇浪。且随着时代的发展，世情、国情更加复杂多变，党员干部队伍结构也发生了显著变化，党面临的挑战也更为严峻。但与党所面临的复杂环境相比，极少数党员党性不纯、政治立场不坚定、规矩意识淡漠、腐化堕落等问题仍不同程度地存在，党在有些方面的能力还有待加强，党的“赶考”之路远未结束。党是实现伟大梦想的领航人、是完成伟大历史使命的承担者与践行者，前行路上的挑战越是严峻，越是需要把党自身建设得更加坚强有力。党内监督制度建设是党战胜困难的法宝。通过理顺纪检监察体制机制、完善党内监督法规制度体系并严格执行相关制度、创新与完善监督方式与方法等措施加强党内监督制度建设，有助于强化党的自我革命，革除党的自身建设存在的弊病，扫除党员干部思想上的灰尘、祛除寄生在党员身上的微生物，增强党在各方面的工作能力；有利于提高党员干部的基本素质，克服党内消极腐败现象，坚定党员政治信仰与政治立场，增强党的凝聚力与战斗力；有助于巩固党群关系，厚植执政根基，凝聚群众的智慧与力量。最终将为党不懈斗争，战胜各类困难，解决突出矛盾提供坚强领导核心，为党更好地完成历史使命、实现既定目标提供强大组织保障与深厚群众基础。唯有从伟大事业与党内监督关系的维度把握党内监督制度建设的功能作用，才能更深入地认识党内监督制度建设的重要性，进而为相关工作的推进提供理论参考。

第二，党内监督制度建设有助于提高党的凝聚力与战斗力，推动各项工作取得良好成绩。党的强大力量来源于党的团结统一。党内监督制度建设不仅可以制约与纠正党内的消极倾向，克服前行路上的风险与考验，而且可以有效树立党规党纪的权威性与严肃性，激励与保护正确的思想、言论和行为，增强党的凝聚力与战斗力，激励全党创造经得起历史检验的政绩，为完成党的历史使命提供无穷的内生力量。具体来看，一是有助于维护党的权威，实现行动一致。实现伟大梦想、完成历史使命离不开强大的政党权威。树立起坚强的领导核心、凝聚一切可以凝聚的力量，是确保党和国家伟大事业向前推进的保障。加强党内监督制度建设有助于通过制度的刚性约束立规明矩，为各级党组织和全体党员提供基本的行为准则，并通过制度执行把党所倡导的价值观念内化于心。这为增强政治认同、巩固党的团结统一提供了重要基础，有助于统一全党的行动，确保党的各项政策落地生根，为实现伟大历史使命迈好步子、打好基础。二是有助于更好地发挥党组织的战斗堡垒作用，确保党的具体工作得到有效落实。党是由一个个基层组织有机构建起来的整体。党组织是党的根基与基础，是管理监督党员与培育党的领导干部的基本单位与有效平台，也是完成党的各项任务的重要主体。党内监督制度建设有助于严格党的组织生活，及时发现与纠正党组织工作中存在的问题，确保各级党组织更好地发挥政治核心作用与战斗堡垒作用，认真履行组织义务，贯彻落实党的理论与政策，团结带领全党为完成党的伟大使命而不懈奋斗。三是有助于激发广大党员干部的服务意识，勇于担当，积极投身党的伟大事业。党员是党的细胞，在各行各业中具有模范先锋作用，是完成党的历史使命的生力军。加强党内监督制度建设，有助于及时掌握党员的思想状况、作风状况、工作状况、纪律状况，引导广大党员正视、剖析与改正自身的缺点与错误，将忠诚老实、清正廉洁、艰苦奋斗、勇于担当的精神品格内化于心、外化于行，激励党员奋发有为、干事创业、勤政廉政，严格履行自身义务，积极落实党的路线方针政策，积极投身社会主义现代化建设事业，为完成党的历史使命奉献一份力量。四是有助于带动社会风气改善，赢得人民群众对伟大事业的支持与参与。党是存在于社会中的政治组织，党内监督制度建设不仅深刻影响着党的政治生态，也潜移默化地影响着社会风气。党内监督制度建设必将带动人民群众奋勇前进，保障党和国家各项事业顺利进行，努力实现伟大梦想。

三、推动全面从严治党向纵深发展

实现全面从严治党是党内监督制度建设最基本的功能与作用。要充分认识到，党内监督制度建设在管党治党中具有重要作用。具体而言，主要有以下几方面的作用。

第一，党内监督制度建设是反腐倡廉的强大武器。党作为国家各项事业的领导核心，掌握着许多权力。由于掌握权力的人并非尽善尽美，行使权力过程中若不受监督必然会发生腐败。当腐败泛滥超过一定限度时，则会成为政权更迭的诱因。反腐倡廉关系党的兴衰成败、关系国家各项事业的生死存亡。而党内监督制度建设是反腐倡廉的重要手段，有助于防止腐败发生。具体来看，它具有以下几方面功能：一是预防腐败的功能。党内监督制度建设将法定职权、权责一致等原则通过合理的制度设计体现出来，使掌握权力的领导干部明确有权必然有责，用权受监督。这一提前介入权力运行过程的制度设计可以有效预防腐败，从根源上将权力腐败问题防患于未然。如党务公开制度可以预防巧立名目、滥用公款的行为，个人事项报告制度可以及时发现异常收入与异常人事关系调动，预防经济腐败、防止任人唯亲，谈心谈话制度、批评与自我批评制度可以提前预警，从小事抓起，通过红脸出汗及时预防腐败的苗头等。另外，党内监督制度有效运行还可以向普通党员与人民群众展现权力的行使过程，带动党员群众反对腐败，监督领导干部谨慎用权，防止腐败现象发生，确保权力取之于民用之于民。二是惩戒、警示与矫正功能。党内监督制度建设包含丰富的制度设计，其中不乏关于惩戒的相关制度。对于监督过程中发现的腐败现象，纪检机关往往会采取惩戒措施，小到纪律处分，大到移交司法机关判刑，这些纪律处分措施，往往起到良好的惩戒与警示效果，告诫腐败分子滥用权力必然受到惩罚，同时也警示其他掌握公权力的领导干部不能随意滥用权力或从事腐败活动。另外，党内监督制度建设还可以及时优化干部结构人选，从而制止腐败，确保权力正常运转。三是教育功能。党内监督制度建设不仅具有惩戒功能，而且具有良好的教育功能。通过党内监督制度的刚性约束，不仅可以查处权力腐败行为，而且可以督促党员干部深入了解党关于反腐败的法规制度，深刻认识腐败的危害性，将党所倡导的廉洁奉公、忠诚坦荡等廉政文化内化到党员的思想意识中，督促党员干部廉洁从政、廉洁修身，时刻警惕腐朽文化的侵蚀，谨慎运用手中的权力，提高反腐自觉性。综上，党内监督制度建设在反腐倡廉中具有多种功能，是党的一件反腐利器。

第二，党内监督制度建设是加强党的纪律建设的重要举措。党内监督制度建设的主要目标之一是推动党纪落地生根。加强党内监督制度建设客观上有助于加强党的纪律建设。具体而言，一是有助于丰富、完善党的纪律体系。党内监督制度建设包含党内监督法规制度体系建设，目前，党已经在党章的基础上，完善了党内监督条例等相关的法规制度，形成了基本的制度体系。需要指出的是，这些法规制度也是党的纪律体系的重要组成部分，客观上推动党的纪律建设向着系统化、科学化方向发展，为党员提供了基本的行为准则，对党的纪律体系建设意义重大。二是有助于促进党纪的落实，增强党纪的权威性与严肃性。随着社会的转型与市场经济的发展，少数党员信仰缺失、贪污腐化，党纪松弛的问题还需引起重视。解决这些违纪问题，主要在于强化党的纪律的执行力度，及时提醒违纪党员并做出严格的惩处措施。党内监督制度建设的主要目标之一是推动党纪落地生根，完善相关制度有助于厘清管党治党的主体责任、监督责任，有效整合党内的监督资源，强化纪律执行，解决党内存在的突出矛盾与问题，督促党规党纪落地生根，增强党纪的权威性与严肃性。加强党内监督制度建设必将有助于完善党的纪律体系，同时促进纪律的有效执行，达到正风肃纪的良好效果。

第三，党内监督制度建设是净化党内政治生态的制度保障。“政治生态是党员成长与政治运行的大环境，关系政治系统稳定情况与政党形象，是做好各方面工作的基础。”① 党组织及其成员存在于复杂的社会环境中，稍不注意加强自身建设，就有可能蜕化变质，影响党的先进纯洁、污染党内政治生态。党内监督制度建设是党的自我约束、自我管理活动，可以对党内的错误思想与违纪行为进行惩戒与纠正，保持党的先进性、纯洁性。具体而言，一是有助于规范党内政治生活，形成积极健康的党内关系与政治氛围。党内监督制度建设为党内政治生活的开展提供基本依据，赋予党内政治生活具体的准则，积极督促组织生活会等活动的召开，陶冶党员的政治情操，坚定党员政治立场；可以督促批评与自我批评活动的开展，及时发现党内存在的突出问题，提高党员对政治微生物的抵御能力，推动形成积极健康的党内关系。当党内政治生活规范有序之时，党员所处的生态环境自然也会得到净化。二是有助于吸收合格的新生力量，提拔德才兼备的党员干部，防止落后分子扰乱党内政治生态。为了保障党的肌体健康，党组织会定期吸收一定的先进分子入党。这一过程中，容易发生把关不严导致不合格党员混入党内的问题。党内监督制度建设可以加强各个环节的监督与管理，有效避免这些问题的发生，确保党员质量合格。另外，领导干部的选举与提拔，有时会发生拉关系、拉选票、行贿受贿的行为，侵蚀党的肌体。党内监督制度建设可以有效防止这类现象发生，防止带病提拔的现象，推动形成良好的选人用人环境。三是有助于减少消极、腐化、堕落现象，并祛除异己力量，确保政治生态风清气正。少数党员容易受到外界腐蚀，久而久之容易产生不积极履行党员义务的消极分子，甚至产生违规违纪的堕落分子与威胁党的团结统一的异己力量。这股力量沉淀过久，容易污染党内政治生态、消耗党的战斗力。党内监督制度建设可以

---

① 刘俊霞．习近平关于党内政治文化建设重要论述的核心要义［J］．江西财经大学学报，2022（01）：12-20.

及时发现并挽救不合格党员，督促他们转变为好同志，同时把不可挽救的坏分子排除出党，净化党的肌体，减少消极力量对党内政治生态的污染。总之，发挥党内监督制度的净化功能，才能营造风清气正的政治生态，否则很容易导致党内风气庸俗化，导致腐败现象滋生蔓延，潜规则充斥、作祟。

四、推动国家治理体系和治理能力现代化

理顺各类社会关系，治理好一个国家，离不开完备的制度。习近平总书记指出："国家治理体系和治理能力是一个国家的制度和制度执行能力的集中体现，两者相辅相成。"① 党内监督制度作为党和国家的一项重要制度，是国家治理体系的重要组成部分，加强党内监督制度建设有助于正面回应国家治理体系现代化的核心任务，提升治理能力，促进制度优势转化为治理效能。

第一，党内监督制度是国家治理体系的重要组成部分。理顺各类社会关系，治理好一个国家，离不开完备的制度。国家治理体系是在建设国家、管理社会的过程中形成的国家制度体系，这套制度体系涉及社会生活的各个方面与各个领域。党是国家治理的核心，是国家治理最为重要的主体。这决定了完善党的自身建设的制度是国家治理体系现代化的前提条件与政治基石，党内监督制度作为其中不可或缺的部分，在国家治理体系中也居于重要地位。国家治理体系的现代化有赖于党内监督制度这一关键子系统发挥示范引领作用。2013 年，党的十八届三中全会要求进一步加强廉政建设并完善反腐败工作的体制机制。2014 年，党内通过相关方案，推动党的纪检体制改革，增强纪委权威性。2016 年修订党内监督条例，标志党内监督制度化、规范化水平进一步提高。随后，在党的建设实践中，党中央做出一系列重大战略安排，推动纪检工作双重领导体制改革，同时，完善巡视、派驻等监督方式，并进行国家监察体制改革。2019 年，党的十九届四中全会对党内监督制度战略地位的认识进一步提高，把党和国家监督体系统筹布局，一体纳入国家治理体系，进一步丰富了这一体系的科学内涵。加强党内监督制度建设，促进相关制度的完善，有助于实现国家治理现代化，为各项工作的顺利完成提供有效

---

① 习近平谈治国理政（第 1 卷）[M]. 北京：外文出版社，2018：105.

的制度保障。

第二，国家治理现代化的一个重要方面是权力治理，党内监督制度建设是对这一问题的正面回应。国家治理必先治权。而党内监督制度建设正是对权力治理问题的正面回应，其主要任务便是确保权力规范行使。党内监督制度建设起着规制、纠偏等作用，可以优化权力配置、规范权力运行、协调权力关系，进而促进并保障国家治理现代化。建党以来，特别是新时代以来，党在完善党内监督制度方面做出了许多有益探索，不断强化监督力度，力争把权力关进制度之笼，确保权力正确行使。加强党内监督制度建设，必将有助于强化权力监督，正面回应国家治理现代化的核心任务。

第三，党内监督制度建设有助于提升国家治理能力、促进制度优势转化为治理效能。国家治理能力是指制度的执行能力，即一个国家运用制度管理社会的能力。这是国家治理体系与各项具体事务的对接点，是将制度优势转化为治理效能的依托。从国家治理体系的实施过程来看，可以将国家治理能力大致划分为规划决策能力、执行能力和监督能力等三个方面，党内监督制度建设对这几个方面都有重要作用。首先，党内监督制度建设有助于提升国家治理能力中的规划与决策能力。国家治理规划与决策的科学性不仅与国家治理机构掌握信息的完备程度有关，与决策方法的科学性有关，而且与决策过程中公共权力的运作情况密切相关。实践证明，若规划与决策过程中存在滥用权力的行为，则往往会出现规划与决策的科学性有待提高的现象。简而言之，党内监督制度建设有助于发现、查处滥用公共权力的违法违纪行为，快速把规划与决策中存在的漏洞与风险反馈给国家治理机构，并在问题导向下，及时弥补失误，确保决策科学。因此，加强党内监督制度建设将有助于提高党的规划决策能力，进而提升对国家事务的治理能力。其次，党内监督制度建设有助于提高国家治理机构的执行能力。国家治理中，科学的规划与决策关键要得到有效执行。但执行过程中，时常存在治理执行者试图从中谋利的问题。加强党内监督制度建设，可以通过抑制相关违纪行为，确保政令畅通，促进国家治理政策的有效执行，以实现预期的国家治理目标；党内监督制度建设还可以及时发现政策执行过程中存在的典型问题与风险隐患，提出相应的解决方案，促进国家治理提质增效；另外，党内监督制度建设通过反腐倡廉，可以有效削减不必要的开支，降低国家治理成本，确保制度执行的经济性。实践证明，党内监督制度越完善，党和国家的治理能力就会得到越明显的提升。再次，党内监督制度建设有助于加强对国家治理结果的监督与反馈，督促各治理主体提高治理能力，进一步提升治理效能。党内监督制度建设一般通过法定程序与科学的评价指标、评价方法对国家治理结果进行有效评价，对于治理效果较好的单位与主体进行鼓励与奖励，对于治理效果较差的单位与主体进行问责。这一监督与问责机制对于提升国家治理能力具有重要意义。

第三节　党内监督制度建设的理论基础

党内监督制度建设拥有深厚的理论基础。马克思主义经典作家及中国共产党人关于党内监督制度建设的相关理论十分丰富。他们历来重视对权力的制约，重视制度的刚性约束，重视党的自身建设。

一、马克思、恩格斯关于无产阶级政党党内监督制度建设的相关理论

重视自我监督是无产阶级政党的优良品格。马克思、恩格斯的思想中包含着丰富的党内监督制度建设相关理论。他们深刻认识到党内监督对于约束政党权力、维护党的团结统一的重要性，强调应充分发扬党内民主、建立党的代表大会制度、实行严格的监督纪律，这些思想具有重要的理论指导意义。

（一）充分发扬党内民主

民主是监督的基础，为各监督主体展开相关工作提供基本前提。在领导工人革命的过程中，马克思、恩格斯强调，党员一律平等，并提倡批评与自由交换意见，这为实现党内监督奠定了重要基础。同时，马克思、恩格斯认为应建立党内选举制度，主张通过这一方式选举和罢免不合格的党员干部。这些内容构成马克思、恩格斯发扬党内民主、强化党内监督思想的重要组成部分。

第一，马克思、恩格斯认为党内成员一律平等，提倡批评与自由讨论。

发扬党内民主，是对领导干部进行监督的重要基础。具体而言，一是强调党员一律平等。实现党内民主的前提是党员平等，对这一问题的认识是展开党内监督的重要基础。1847 年，共产主义者同盟成立，其章程规定，“所有盟员都一律平等”①。为了保证该规定的贯彻执行，马克思、恩格斯坚决反对特权现象，强调党内领导干部没有特殊性，反对突出个人，这为坚持全体党员一律平等，强化对领导干部权力的约束起到重要作用，是马克思、恩格斯关于党内监督相关思想的初步体现。二是提倡批评和自由交换意见。批评与自由讨论是实现党内监督的重要方式。结合实际情况来看，《共产主义者同盟章程》即是在充分讨论的基础上予以通过的。自由交换意见，使党内民主得到充分发扬，既对共产主义者同盟章程的制定起到了较好的讨论作用，又对相关内容的制定起到有效的监督作用。第一国际时期，恩格斯多次强调，“工人运动的基础是最尖锐地批评现存社会，批评是工人运动的生命要素，工人运动本身怎么能逃避批评，禁止争论呢?”② 19 世纪 90 年代，面对无产阶级政党——德国社会民主党内的分歧，该党的领导人李卜克内西、贝贝尔扬言要把持反对意见的人“赶出去”，对此，恩格斯着重强调了民主讨论与交流的重要性，并坚持说服他们，任何“赶出去”的做法是不恰当的。③ 1891 年，恩格斯再次指出，“还要使人们不要再总是过分客气地对待党内的官吏——自己的仆人，不要再总是把他们当做完美无缺的官僚，百依百顺地服从他们，而不进行批评。”④ 可见，充分的讨论与批评奠定了民主的氛围，这对于党早期的发展壮大、对于权力的约束意义重大。马克思、恩格斯坚持党员一律平等，提倡批评与自由交换意见的思想初步反映了他们关于民主、监督等问题的看法，这些思想至今仍闪烁着光芒。

第二，建立党内选举制度。党内选举制度是从源头上监督干部的重要环节。发扬党内民主必须建立党内选举制度，以制度的形式保证党员的民主监督权利得到有效维护。为了促进党内选举制度的发展，马克思、恩格斯对党

① 马克思恩格斯全集（第 42 卷）[M]. 北京：人民出版社，1979：419.
② 马克思恩格斯文集（第 10 卷）[M]. 北京：人民出版社，2009：580.
③ 马克思恩格斯全集（第 37 卷）[M]. 北京：人民出版社，1971：435-436.
④ 马克思恩格斯全集（第 38 卷）[M]. 北京：人民出版社，1972：33.

内选举制度作出初步设计。一是党的各级领导机构与领导干部由民主选举产生。1847年，共产主义者同盟诞生，马克思、恩格斯为其起草章程，规定从基层支部到区部再到中央委员会，各级领导机关皆由选举产生①，这为党员群众鉴别、监督候选人提供了可能，是党内监督制度的最初体现。此外，领导干部需要对党内成员与党组织认真负责，一旦滥用职权，随时可能被罢免。党员的持续监督提高了党员干部的责任意识，实现了对党员干部权力的有效监督。总体而言，民主选举是党内监督制度的重要表现形式，对于遏制独裁、监督领导机关和领导干部具有重要作用。二是明确、细化党员的选举权利。1864年，第一国际成立，马克思继续发展了党内民主选举制度的相关内容。他在第一国际的章程中规定，各会员均有选举权和被选举权，重大问题一般需实名投票。② 这些规定进一步明确了党员的民主选举权利，同时对重大问题实名投票，一定程度上防止了党的代表滥用权力导致决策失误的问题，确保了党内监督实际效用的发挥。综上可见，民主选举把无产阶级政党的各级领导机关和领导人皆置于党员、群众的监督之下，有助于减少以权谋私的现象，确保人民公仆始终为工人阶级服务、为广大人民群众服务。上述思想对于我们党的党内监督制度建设具有重要借鉴意义。

（二）建立党的代表大会制度

无产阶级政党具有众多制度。其中，党代会制度居于十分重要的地位，对于党的自身发展具有重要意义，这一制度历来被重视。马克思、恩格斯主张，建立健全党代会制度，赋予其重要权力，并逐步确立年会制等。这些思想与党内监督密切相关，是开展监督活动的基础。具体来看，体现在以下几方面。

第一，赋予党代会最高监督权，有效制约和监督中央委员会的权力。马克思、恩格斯历来注重维护党的中央委员会的权威，赋予其重要权力，与此同时，又注重通过党代会制约其权力。为了确保革命的胜利，马克思、恩格斯非常注重维护中央委员会的权威，以此巩固无产阶级政党的权威地位。《共

① 马克思恩格斯全集（第42卷）[M]. 北京：人民出版社，1979：420-422.
② 马克思恩格斯全集（第17卷）[M]. 北京：人民出版社，1963：478-479.

产主义者同盟章程》规定，中央委员会为最高领导机关①，并赋予中央委员会许多实质性权力，以更好地处理党内事务。与此同时，为防止中央委员会权力过大，马克思、恩格斯又逐步建立党的代表大会，并完善了与之相关的制度，把它作为权力机关，并赋予其最高监督权，以此实现对中央委员会权力的监督与制约。1847 年，《共产主义者同盟章程》规定，代表大会是同盟的立法机关，具有重要的权力，如它有权指定本届中央委员会所在地，听取其工作汇报等。② 随着实践发展，马克思在 19 世纪 50 年代初对《共产主义者同盟章程》进行了完善，这份章程于 1851 年 1 月由伦敦区部会议批准。马克思在修订后的章程中进一步指出，中央委员会要向党的代表大会报告自身的全部活动和共产主义者同盟的情况，如报告盟费的收支情况等，并且章程规定仅代表大会有权罢免中央委员会的委员。③ 1864 年，第一国际成立，马克思、恩格斯进一步发展了上述思想，强化了对权力的监督力度，党内监督相关制度起到了应有的作用。如相关规定表明，代表大会可以任命中央委员会、确定其驻在地；可以规定下次大会召开的时间和地点，确保相关活动如期举行；按时听取中央委员会的汇报，对其监督；等等。④ 上述规定，突出了中央委员会的最高领导地位，同时又强化党代会的监督权，确保中央委员会按照规定使用权力。这些思想对于强化监督力度、确保党的肌体健康起到了重要作用，在当前仍具有理论意义。

第二，赋予党的代表大会最高决策权，防止各项政策与事务在决策与实施过程中偏离正确轨道。1847 年，《共产主义者同盟章程》规定："有关修改章程的一切提案必须送交中央委员会，再由中央委员会提请代表大会审议决定。"⑤ 19 世纪 50 年代初，马克思对这一章程进行了完善。其中，相关条文进一步指出，代表大会有权修订同盟章程，并阐明同盟必须遵循的政策的原则；解决中央委员会与同盟下级委员会之间的一切冲突等。⑥ 第一国际成立

---

① 马克思恩格斯全集（第 42 卷）[M]. 北京：人民出版社，1979：419.
② 马克思恩格斯全集（第 42 卷）[M]. 北京：人民出版社，1979：421.
③ 马克思恩格斯全集（第 10 卷）[M]. 北京：人民出版社，1998：745-746.
④ 马克思恩格斯全集（第 17 卷）[M]. 北京：人民出版社，1963：476.
⑤ 马克思恩格斯全集（第 42 卷）[M]. 北京：人民出版社，1979：422.
⑥ 马克思恩格斯全集（第 10 卷）[M]. 北京：人民出版社，1998：746-747.

后，其党章规定，代表大会有权采取使国际协会顺利进行活动的必要办法；① 各支部与小组的成立与开除、各支部的纠纷等问题最终裁决权属于应届代表大会。② 1891年，恩格斯在致左格尔的信中再次表明，在德国社会主义民主党这一无产阶级政党中，“一切都服从于党代表大会”③，进一步表明了最高权力的归属问题。可见，党代会决定着党的一切重大事项，拥有最高监督权与决策权，实现了对党的最高领导机关即中央委员会的监督，为党内监督的开展奠定了坚实的制度基础。

第三，实行党的代表大会年会制，实现党内监督常态化。为了充分发扬党内民主，发挥党的代表大会对各项重大事项的决策作用，实现对各项工作的监督，马克思、恩格斯主张对这一制度实行年会制，以此推动监督常态化、规范化。共产主义者同盟期间，代表大会一般于每年八月举行。④ 第一国际章程延续了年会制，坚持每年召开一次。⑤ 1892年，恩格斯强调，应当坚持每年召开一次党代表大会，并强调，这样既可以模范执行党章的规定，也可以给予全党充分讨论问题的机会，对于党的发展意义重大。⑥ 定期召开党代表大会，提高了党内监督的有效性，保障了权力在民主监督下运行，防止出现独裁专制现象。此外，为有效应对特殊情况的出现，马克思、恩格斯在共产主义者同盟及第一国际期间都强调，在有特殊情况的时候，可提前召集非常代表大会，这一重要补充，为更好地发挥党代会监督职能提供了重要保障。

（三）制定并严格执行党内监督相关纪律

铁的纪律是展开党内监督的重要保障。马克思、恩格斯非常重视监督纪律的制定，同时，严格执行相关纪律，用问责、惩处的方式确保党内监督落到实处。上述相关思想，不仅对于当时的革命活动具有推动作用，而且对于当前的党建工作也具有重要借鉴意义。

第一，制定党内监督的相关纪律，以加强对党内成员与各级党组织的监

---

① 马克思恩格斯全集（第17卷）[M]. 北京：人民出版社，1963：476.
② 马克思恩格斯全集（第17卷）[M]. 北京：人民出版社，1963：481.
③ 马克思恩格斯全集（第38卷）[M]. 北京：人民出版社，1972：192.
④ 马克思恩格斯全集（第42卷）[M]. 北京：人民出版社，1979：421.
⑤ 马克思恩格斯全集（第17卷）[M]. 北京：人民出版社，1963：476.
⑥ 马克思恩格斯全集（第38卷）[M]. 北京：人民出版社，1972：474.

督。1847年，《共产主义者同盟章程》明确规定，每个盟员都需“承认同盟的各项原则”“忠实履行自己的诺言并保守机密”①；“每个区部委员会、尚未成立区部委员会的支部以及单独活动的盟员，必须同中央委员会或某个区部委员会保持定期的通信联系。”② 1864年，第一国际章程也规定，“每一个承认并维护国际工人协会原则的人，都可成为国际工人协会的会员。每一个支部对它所接受的会员的品质纯洁负责”③；每一支部不得制定违背第一国际章程的相关规定；所有支部不得采用宗派名称，防止党内成立分裂国际工人协会的组织。④ 同时，马克思、恩格斯还通过建立报告制度监督党组织与党员的各项活动。如共产主义者同盟期间，“区部委员会每六个月向所属各支部报告收支情况”“任何一个盟员改变住址时均须事先报告本支部的主席”⑤。第一国际期间的相关纪律也强调，加入第一国际需提交申请，联合会委员会应按时向上级提交报告，及时汇报所属支部相关工作情况与财务情况。⑥ 可以看出，上述内容虽未明确提到党内监督，但可见党内监督思想之雏形，为保证全党上下同心、为实现共同的目标而不懈奋斗提供了基本保障。马克思、恩格斯关于党内监督的相关思想，不仅指导了无产阶级政党的创建，促进了国际工人运动的蓬勃发展，而且为当前党内监督制度建设奠定了科学的理论基础。

第二，严格执行党内监督纪律，用问责、惩处的方式确保党内监督落到实处。纪律的生命力在于执行，唯有加强纪律的执行，发挥纪律的惩戒震慑作用，才能确保党内监督的有效性。共产主义者同盟对其盟员做出明确的纪律规定，强调盟员若有违反纪律与相关政策的言行，应根据违纪的严重程度，做出处分，被开除者不得再加入同盟；区部委员会应审理犯罪的盟员，并及时督促判决的执行；各支部需对离盟和开除出盟的成员展开最严密的监视，同时密切监视该地区的可疑分子，若发现有危害同盟的活动，必须立即上报

① 马克思恩格斯全集（第42卷）[M]. 北京：人民出版社，1979：419.
② 马克思恩格斯全集（第42卷）[M]. 北京：人民出版社，1979：422.
③ 马克思恩格斯全集（第17卷）[M]. 北京：人民出版社，1963：477.
④ 马克思恩格斯全集（第17卷）[M]. 北京：人民出版社，1963：483.
⑤ 马克思恩格斯全集（第42卷）[M]. 北京：人民出版社，1979：422.
⑥ 马克思恩格斯全集（第17卷）[M]. 北京：人民出版社，1963：480-482.

区部委员会，并由区部委员会采取必要措施以保障同盟的安全；每个区部委员会可采取适当措施确保区部安全，但相关措施不得与总章程相违背，否则会采取相应的处分措施。① 第一国际章程也制定了相应的措施，要求每年 8 月 1 日，联合会委员会有义务将本国收集的材料寄往总委员会。若地方的工会和支部拒绝提供材料，总委员会有权予以处分，并要求他们改正。② 马克思、恩格斯严格执纪、强化问责的思想有效惩处了党内威胁无产阶级政党安全和工人阶级根本利益的行为，巩固了党的团结统一，确保各级党组织和全体党员与党的要求保持高度一致，防止党内权力被滥用。

二、列宁关于无产阶级政党党内监督制度建设的相关理论

事物是不断向前发展的，理论也同样如此。为了加强党内监督、推动革命活动继续向前发展，列宁继承了马克思、恩格斯的相关理论，并对此进行了丰富和发展。他强调，要通过加强民主集中制建设、加强党的代表大会制度建设、建立专门的党内监督机构等加强党内监督制度建设。上述思想为中国共产党党内监督制度建设提供了重要的理论指导。

（一）加强民主集中制建设

列宁关于民主集中制建设的思想十分丰富，这为监督工作的有效开展提供了基础。1905 年，列宁首次提出这一概念，1906 年，这一制度被写入俄国社会民主工党党章，被作为根本组织原则。从该制度的最初设计来看，其中蕴含了通过发扬党内民主实现自下而上的民主监督、通过正确集中实现自上而下的组织监督的目的。具体体现在两点：

一方面，充分发扬党内民主，为党内监督的顺利开展奠定基础。列宁认为，监督工作的开展离不开党员基本权利的落实，这是推进相关工作的基本前提。一是赋予党员选举权和罢免权，确保党和国家各级机关与领导干部受到制约与监督。俄国社会民主工党建立和发展时期，列宁多次强调："俄国社会民主工党是民主地组织起来的。这就是说，党内的一切事务是由全体党员直接或者通过代表，在一律平等和毫无例外的条件下来处理的；并且，党的

① 马克思恩格斯全集（第 42 卷）[M]. 北京：人民出版社，1979：421-422.
② 马克思恩格斯全集（第 17 卷）[M]. 北京：人民出版社，1963：484.

所有负责人员、所有领导成员、所有机构都是选举产生的，必须向党员报告工作，并可以撤换。”① 这一重要思想明确了党员与领导干部的平等地位、明确了党员的民主选举权利和罢免权利，为有效监督各级党组织与领导干部的权力提供了前提基础，有效防止以权谋私。十月革命后，为了巩固新生政权，部分中央机关权力较为集中，这导致官僚主义现象有所增加。对此，列宁要求继续发扬党内民主。1917 年，《罢免权法令草案》颁布，要求加强对领导干部的监督，切实落实罢免权，实现真正的民主制。② 之后，为实现这一重要思想，俄共（布）九大、十大等代表大会上，相继通过了多项条款巩固党员监督主体地位，保障党员的选举权、罢免权等民主监督权利，这对减少官僚主义现象起到重要作用。二是赋予党员知情权、表达权与批评权，畅通监督的渠道。早在 1902 年，俄国社会民主工党二大党章即规定，对于党的相关工作，党员可以及时了解，并有权提出建议与意见。1906 年，列宁在《批评自由和行动一致》中再次表达了相关思想，强调批评自由是无产阶级政党党内成员的基本权利。③ 这一思想一直延续至苏联成立。1920 年，俄共（布）九大强调，“创办报刊（争论专页等）来更经常、更广泛地批评党的错误和开展党内各种批评”④。这为党员发表意见、开展批评提供了重要的平台与载体。列宁充分发扬党内民主的思想与实践，保障了党员的监督主体地位，实现了自下而上民主监督的目的。

另一方面，集中是加强党内监督必不可少的条件。监督工作的开展往往会遇到各类问题与阻力，此时，集中权力，维护党的权威，就成为必不可少的举措。1904 年，列宁曾强调，无产阶级政党的发展离不开集中制，这是统一全党思想和行动，有效贯彻党的各项决议的重要保障，并对集中制的基本原则作出初步规定。列宁指出：“如果没有正式规定的党章，没有少数服从多数，没有部分服从整体，那是不可想象的。”⑤ 1915 年，列宁进一步阐释了民主与集中的辩证关系，强调：“我们在自己的报刊上一向维护党内民主。但是

---

① 列宁全集（第 14 卷）［M］. 北京：人民出版社，2017：249.
② 列宁全集（第 33 卷）［M］. 北京：人民出版社，2017：106.
③ 列宁全集（第 13 卷）［M］. 北京：人民出版社，2017：129.
④ 列宁全集（第 39 卷）［M］. 北京：人民出版社，2017：323.
⑤ 列宁全集（第 8 卷）［M］. 北京：人民出版社，2017：387.

我们从未反对过党的集中。我们主张民主集中制。”① 列宁对集中制基本原则的确立，强化了上级的领导，使上级有权管理、监督下级，这一方式相比于自下而上的党内民主监督更直接、更有效。列宁还强调，要通过严格执纪问责的方式加强对各级党组织与党员的监督。1922 年，面对莫斯科委员会包庇犯罪共产党员的行为，列宁要求严重警告包庇者，并强调，今后发生此类行为，应予以开除。② 苏共的党中央通过维护党规党纪、认真受理各类申诉与举报、严格执纪问责等方式，有效惩治了违纪行为，解决了党内监督软弱无力等问题。

（二）建立健全党的代表大会制度

在领导俄国革命、建立俄国无产阶级政党的实践中，列宁十分重视党自身的监督工作。其中一项重要举措，是建立党代表大会制度。列宁从权力来源上阐明了党代表大会监督的合法性，为党代会发挥监督作用提供了法理依据；在此基础上，列宁通过党章等各项制度对党代会的地位、监督职能与召开期限等作出具体规定，为党代会监督作用的发挥奠定了制度基础。

第一，党内权力的性质决定了党代表大会监督的合法性。在俄国革命的过程中，列宁在与普列汉诺夫争论俄国社会民主工党第三次代表大会是否应提前召开的过程中，首次阐明了党内权力的性质，这为党的代表大会发挥监督作用提供了法理依据。按照俄国社会民主工党党章的相关规定：“代表大会由党总委员会召开（尽可能至少每两年一次）。如果占代表大会总票数一半的党组织提出要求，党总委员会必须召开代表大会。”③ 1905 年，俄国革命形势发展迅速，但俄国社会民主工党党内的情况较为混乱，难以适应革命形势的需要，列宁领导的布尔什维克要求早于规定时间紧急召开党的第三次代表大会，并征得了半数以上党组织的同意。但普列汉诺夫主持的党总委员会拒不召开。布尔什维克不得已直接向各级委员会发布了召开党的代表大会的通知，普列汉诺夫不顾半数以上党组织的要求，反而指责布尔什维克的做法违反了

---

① 列宁全集（第 27 卷）[M]. 北京：人民出版社，2017：89.

② 列宁全集（第 43 卷）[M]. 北京：人民出版社，2017：52.

③ 苏联共产党代表大会、代表会议和中央全会决议汇编（第 1 分册）[M]. 北京：人民出版社，1964：44.

党章。对此，1905年2月，列宁在《无休的托词》中指出："总委员会是各委员会的受托者。各委员会必须争取使这个受托者执行它对委托人所负的责任。"① 同年4月，列宁专门就召开第三次党的代表大会的合法性作出发言，指出"不是党属于党总委员会，而是党总委员会属于党"②，"很明显，党总委员会是党的各委员会的受托者。各委员会的受托者拒绝执行自己的委托者的意志。如果受托者不执行党的意志，党就只好自己来实现这个意志。"③ 强调党的权力来自党员群众选举出来的党代表组成的党的代表大会，党代会把权力委托给党的总委员会，党代会有权督促总委员会召开相关会议、执行党内各项工作任务，有权检查总委员会执行党的工作任务的情况，若党总委员会拒不执行或执行不力，党有权予以监督和纠正。上述观点清晰地阐明了权力委托者与受托者之间的关系，为各级委员会召开党的代表大会提供了合法依据，也为党代会监督党的总委员会、监督党内权力的运行状况、监督各项方针政策的执行情况提供了合法依据。

第二，对党代会的地位、监督职能与召开期限等作出具体规定。自从俄共（布）建立之日起，列宁就对党代会的地位有着清晰的认识，并对此作出明确规定，强调"党的最高机关是党的代表大会""党的代表大会任命中央委员会、中央机关报编辑部和党总委员会。"④ 这些规定从权力的契约性质上规定了党代会是权力的委托者，具有监督中央机关的权力。中央机关的相关工作由党代会核查与批准，不符合要求的委员由党代会免除。1905年，列宁重申，党的代表大会作出的决定是最后的决定，其他机关要坚决服从，并强调这是党内"必须无条件服从的组织原则"⑤。随后，俄共（布）六大、八大及十二大通过的章程相继对党代会的地位、监督职能等作出了相关规定。如在代表大会上，党代表可以自由讨论、各抒己见，还可以对党中央的相关工作提出建议。可见，党代会及党代表有权对中央机关的工作进行监督，并对中央各机关工作人员进行选举，这有效约束了各级领导机关和主要领导干部的

---

① 列宁全集（第9卷）[M]. 北京：人民出版社，2017：292.
② 列宁全集（第10卷）[M]. 北京：人民出版社，2017：93.
③ 列宁全集（第10卷）[M]. 北京：人民出版社，2017：94.
④ 列宁全集（第7卷）[M]. 北京：人民出版社，2013：238.
⑤ 列宁全集（第11卷）[M]. 北京：人民出版社，2017：155.

权力。此外，列宁还要求党的代表大会定期召开，并形成制度。在列宁的推动下，党代会由至少每两年召开一次，逐步稳定为每年召开一次，并在党章进行了明确。党代会定期召开成为苏共党内的一项基本制度，为广大党员经常性开展党内监督提供了基本平台。

（三）建立专门的党内监督机构——监察委员会

专门的监督机构为相关工作的开展提供组织保障，有助于提升工作效率，进而保障党的肌体健康。苏维埃政权建立后，布尔什维克党内产生了骄傲自满、贪污腐化等问题。同时，在建立健全中央领导机构的过程中，党内也产生了权力过于集中的现象。对此，列宁在俄共（布）九大上提议建立监察委员会，监督党内的违纪行为，减少违纪现象。随后，俄共（布）又连续两次在党代会上对该机构作出相关规定，不断完善机构设置，促使党内监督走上制度化、规范化的轨道。这一机构对于俄共（布）自身建设意义重大，也为我们做好相关工作提供了重要的理论指导。

第一，打造专业化的监察队伍。监察队伍是开展监督的重要力量，其政治觉悟与业务素质直接关系党内监督的成效。列宁对监察委员有明确的要求，强调宁肯少些，但要好些。1920年，列宁在俄共（布）九大上指出，监察委员会，“由受党的培养最多、最有经验、最大公无私并最能严格执行党的监督的同志组成”①。1921年，列宁在致库西宁和克南两位同志的信中再次强调这一观点，“建议——各国党都建立一个由经过考验、富有经验的优秀工人组成的监察委员会”②。1922年，俄共（布）十一大对监察队伍的人数、党龄、专职性、党性和业务素质等提出了更为具体的要求。1923年，列宁进一步提出要把党和国家监督机构建设为模范机关。可以看出，列宁对党内监察委员的素质有极高的要求，既要有很高的政治觉悟又要有专业的监督素养、良好的道德修养，还要深受人民群众信任，这是对党内监督队伍建设提出的明确目标与基本要求。而对于如何培养、挑选出这类人才，列宁也提出许多具体方法。一方面，要加强考核和审查。列宁指出，应该对中央监察委员进行长期

① 列宁全集（第39卷）［M］. 北京：人民出版社，2017：323.
② 列宁全集（第42卷）［M］. 北京：人民出版社，2017：21.

培养，并“再三审查”①；应对考试内容进行拟定并物色候选人，最好是把多类优秀人才结合起来。② 另一方面，要加强学习。不仅要学习理论，做好学院式的工作，而且要学会做其他的工作，如学会如何捉拿诸如骗子这一类的“家伙”，同时做好自身的掩护等。③ 只有把学习和业务结合起来，才能把监督机构建设成为能胜任工作的，得到全党、全国人民信任的国家机关。列宁的上述思想至今仍具有实践意义。

第二，科学设置监察委员会监督体制机制，确保监督工作高效开展。监督机构充分发挥作用的关键因素之一，是确保自身的权威性，对此，列宁十分重视，并着重强调做好以下几方面工作。一是各监察委员会与同级党委关系平行。1920 年，俄共（布）九大强调，有必要在中央成立监委，监督党的工作，并强调该机构平行于中央委员会。④ 这一规定初步为监督机构权威性的确立奠定基础。1921 年，俄共（布）十大通过了相关决议，进一步完善了监委体制，细化了相关规定，增强了监督机构的权威性。决议强调，各监督机构由同级党代会选举产生并向其汇报工作，与党的委员会平行；同级党委的一切相关会议，各监督机构可以出席并发言；同级党委需执行各监督机构的决议，若遇分歧，需将问题交由联席会议直至党代会，予以解决。⑤ 1922 年，俄共（布）十一大通过了《监察委员会条例》，进一步明确了监督机构与同级党委的平行关系，为监督同级党委提供了可靠的制度保障。该条例的制定可谓意义重大。二是各监察机构实行垂直领导体制。为保持监察委员会的独立性，列宁在《论“双重”领导和法制》中深入分析了监察委员会接受中央机关与同级党委“双重”领导的弊端，强调地方监察委员会只接受中央机关垂直领导，不接受地方的省执行委员会领导，可以避免同级党委对监委的干扰，保证监督的公平公正。三是监察委员会的委员不得兼任其他职务。监督人员是开展相关工作的重要主体，为保障各委员不受干扰、客观公正地开展

---

① 列宁全集（第 43 卷）[M]. 北京：人民出版社，2017：386.
② 列宁全集（第 43 卷）[M]. 北京：人民出版社，2017：388.
③ 列宁全集（第 43 卷）[M]. 北京：人民出版社，2017：389.
④ 列宁全集（第 39 卷）[M]. 北京：人民出版社，2017：323.
⑤ 苏联共产党代表大会、代表会议和中央全会决议汇编（第 2 分册）[M]. 北京：人民出版社，1964：70-71.

党内监督，列宁强调，中央监委委员不得兼任其他行政机关的职务。① 这一规定进一步加强了监察委员会的独立性与权威性，为监督机构真正发挥监督作用提供了可靠的制度保障。

第三，明确监察委员会的监督职责与权限，加强各个层级权力的监督力度。1921年，俄共（布）十大对监察委员会的监督任务与相关职责作出具体规定，强调监察委员会的任务是同侵入党内的错误思想及党员滥用职权的行为作斗争、同破坏党的团结统一的错误言论与现象作斗争；监察委员会应积极维护党的团结统一，消除一切威胁党的团结的因素，同时，应做好监督工作，确保对党员错误行为的申诉、控诉等得到适当处理。上述规定明确部署了监察委员会对各级党组织及党员的监督内容与基本监督权限。此外，列宁强调，党内监督机构还要重点加强对中央委员权力的制约。列宁晚年在病重期间，对避免个人专断、避免党的分裂、维护中央委员会的稳定性等党的自身问题提出许多意见，其中健全党内监督制度是重中之重。他建议新的中央监察委员可以从优秀工农群众中产生，以实现劳动人民对党的监督，确保权力在正确的轨道运行。同时，列宁主张要进一步增强监督机构的权威与权限，加强对党自身的监督力度。他指出，中央监委委员应紧密团结在一起，做到绝对严格地执行监督任务。② 如此一来，中央监督机构地位进一步提升，党内所有组织与人员都置于监督机构的监督之下，有效避免了最高权力不受监督的问题，监督机构的监督作用得到了充分的发挥。

三、中国化马克思主义关于党内监督制度建设的相关理论

重视对党员干部的监督制约，重视制度对权力的刚性约束，是党的优良传统。从党的百年历史来看，中国化马克思主义关于党内监督制度建设的理论十分丰富，这些理论为中国共产党党内监督制度建设提供了理论基础。对这些相关思想进行梳理，对于本文的研究具有十分重要的意义。

（一）毛泽东关于党内监督制度建设的相关理论

重视自我监督是党的优良传统。在党的革命与建设实践中，毛泽东着重

① 列宁全集（第43卷）［M］. 北京：人民出版社，2017：201.

② 列宁全集（第43卷）［M］. 北京：人民出版社，2017：381.

强调加强组织监督与民主监督，并提出“惩前毖后、治病救人”的基本方针。这一套行之有效的制度与方针为党的自身建设作出重要贡献。

第一，强化自上而下的组织监督制度建设。开展监督工作的形式多种多样，其中组织监督居于主导地位，毛泽东非常重视这方面的监督工作，作了一系列论述，这为党内监督制度建设提供了深厚的理论基础。其一，建立党委集体领导制度。为了保持党的肌体健康，必须对领导干部的权力展开监督。党委集体领导是民主集中制的重要原则，有助于强化组织监督、防止个人专断，确保领导干部的权力在规定范围内正确行使。1948 年，毛泽东起草了《关于健全党委制》的决定，他强调：“党委制是保证集体领导、防止个人包办的党的重要制度。”① 为了解决党内存在的个人包办问题、委员之间存在分歧却得不到解决的问题，毛泽东强调，各级党委都应当完善党委制，确保党内重要问题由到会委员讨论决定。② 这一思想对于监督主要领导干部的权力起到重要作用，有效防止了个人凌驾于组织之上的问题。不久，新中国成立。20 世纪 50 年代，党内发生了个别领导干部的反党阴谋事件，这使毛泽东进一步认识到集体领导制度的重要性。1953 年年末，毛泽东再次强调，集体领导对于防止分散主义与个别干部分裂党组织的行为具有重要作用，全党要认真执行，确保相关违纪行为不再出现。③ 这一思想有效监督和制约了领导干部手中的权力，对于反对个人独裁和分散主义起到重要作用。1956 年，赫鲁晓夫严厉批判了党内的个人崇拜现象，从侧面暴露出过分强调个人作用对党和国家事业造成的危害。毛泽东深入思考了这一问题，强调全党要充分发扬民主，对于党内的重大事件与政策，要听取多方面意见，坚持集体讨论后再作出决定，坚决防止个人权力得不到有效监督的现象、坚决防止个人崇拜的现象。1962 年，毛泽东分析了个别党委中第一书记当“霸王”的错误做法，他指出：“党委的领导，是集体领导，不是第一书记个人独断。”④ 并强调，大事需要集体决定，如果个别同志不加以改正，终有一天会上演“霸王别姬”的

---

① 毛泽东选集（第 4 卷）[M]. 北京：人民出版社，1991：1340.

② 毛泽东选集（第 4 卷）[M]. 北京：人民出版社，1991：1340-1341.

③ 建国以来重要文献选编（第 4 册）[M]. 北京：中央文献出版社，2011：627-628.

④ 毛泽东文集（第 8 卷）[M]. 北京：人民出版社，1999：294.

故事。① 丰富的历史事实表明，党委集体领导制度是集中集体智慧、统一全党行动、强化党内监督、防止个人独裁的重要制度。当然，在强调集体领导的同时，毛泽东也强调个人负责，认为这是落实党的决议的重要步骤，与个人独裁有本质区别，全党要正确处理这一问题。

其二，建立请示报告制度。监督工作开展的前提，是对权力的行使情况、职责的落实情况等有充分的了解。请示报告制度是了解党内情况，实现自上而下组织监督的重要制度之一。中国共产党成立之初即对请示报告制度进行过有益探索。如党的二大通过的党章规定，对吸纳和开除党员必须向上级报告。毛泽东以党的探索为基础，对请示报告制度进行了进一步发展。1931 年，中华苏维埃共和国临时中央政府在《关于建立报告制度问题》中指出："为建立坚强而有工作能力的苏维埃政权，各级苏维埃政府在工作方法上首先要建立下级向上级经常作报告的制度，上级对下级实行工作检查的制度。"② 这一制度设想为党的上级组织监督下级组织提供了重要基础。解放战争时期，毛泽东对这一制度进行了发展与完善。1948 年 1 月，毛泽东作出《关于建立报告制度》的指示，对相关报告主体、报告内容等作出具体规定。③ 同年 3 月，毛泽东进一步起草了《中共中央关于建立报告制度的补充指示》，对各中央委员、候补委员请示报告的权利与义务作出进一步补充和深化。这一时期，东北局未认识到党的决心，不认真执行这一制度，汇报内容不全面，对此，党中央给予了严厉批评，督促他们及时改正错误。同年 8 月，毛泽东起草了《中共中央、军委关于严格执行向中央作请示报告制度的指示》，强调了请示报告制度的执行问题，改变了个别地方敷衍了事、不认真作报告导致的党中央对地方监督效果不佳的情况。同年 9 月，"九月会议"通过的《中共中央关于各中央局、分局、军区、军委分会及前委会向中央请示报告制度的决议》，详细划分了中央与地方的权力，进一步完善了地方向中央请示报告的相关规

① 毛泽东文集（第 8 卷）[M]. 北京：人民出版社，1999：295.
② 毛泽东年谱（1893~1949）（修订版）（上）[M]. 北京：中央文献出版社，2013：360.
③ 毛泽东选集（第 4 卷）[M]. 北京：人民出版社，1991：1264.

定。① 毛泽东关于建立健全请示报告制度的思想是党内监督制度建设的重要内容，对于强化自上而下的组织监督起到重要作用，为党内监督制度建设奠定了重要理论基础。

第二，注重自下而上的民主监督制度建设。民主监督是党内监督的基础与重要组成部分，毛泽东对此十分重视，强调要通过党员监督领导干部遵规守纪。其一，建立健全党内民主生活会制度。身处同一组织的党员，往往相互之间最为了解。因此，对党员而言，来自身边同志的监督往往最直接、最全面。严肃各支部的政治生活是做好监督工作的重要基础。其中，民主生活会是党员进行思想交流、开展党内监督的重要方式之一。毛泽东向来主张发扬党内民主，建立健全党内民主生活会制度，及时发现党自身的缺点与不足。同时，他主张所有领导干部一律平等，都要按照相关规定积极参加民主生活会。新中国成立后，毛泽东清醒地认识到党内存在不良风气，认为应通过定期召开党员干部民主生活会，抵制党内不良风气。1952 年，毛泽东在审阅纪检工作报告时，结合纪检工作存在的问题强调，"必须加强纪检工作，健全党内的组织生活和民主生活，充分发挥支部的堡垒作用，发动对党员干部违法乱纪行为的揭发和检举，经常向党员进行遵守纪律的教育。"② 可见，毛泽东的民主监督思想内容十分丰富，他始终认为通过民主生活会进行批评与相互监督是加强党内监督的重要方式，积极参与民主生活会是领导干部的基本权利与义务，任何情况下都不能予以削弱。

其二，保持批评与自我批评的优良传统。批评与自我批评是党的优良传统，也是党内监督的重要方式。毛泽东认为，坚持批评与自我批评对于保持党的肌体健康十分重要。这一方法对于改正错误具有重要价值。结合党的历史来看，遵义会议运用批评与自我批评的方法，解决了军事难题。延安整风运动实现了自我批评的广泛化、常态化运用，重点纠正了党内不良作风，使党内达到空前的团结。新中国成立后，批评与自我批评在整党整风、巩固政权中发挥了重要作用。1955 年，对于党内部分领导干部批评不尖锐的做法，

---

① 建党以来重要文献选编（1921-1949）（第 25 册）[M]. 北京：中央文献出版社，2011：520.

② 毛泽东年谱（1949—1976）（第 1 卷）[M]. 北京：中央文献出版社，2013：568.

毛泽东表示反对，他认为，“定期召开会议，进行批评和自我批评，这是一种同志间互相监督，促使党和国家事业迅速进步的好办法。”① 另外，对于如何开展批评与自我批评，毛泽东也提出了深刻的见解。一是要善于利用党报党刊等工具开展监督。1950年，在毛泽东的建议下，党内通过了《中共中央关于在报纸刊物上展开批评和自我批评的决定》，决定指出，“吸引人民群众在报纸刊物上公开地批评我们工作中的缺点和错误，并教育党员，特别是党的干部在报纸刊物上作关于这些缺点和错误的自我批评，在今天是更加突出地重要起来了。”② 唯有如此，才能防止党员被官僚主义毒害，防止党和国家事业发展受到损害。1953年，中共中央再次强调，“凡典型的官僚主义、命令主义和违法乱纪的事例，应在报纸上广为揭发。”③ 总之，党要不断丰富自我监督的渠道，学会运用灵活的方式，揭露党自身存在的问题，纠正党的错误、清除各种弊病。二是开展批评与自我批评要坚持正确的方法。需要指出的是，党内的批评活动根本上是为了发现错误、挽救同志，而不是为了把错误放大，损害党的组织。对此，毛泽东也曾做过论述，有着深刻的见解。他强调，批评不能不讲原则地随意展开，而是要有事实有依据，“批评要注意政治”④，对于严重违纪行为要彻底斗争，但要“避免粗暴行动”⑤，这一思想为党内开展批评与自我批评提供了正确的方法论。

其三，健全党的代表大会制度。党的代表大会决定党内重要事务、选举产生党的主要领导干部，是以民主的方式从源头上监督党的各项工作与主要领导干部的重要制度。但实际政治生活中，党代会召开次数有限。为了避免党代会闭会期间难以发挥监督作用的问题，毛泽东提出将其改为常任制，确保党内监督经常开展，这是防止党代会监督作用流于形式的重要制度设想。1956年，毛泽东在中共中央政治局扩大会议上的总结讲话中强调：“是否可以仿照人民代表大会的办法，设党的常任代表。……有了常任代表制度，每年

① 毛泽东文集（第6卷）[M]. 北京：人民出版社，1999：406.
② 建国以来重要文献选编（第1册）[M]. 北京：中央文献出版社，2011：163.
③ 毛泽东文集（第6卷）[M]. 北京：人民出版社，1999：255.
④ 毛泽东选集（第1卷）[M]. 北京：人民出版社，1991：92.
⑤ 毛泽东选集（第4卷）[M]. 北京：人民出版社，1991：1272.

就非开会不可。”① 按照这一制度设想，党代表是常任的，党的代表大会闭会期间，党代表也可以采取适当措施监督党的机关与党员的工作。这一设想对党内监督工作的开展意义重大，是对党内监督制度的重大发展。此外，为了进一步完善党代会制度，毛泽东还强调，在党未作出决定之前，全党认真听取党的报告，自由讨论，充分发表意见，充分发挥下级对上级的监督作用，但在党作出决议后，党员必须服从并认真执行。这既保证了党内监督的有效开展，也确保了党的决议得到有效执行，对党内监督工作的开展与党的团结统一的维护具有重要的理论与实践意义。

第三，坚持“惩前毖后，治病救人”的基本方针。如何对待犯错误的同志，是党内监督制度建设过程中经常涉及的重要问题。对于这一问题，毛泽东强调，要坚持“惩前毖后，治病救人”，这是挽救党员的正确态度。同时，他对这一方针进行了发展，强调对待犯错误的同志“一为看，二为帮”，这一方针后来也被称为“团结—批评—团结”的方针。其一，党内监督工作要坚持“惩前毖后、治病救人”。党内监督制度建设的重要功能是发现党员或党组织存在的问题。发现问题之后，如何对待犯错误的同志？这是毛泽东关注许久，想要真正解决的一个问题。1942 年，他在延安整风过程中提出，要坚持“第一是‘惩前毖后’，第二是‘治病救人’”②。“惩前毖后”是指彻底揭发与分析错误，警示未来，确保以后不再犯同样的错误；“治病救人”是指揭露错误是为了克服自身存在的问题，而不是一味责罚，“把人整死”。③ 他还进一步强调，对于愿意改正错误的同志，要积极对待，帮助他改掉缺点转变成好同志。毛泽东提出的正确方针帮助党改正了自身的缺点，成为全党的共识。不久，党的七大把这一方针作为重要内容写入了党章。新中国成立后，毛泽东在领导整党运动的过程中，广泛运用了这一方针。1956 年，毛泽东在《论十大关系》中再一次重申了这一观点。可以看出，毛泽东对待党内同志思想上和政治上的缺点与错误是十分慎重的，对于党员的缺点与错误毛泽东不是简单采取“惩办主义”的方法去解决，而是采取“惩前毖后、治病救人”的方法去解决。这一方针

① 毛泽东文集（第 7 卷）[M]. 北京：人民出版社，1999：54.
② 毛泽东选集（第 3 卷）[M]. 北京：人民出版社，1991：827.
③ 毛泽东选集（第 3 卷）[M]. 北京：人民出版社，1991：828.

在党的自身建设史上发挥了重要作用，为开展党内监督、正确执规执纪提供了重要理论基础。

其二，对待犯错误的同志"一为看，二为帮"。在提出"惩前毖后、治病救人"的方针后，毛泽东对此进行了发展。他认为监督工作应把发现问题与解决问题相结合，督促相关工作人员积极向上地工作，认真地完成工作任务。毛泽东指出："对于任何有缺点的人，犯过错误的人，不仅要看他改不改，而且要帮助他改，一为看，二为帮。"① 如果仅仅停留在"看"，认为犯了错误就应该"遭殃"，那就是"消极的态度"，无产阶级政党内部应该是积极的、相互帮助的。② 毛泽东进一步指出了这一方法的好处，认为这样做有助于"得人心"③，这对于革命是有益的。而对于如何帮助犯错的同志改正错误，毛泽东也有深刻的认识。首先，要帮助他们认清错误、分辨是非。毛泽东强调，"是非一定要搞清楚"④。"帮助"不是庇护，不是是非不分、含糊其词，而是在重新学习党的基本观点、学习党规党纪的基础上，对错误的原因进行深刻剖析，分析错误的危害、找出错误的根源，为改正错误奠定基础。其次，通过必要的批评与斗争改正错误。认识错误与改正错误是一个循序渐进的过程，有时需要通过教育与学习改正错误，有时则需要采取必要的斗争与认真地批评改正错误。实践中，要根据实际情况具体执行。可以看出，党的相关方法既不同于"惩办主义"，也不同于"好人主义"，而是实事求是，在充分发扬民主的基础上解决党员自身存在的缺点与错误。毛泽东的上述认识是对"惩前毖后，治病救人"内涵的进一步发展，对于纪检机关正确开展党内监督具有重要意义。

其三，"惩前毖后，治病救人"也称为"团结—批评—团结"。随着社会主义革命与建设实践的发展，"惩前毖后，治病救人"的方针得到进一步发展。1957 年，毛泽东在《关于正确处理人民内部矛盾的问题》中指出，"残酷斗争，无情打击"是一个错误的方法，我们在解决党内矛盾时没有这样做，

---

① 毛泽东文集（第 7 卷）[M]. 北京：人民出版社，1999：92.
② 毛泽东文集（第 7 卷）[M]. 北京：人民出版社，1999：92-93.
③ 毛泽东文集（第 7 卷）[M]. 北京：人民出版社，1999：40.
④ 毛泽东文集（第 7 卷）[M]. 北京：人民出版社，1999：40.

而是选择了一个正确方法，“就是从团结的愿望出发，经过批评或者斗争，分清是非，在新的基础上达到新的团结。”① 从历史上来看，1942 年延安整风时，党内采用了这个方法，到党的七大召开时，全党团结的目的最终得到实现。之后，这个公式逐渐被写入党的重要法规中，成为处理党内矛盾、正确对待犯错误的党员的基本方针。需要指出的是，毛泽东之所以对“惩前毖后，治病救人”的方针进行发展，根本目的是为了更好地增进党的团结。“团结”是对“惩前毖后，治病救人”本质属性的深刻把握，是对其内涵的进一步发展。毛泽东的上述思想，为纪检机关监督执纪提供了重要借鉴，告诫全党批评犯错误的党员，首要的愿望是团结，要抱着增进团结的愿望，批评、揭露与党规党纪相违背的言论、行为，进一步增进党的团结、维护党的权威。

（二）邓小平关于党内监督制度建设的相关理论

邓小平关于党内监督制度建设的相关思想较为丰富。第一，对于党内监督制度建设的重要性，他强调，完善权力监督机制，有助于防止权力过于集中，防止党犯错误。1957 年，邓小平曾强调，党和党员都要接受监督。党要特别警惕，积极对权力进行制约。“因为我们如果关起门来办事，凭老资格，自以为这样就够了，对群众、对党外人士的意见不虚心去听，就很容易使自己闭塞起来，考虑问题产生片面性，这样非犯错误不可。”② 改革开放后，邓小平吸取党内及世界上其他国家无产阶级政党建设的经验教训，强调要对党和国家领导制度进行改革。他强调，权力过分集中，存在许多弊端，容易导致个别领导干部不受监督，产生个人专断的现象，妨碍民主集中制与各项民主制度的落实。因此，权力不宜过于集中。他强调，“权力过分集中于个人或少数人手里，多数办事的人无权决定，少数有权的人负担过重，必然造成官僚主义，必然要犯各种错误”③。为了有效解决这一问题，党内领导干部全部需要接受监督。加强党内监督制度建设可以避免个人专断，防止特权思想、官僚主义等不良作风的产生，避免部分党员犯错误，是严肃党内政治生活、维护党规党纪的需要。第二，必须依靠制度强化党内监督。吸取党的历史上

① 毛泽东文集（第 7 卷）[M]. 北京：人民出版社，1999：210.
② 邓小平文选（第 1 卷）[M]. 北京：人民出版社，1994：270.
③ 改革开放三十年重要文献选编（上）[M]. 北京：中央文献出版社，2008：147.

忽视制度建设的经验教训，邓小平对于制度建设有了更为深刻的认识。他强调，“我们过去发生的各种错误，固然与某些领导人的思想、作风有关，但是组织制度、工作制度方面的问题更重要。”① 具体在权力的监督制约方面，邓小平强调要加快立法。“对各级干部的职权范围和政治、生活待遇，要制定各种条例，最重要的是要有专门的机构进行铁面无私的监督检查。”② 同时坚持制度面前人人平等，越是高级干部，违法违纪越要严肃查处，绝不允许违反党纪的人逍遥法外。第三，邓小平还提出了加强对党的监督的多种形式，这些思想对于完善党内外协同监督制度具有重要的指导作用。对于党的监督，一是来自党内的监督。早在 1957 年，邓小平就强调，“对于共产党员来说，党的监督是最直接的。”③ 改革开放后，邓小平进一步发展了这一思想，强调要有专门的机关，即各级纪律检查委员会对党展开监督。要选出一批理想信念坚定、作风优良、大公无私的纪检干部从事监督工作，保证各级纪委人员数量充足、质量过关，切实担负起监督党员领导干部的重任。二是来自群众的监督。邓小平在《共产党要接受监督》一文中强调，“要扩大群众对党的监督，对党员的监督。”④ 改革开放后，邓小平再次强调，要让群众来监督和批评党员干部，这类自下而上的监督对党的发展壮大有很大的好处。三是来自党外民主人士的监督。邓小平强调，要加强党外民主人士对党的监督力度，允许他们从不同的角度提问题、出主意，强化对党的监督，确保党的各项决策正确、恰当。改革开放后，邓小平进一步发展了这一思想，强调“对于我们党来说，更加需要听取来自各个方面包括各民主党派的不同意见，需要接受各个方面的批评和监督，以利于集思广益，取长补短，克服缺点，减少错误。”⑤ 在全党的努力下，这一监督形式日益制度化，党的各项决策与重要会议均积极征求民主人士的意见，虚心接受民主人士的批评与监督。唯有加强这三方面的监督，才能做到谨慎用权，才能做到不脱离群众。上述思想对于加强党内监督制度建设，特别是加强党内外协同监督制度建设具有重要的理

---

① 邓小平文选（第 2 卷）［M］. 北京：人民出版社，1994：333.

② 邓小平文选（第 2 卷）［M］. 北京：人民出版社，1994：332.

③ 邓小平文选（第 1 卷）［M］. 北京：人民出版社，1994：270.

④ 邓小平文选（第 1 卷）［M］. 北京：人民出版社，1994：271.

⑤ 邓小平文选（第 2 卷）［M］. 北京：人民出版社，1994：205.

论指导意义。

(三) 江泽民关于党内监督制度建设的相关理论

江泽民对党内监督制度建设有清醒的认识，相关思想较为丰富。第一，江泽民吸取历史经验教训，形成对党内监督制度建设重要性的科学认识。江泽民认为，党内监督制度建设具有十分重要的意义，强调“党内监督要有效，监督工作水平要提高，有赖于党内制度建设的加强”①。从我国古代的历史来看，历朝历代危害政权最深的是官吏的腐败，由于监督制度不健全导致的“人亡政息”的例子数不胜数，此类教训值得我们吸取。从世界社会主义运动发展历史来看，20 世纪 90 年代以来，部分执政数十年的大党老党垮台、衰亡，丧失政权，其中的一个重要原因是政党内部的自我监督制度不完善。江泽民指出：“我们一定要从近年来国内外惊心动魄的严酷斗争中警醒，从严治党，建立健全一套拒腐防变的制度”②。可见，巩固党的政权，必须强化党内监督制度建设。第二，切实加强党内监督制度建设，完善相关的制度、体制、机制。强化对权力的监督力度，减少消极腐败现象，主要靠党内监督制度。一是重点完善对主要领导干部的监督制度。主要领导干部手中掌握重要权力，加强党内监督制度建设，一个重要的方面是完善针对主要领导干部的监督制度。江泽民强调，要逐步建立健全干部责任追究制度，明确干部选拔、决策、考察等各个环节、各个方面的追责制度，确保选人用人准确，当出现用人失误、决策失误等情形时，责任可追究。同时，还要通过完善领导干部述职述廉制度、完善个人重大事项报告制度等强化对领导干部的监督力度。二是加强党内民主监督制度建设。民主是监督的基础。建立健全相关制度，维护党员选举权、监督权、举报权、揭发权等民主权利，是开展好监督工作的基本前提。为了保护党员的民主监督权利，江泽民强调，要注重完善党的代表大会制度。党代会是党员行使自身民主权利，实现党内监督最基本的形式，是开展监督工作的重要制度。但由于党代会每五年举行一次，党代会发挥作用有限。为此，党不断对这项制度进行改革与完善，如尝试实行常任制等。江泽民在党的十六大报告中指出，要扩大党代会常任制试点工作，在市一级与

① 十四大以来重要文献选编（中）[M]. 北京：人民出版社，1997：1693.

② 十三大以来重要文献选编（下）[M]. 北京：人民出版社，1993：1655.

县一级逐步试行，通过实践总结经验，争取在闭会时也能充分发挥党代会的监督作用。党代会制度的改革，对于充分发挥最高监督机关的监督作用，起到了重要作用。三是完善党内外协同监督制度。江泽民强调，对于党内的腐败现象，既要加强党委与纪委对领导干部的监督，也要加强党外人民群众、民主党派对党的监督，建立健全党内外监督相结合的制度。

（四）胡锦涛关于党内监督制度建设的相关理论

胡锦涛的党内监督制度建设思想十分丰富。具体而言，有以下几个方面：第一，要加强党内监督法规制度建设。法规制度作为开展监督活动的条文依据与刚性约束，在党内监督制度建设中居于重要地位。胡锦涛对此有清醒的认识。2006年，胡锦涛首次提出，“加强以党章为核心的党内法规制度体系建设”①，强调加强制度建设，推进廉政建设和反腐工作的制度化。同时，他还对如何完善党内监督法规制度提出了许多重要论述。如注重增强相关制度的科学性，积极探索监督规律，积极借鉴国外经验，确保相关制度科学有效；注重增强相关制度的系统性，做好顶层设计，既加强党内监督条例等基础性、主干性法规制度建设，又加强配套制度建设，确保党内监督法规制度紧密相连、相互配合，发挥整体合力；注重增强相关制度的权威性，强化党内监督法规制度的学习与执行，对于违纪者，一律严惩，确保相关制度落到实处。第二，要加强党内监督体制建设。如何处理好党委、纪委的关系，是党内监督体制建设的重要内容。胡锦涛不仅注重完善党内监督法规制度，而且注重完善党内监督体制，确保党委、纪委各负其责。他强调，“各级党委要认真落实党风廉政建设责任制，对抓好本地区本部门的反腐倡廉工作担负起领导责任。党委主要领导要负总责。”② 同时，把纪委确立为党内监督专门机关，担负组织协调反腐败的职能。在当时的历史条件下，这些论述对党内监督工作的开展起到一定推动作用。第三，要加强党内民主监督制度建设。民主是监督工作向前推进的前提基础和重要保障。只有打好这一基础，党内监督才能有效落实。党的十六大报告提出许多充分发扬民主的举措，特别是完善了相关民主监督制度。如进一步探索党代会常任制，充分发挥党代会代表闭会期

① 十六大以来重要文献选编（下）［M］. 北京：中央文献出版社，2011：181.

② 十六大以来重要文献选编（中）［M］. 北京：中央文献出版社，2011：606-607.

间的作用；完善选举制度，确保党员充分行使选举权，选出德才兼备的好干部、罢免贪污腐化的违纪干部；完善党委议事制度，确保集体领导，防止个人专断；完善反映党员群众意愿的制度，确保他们的民主权利得到保障，进而充分监督党的领导干部。2009年，胡锦涛再次强调："认真落实党章及党员权利保障条例等党内规章赋予党员的知情权、参与权、选举权、监督权等民主权利"①。这对于党员充分监督党的领导干部具有重要意义，为监督工作的开展提供了基本的制度保障。第四，要加强党内外协同监督制度建设。党内监督属于同体监督，其监督成效往往与党的自觉性密切相关，监督效力与权威性具有自身的局限性。党外监督则属于异体监督，在约束力与实效性等方面具有自身优势，可以有效弥补同体监督的不足。为了弥补党内监督存在的不足，胡锦涛多次强调，要把党内外监督有机结合，完善协同监督机制，确保发挥监督合力，提升监督实效。

（五）习近平总书记关于党内监督制度建设的相关理论

习近平总书记关于党内监督制度建设的相关理论内容十分丰富，为党内监督制度建设提供了重要指导思想。具体包括以下几方面：第一，加强顶层设计，增强党内监督制度的严密性与科学性。制度的完善程度，对监督效果具有重要影响。习近平总书记曾指出，对于党的建设，"最根本的是严格遵循执政党建设规律进行制度建设，不断增强党内生活和党的建设制度的严密性和科学性"②，这一论述同样适用于党内监督制度建设，对于完善相关制度具有重要指导意义。习近平总书记还强调："制度不在多，而在于精，在于务实管用，突出针对性和指导性。"③ 加强党内监督制度建设要做到于法周延、于事简便，增强制度的操作性，进而增强制度的实效性。同时要做好相关制度的衔接配套，确保党内监督制度体系可以有效运转，发挥整体性功能。这些重要论述对于加强党内监督制度建设具有重要指导意义。第二，强化制度执行，树立党内监督法规制度的权威性。各项制度的完善固然重要，但科学完

① 胡锦涛文选（第3卷）[M]. 北京：人民出版社，2016：223.

② 习近平. 加强和改进新形势下党的建设的纲领性文献 [N]. 人民日报，2009-10-09 (002).

③ 十八大以来重要文献选编（中）[M]. 北京：中央文献出版社，2016：95.

善的制度关键要看能否落实到管党治党的实践中去。一个时期以来，党内出现了“七个有之”“四个不纯”等突出问题，其中一个重要原因就在于党内监督制度执行不到位，严肃性不够。为了有效解决这一问题，习近平总书记多次强调，制度面前人人平等，要强化制度执行，维护制度的权威性，确保党规党纪成为党员不敢触碰的“高压线”。实践中，各级党委、纪委科学把握这一要求，以钉钉子精神推进制度落实，在处罚违纪案件方面取得显著成效，有效扭转了执纪宽松软的局面。第三，完善党内外协同监督制度。加强党内监督制度建设要注重党内外监督相结合，以党外各监督主体的力量督促党内监督制度的贯彻落实，增强合力作用。习近平总书记在党的十八届六中全会上强调，要把党内监督同其他各类监督相结合，此次大会通过的党内监督条例用一章的篇幅详细阐述了坚持党内外监督相结合的相关内容。在这一思想的指导下，党深化国家监察体制改革，同时自觉接受各民主党派、群众、新闻媒体等主体的监督，及时解决了党内的贪污腐化、不讲政治等突出问题。党的十九大报告强调，“构建党统一指挥、全面覆盖、权威高效的监督体系，把党内监督同国家机关监督、民主监督、司法监督、群众监督、舆论监督贯通起来，增强监督合力。”① 在这一体系中，党内监督起主导作用，其他各类监督发挥补充与支撑作用，二者相互联动，共同发挥监督合力。2019 年，党的十九届四中全会进一步强调，增强各类监督之间的协同性，为未来党内外协同监督机制的构建指明了方向，推动相关工作继续向前发展。

---

① 十九大以来重要文献选编（上）[M]. 北京：中央文献出版社，2019：48.

第三章

党内监督制度建设的演进历程

党自成立以来，非常注重自身建设。党内监督制度建设历来是党关注的重点问题。为深刻把握党内监督制度的建设情况，需要回顾历史，加强对党内监督制度建设历史的整体性把握。纵观百年党史，党内监督制度建设主要经历了四个阶段。一是新民主主义革命时期，党初步制定了关于党内监督的法规制度，尝试建立监督机构，初步建立巡视制度、请示报告制度等，对党建工作的推进起到重要作用。二是社会主义革命与建设时期，监督机构及其内部工作制度不断完善，法规制度与配套措施不断建立，相关工作有了良好开端。但在取得成效的同时，相关工作也遭遇了挫折。三是改革开放和社会主义现代化建设新时期，党恢复重建各级党内监督组织机构，对党内监督体制作出重大改革，加强党内监督法规制度体系建设，积极完善以巡视为主的十项具体监督方式，逐步发展党内民主监督制度。四是中国特色社会主义新时代，党全面深化纪检监察体制改革，着力健全党内监督法规制度体系与实施体系，创新发展具有中国特色的党内监督具体方式，不断完善党内民主监督制度。对上述演进历程进行回顾梳理，对于认识党内监督制度建设规律、发现党内监督制度建设存在的问题具有重要意义。

第一节　新民主主义革命时期的党内监督制度建设

这一时期，党根据实际情况，初步制定了关于党内监督的法规制度，尝试建立起监督机构，初步建立巡视制度、请示报告制度等。这些举措对党建工作的推进与革命的胜利起到重要作用。

一、建党初期和大革命时期的党内监督制度建设

建党初期和大革命时期，党中央在党章及相关法规制度中对党内监督制度建设作出初步规定；建立首个监督机构，并制定该机构内部的工作制度；同时，确立民主集中制，为监督活动的开展提供制度保障。上述探索对于党内监督制度建设具有重要意义，但由于党建立时间较短，所处环境比较复杂，这一时期的党内监督制度设计比较简明，相关规定有待进一步发展。

第一，作出党内监督制度建设的初步规定。中国共产党建立之初，遵循马克思主义政党建党原则，高度重视党内监督问题，对党内监督制度建设作出初步规定。受战争环境的影响，党建立之初主要通过严明党内纪律，加强自上而下的纪律监督保证党组织健康发展。1921 年，党的一大纲领规定，“工人、农民、士兵和学生的地方组织中党员人数多时，可派他们到其他地区去工作，但是一定要受地方执行委员会的严格监督”“地方委员会的财务、活动和政策，应受中央执行委员会的监督”①。可以看出，党从一大开始即深刻认识到党内监督的重要性，并从制度上作出相关规定，对于监督工作的推进起到保障作用。1922 年，党的二大在党章的第四章“纪律”中强调，“全国大会及中央执行委员会之议决，本党党员皆须绝对服从之”“下级机关须完全执行上级机关之命令，不执行时，上级机关得取消或改组之。”② 上述规定表明，党的二大对纪律监督及纪律处分已经有明确的要求与规定，对党员形成一定的监督与制约作用。同时，党的二大还通过了《关于议会行动的决案》，规定“本党国会议员，绝对受中央执行委员会的监督和指挥，省会、市会、县会议员绝对受中央执行委员会特派员和区及地方执行委员会的监督和指挥，一切重大政治问题，由中央执行委员会授以方略”“本党议员不受中央执行委

---

① 建党以来重要文献选编（1921-1949）（第 1 册）［M］. 北京：中央文献出版社，2011：2.

② 建党以来重要文献选编（1921-1949）（第 1 册）［M］. 北京：中央文献出版社，2011：167.

员会监督或违犯中央执行委员会方针时立即撤销其议员资格，并开除出党。”① 党内的组织约束与纪律要求相当严格，对党员起到了很好的监督作用。此外，二大党章对下级的民主权利也作出初步规定，如对于执行委员会的相关政策、决定等，多数党员不同意时，得提交上级判决，但在判决前仍需严格执行命令。② 该规定在一定程度上起到了自下而上的监督作用。1923年，党的三大对党章进行了修正，在“党员”一章增加了一条，即“党员自请出党，须经过区之决定，收回其党证及其他重要文件，并须由介绍人担保其严守本党一切秘密，如违时，由区执行委员会采用适当手段对待之。”③ 这一规定表明，党对党员的监督更加具体明确。党的四大修订了党章，进一步要求，“凡党员离开其所在地时必须经该地方党部许可，其所前往之地如有党部时必须向该党部报到。”④ 综上，党的五大召开前，党中央已对党内监督制度作出规定，初步建立起党内监督制度，这对党的建立与发展起到至关重要的作用。与此同时，由于党建立时间较短，且所处环境比较特殊，五大召开前，党的执行委员会履行党内监督职能，在制度设计上，更多强调上级监督，对于下级的监督权利规定相对较少，相关规定比较简明，各项制度有待进一步发展。

第二，建立首个党内监督机构——监察委员会，并制定监察委员会的相关工作制度。大革命时期，党的组织规模不断扩大，但党内也出现投机腐坏分子趁机加入的现象。他们在生活上表现出较坏的影响，尤其是发生贪污、吞款、揩油的问题，对党造成恶劣影响，降低了党的威信。与此同时，由于1927年“四一二”反革命政变的发生，党组织遭到严重破坏。为了防止投机腐坏分子破坏党的组织，防止党内再次出现重大决策失误，保证党的纯洁性、

---

① 建党以来重要文献选编（1921-1949）（第1册）［M］. 北京：中央文献出版社，2011：148-149.

② 建党以来重要文献选编（1921-1949）（第1册）［M］. 北京：中央文献出版社，2011：167.

③ 建党以来重要文献选编（1921-1949）（第1册）［M］. 北京：中央文献出版社，2011：270.

④ 建党以来重要文献选编（1921-1949）（第2册）［M］. 北京：中央文献出版社，2011：266.

战斗力与组织的团结统一，党中央深刻意识到加强党内监督的重要性。1927年4月27日，中共五大召开，决定设置监察委员会，主要负责监督工作。这是首个党内监督机构，于党而言意义非凡。中共五大通过的《中国共产党第三次修正章程决案》（以下简称《决案》）对党的监督机构作出详细规定。一是规定监察委员会设立的目的与产生方式。《决案》指出，设立监督机构的主要目的在于“巩固党的一致及威权”①，这一规定对于监督机构更好地履行自身工作职责具有重要意义；同时，《决案》指出，“在全国代表大会及省代表大会选举中央及省监察委员会”②，这一规定明确了监督机构的权力来源，对于保持监督机构的权威性具有重要意义，有助于推动相关工作的开展。二是明确了监察委员会委员的组成方式。监督工作的开展离不开相关主体的推动。《决案》指出，“中央委员会及中央监察委员会人数由大会规定，遇中央执行委员或中央监察委员离职时由候补委员按次递补。”③ 同时，“中央及省监察委员，不得以中央委员及省委员兼任”④，这保证党委可以受到有效监督，防止发生包庇党委领导干部、弱化监督效果等问题。三是规定了监察委员会的职权范围。《决案》规定，“中央及省监察委员，得参加中央及省委员会议，但只有发言权无表决权。”⑤ 这一规定给予监委充分了解党委的决策及相关工作的权力，为监督的有效实施提供了前提基础。《决案》还规定，监察委员会与同级党委的关系基本平行。党委不得取消监委的决议，但监委的决议要有同级党委的批准。如果二者之间意见不同时，移交更高的会议予以解决。⑥ 表明两委基本平行，党委履行决定权，监委履行监督权，确保了监委的

---

① 建党以来重要文献选编（1921-1949）（第4册）［M］. 北京：中央文献出版社，2011：274.

② 建党以来重要文献选编（1921-1949）（第4册）［M］. 北京：中央文献出版社，2011：274.

③ 建党以来重要文献选编（1921-1949）（第4册）［M］. 北京：中央文献出版社，2011：270.

④ 建党以来重要文献选编（1921-1949）（第4册）［M］. 北京：中央文献出版社，2011：274.

⑤ 建党以来重要文献选编（1921-1949）（第4册）［M］. 北京：中央文献出版社，2011：274.

⑥ 建党以来重要文献选编（1921-1949）（第4册）［M］. 北京：中央文献出版社，2011：275.

独立性及对党委监督的有效性。另外，“对于违反党的纪律的行为，须经党的委员会、党员大会或监察委员会，依合法手续审查之。”① 这赋予了监委一定的执纪权。综上，这一时期初步形成党内监督组织体系，建立了相关的制度，为监督工作的顺利进行提供了组织保障、制度保障，对党内监督工作的推进具有重要意义。但同时也要看到，由于革命形势较为严峻，且党处于幼年时期，党内监督制度基本模仿苏联的党内监督模式建立，相关规定也不够具体细致。同时，许多地方的监察委员会没有来得及成立，且部分中央与省级监委会的同志不久因革命而牺牲，监察委员会的功能受到限制，许多条文也未发挥应有的作用，成为这一时期较为遗憾的事情。

第三，正式确立民主集中制，为党内监督工作的开展奠定重要基础。党的四大以后，党员人数激增，党已发展为群众的党。为适应革命形势的发展，完成历史任务，增强凝聚力与战斗力。党的五大通过的《中国共产党第三次修正章程决案》指出，“党部的指导原则为民主集中制”②，要按照这一原则管理党的组织。这一制度的确立不仅对于组织建设，而且对于党内监督制度建设起到重要作用。具体而言，一是确立民主与集中相结合的原则，为自下而上的民主监督和自上而下的组织监督奠定重要基础。《决案》关于党的建设的相关规定，赋予党员选举党委及其成员的权利。③ 这一规定确立了党员的选举权，保证党的各级机关与领导干部始终由党员选举和决定，若党的各级机关与领导干部不能全心全意为党和人民服务，党员有权更换之，从而对领导干部形成有效监督与震慑。《决案》还规定，党的决议应严格执行，但在党未决定前，相关问题可自由讨论；“党的一切决议取决于多数，少数绝对服从多数。党员及下级机关对于上级机关决议不同意时，得各该党部过半数党员的同意，得对于上级机关提出抗议，但在抗议时期内，未解决以前仍须执行上

① 建党以来重要文献选编（1921-1949）（第4册）［M］. 北京：中央文献出版社，2011：276.

② 建党以来重要文献选编（1921-1949）（第4册）［M］. 北京：中央文献出版社，2011：268.

③ 建党以来重要文献选编（1921-1949）（第4册）［M］. 北京：中央文献出版社，2011：268.

级机关之命令。"[①] 这些规定，既保证了上级对下级的监督与管理，确保各项政策被执行，也保证了党员自由讨论、充分发表意见、批评与自我批评的权利，为自下而上的民主监督奠定了基础。二是确立集体领导的原则，为监督主要领导干部、防止个人专断奠定了重要基础。党的五大强调："中央应该强毅地实行集体的指导，从中央省委以至支部。"[②] 这一规定提出集体领导的原则，表明党内重大事项由集体讨论、集体决定，而不是由主要领导干部个人决定，这对于有效防止个别领导干部独断专行，防止领导干部滥用党的权力具有重要意义。从党的五大开始，民主集中制正式确立并贯彻至今，它的提出对于党内监督制度建设意义重大。

二、土地革命时期的党内监督制度建设

土地革命时期，党内监督制度建设的实践十分丰富。从党内监督机构来看，党内监督机构先后经历"审查委员会""中央党务委员会和各省县监察委员会"等组织形式等组织形式，为党内监督制度建设提供了组织基础。从具体监督形式来看，土地革命时期，党内巡视制度形成并正式建立，对监督工作的推进具有重要意义，有效减少了违纪行为。

第一，监督机构历经"审查委员会""中央党务委员会和各省县监察委员会"等组织形式。1927 年，第一次大革命失败后，国民党开始"清党"，导致中国共产党遭受重创，监察委员会的主席及大批委员被残酷杀害，党内监督机构陷入瘫痪。白色恐怖下，党内部分党员叛变。对此，1927 年，党中央召开"八七"会议，通过《党的组织问题议决案》，决定设立审查委员会展开党内监督。[③] 1928 年，六大党章取消了关于监委的相关规定，增加"审查委员会"的相关规定，决定从中央到县设立该机构，主要负责监督党的财政

---

① 建党以来重要文献选编（1921-1949）（第 4 册）［M］. 北京：中央文献出版社，2011：275.

② 建党以来重要文献选编（1921-1949）（第 4 册）［M］. 北京：中央文献出版社，2011：208.

③ 建党以来重要文献选编（1921-1949）（第 4 册）［M］. 北京：中央文献出版社，2011：450.

与各机关的工作等。① 审查委员会的建立是对党内监督机构的发展，但总体而言，审查委员会的监督范围仅限于党组织的财务及各机关的工作，并不是一个完全意义上的党内监督机构，其独立性与权威性也无法与党的五大建立的监察委员会相比。而对于党内纪律监督等问题，党的六大通过的党章强调，"关于犯纪律的问题，由党员大会或各级党部审查之"②，这使得违纪问题一般由党委审查，专门监督机构与制度的建设缓慢，监督作用十分有限。这一时期，随着苏维埃政权的建立，党的队伍不断发展，党内的官僚主义、贪污腐化问题也逐渐增多，审查委员会权威性不够、监督作用不足的问题表现得愈加明显。为解决这些问题，党中央决定逐步成立监察委员会。1933 年，党内通过《中共中央关于成立中央党务委员会及中央苏区省县监察委员会的决议》。决议对监察机构作出详细规定。一是规定了监察机构的职责。决议指出，"中央党务委员会及省县监察委员会的职责，在以布尔塞维克的精神，维持无产阶级政党的铁的纪律，正确的执行铁的纪律，保证党内思想和行动的一致，监视党章和党决议的实行，检查违反党的总路线的各种不正确的倾向、官僚主义及腐化现象等，并与之作无情的斗争。"③ 可以看出，关于监察委员会监督职责的相关规定比审查委员会的监督职责更详细、更全面，更有利于其职能的发挥。二是规定了监察机构的职权。决议规定，关于党内的各项处分设立最高机关，全国党代会开幕前，主要由中央党务委员会担任。各级监委指挥下级监察委员会或党员执行一定的职务，但各项处分决议需报同级党委批准与决定。④ 这从实际上规定了监察机构受上级监察机关及党委的领导与管理，且最终决定权在党委。这是对党内监督制度的发展，与此同时，这一规定仍不够健全，在一定程度上制约了监察委员会对党委的监督。1933 年冬，

---

① 建党以来重要文献选编（1921-1949）（第 5 册）[M]. 北京：中央文献出版社，2011：480.

② 建党以来重要文献选编（1921-1949）（第 5 册）[M]. 北京：中央文献出版社，2011：480.

③ 建党以来重要文献选编（1921-1949）（第 10 册）[M]. 北京：中央文献出版社，2011：439.

④ 建党以来重要文献选编（1921-1949）（第 10 册）[M]. 北京：中央文献出版社，2011：439-440.

中央苏区各省委、县委逐步建立起党的监察委员会，1934 年选举产生中央党务委员会。各级监督机构致力于维护党规党纪，在党内监督方面发挥了重要作用。

第二，正式建立党内巡视制度。巡视是开展监督工作的重要利器，土地革命时期，巡视制度形成并全面建立。从党的历史来看，土地革命前，党内巡视制度已有初步探索。二大党章曾设立中央特派员，指导地方的工作。① 此后，党的重要文献中陆续出现“中央特派巡行员”“巡行组织员”等称谓，并作出相关工作规定，这可以看作党内巡视制度的开端，其本质与巡视制度一致，都是为了贯彻党的决议、维护中央权威、监督指导下级工作。1927 年，大革命失败，党组织的发展面临许多困难。革命实际状况要求逐步建立巡视制度，帮助各地加强组织建设。1927 年 11 月，中共中央通过《最近组织问题的重要任务议决案》。议决案强调，为了尽快改组党组织，保证无产阶级及贫民在党的干部队伍中占多数，“应当开始建立各级党部的巡视指导制度，去切实这一改造工作。”② 同年，党中央发布了《中央通告第十六号》，其中提到，党在目前的急迫任务之一是“巡视制度自中央至地方的实行”③。至此，党中央明确提出“巡视制度”的称谓，并逐步推动巡视工作向着制度化方向迈进。1928 年 10 月，《中央通告第五号——巡视条例》（以下简称《巡视条例》）发布。这是党的历史上第一部正式的巡视法规制度，在党内监督制度史上具有里程碑式的意义，标志党内巡视制度走上制度化的轨道。《巡视条例》指出，党内巡视的目的是“为使六次大会的各种决议能够彻底的传到下级党部以至每个同志的脑中，并且正确的运用到实际工作上去。”④ 为此，党组织赋予巡视员相应的权力，在巡视区域内，巡视员可召集和参加各机关的会议，

---

① 建党以来重要文献选编（1921-1949）（第 1 册）［M］. 北京：中央文献出版社，2011：166.

② 建党以来重要文献选编（1921-1949）（第 4 册）［M］. 北京：中央文献出版社，2011：637.

③ 建党以来重要文献选编（1921-1949）（第 4 册）［M］. 北京：中央文献出版社，2011：701.

④ 建党以来重要文献选编（1921-1949）（第 5 册）［M］. 北京：中央文献出版社，2011：652.

得到批准后改组党部，同时帮助解决党内纠纷等。① 这些规定保证了巡视员在地方的权威性，对传达党中央各项决议与监督党中央决议的实施意义重大。与此同时，为保证巡视效果，党中央对巡视员也提出了明确要求。如为防止巡视员与派出党部脱离联系，巡视员的巡视时间不宜过长；为保持巡视员的独立性，巡视员一般情况下不能担任下级党部委员会委员；为确保上级对地方工作的了解与监督，巡视员要详细了解巡视区域各方面的工作情况、详细搜集政治、经济、社会及党务的各类材料，系统汇报给派出党部。② 上述规定充分发挥了巡视员的作用，有效保持了政令畅通。为推动巡视制度化，1931年5月，党内通过《中央巡视条例》，迈出了十分重要的一步。条例对巡视员提出了详细的要求，其中要求较多的是对巡视员的具体工作方法和工作纪律，如巡视员要切实避免走马观花、不切实际、官僚式的巡视方法，要实实在在地了解和指导地方的工作，对中央负绝对的责任，详细汇报工作。③ 党中央要求地方也要按照此条例建立巡视制度。这一条例推动巡视制度走向制度化、正规化的道路。总体而言，土地革命时期是党史上巡视制度建设较为系统、经验较为丰富的历史时期，为党内监督制度建设奠定了坚实基础。

三、抗日战争时期的党内监督制度建设

抗日战争时期，党内外环境较为复杂，面对党内的非马克思主义思潮、贪污腐化现象、主观主义、官僚主义等歪风邪气，党中央始终坚持从严治党。在党内监督制度建设方面，党中央在六届六中全会与七大党章中逐步恢复“党的监察机关”的相关规定，为党内监督机构建设提供法理依据；制定系列党内监督法规制度，为党内监督提供基本规范；提出“惩前毖后，治病救人”的执纪方针，为党内监督制度的贯彻落实指明方向。党内监督制度建设取得重大进展，抗战时期党与政府艰苦奋斗、勤政廉洁的形象逐步树立起来，为

---

① 建党以来重要文献选编（1921-1949）（第5册）［M］. 北京：中央文献出版社，2011：653-654.

② 建党以来重要文献选编（1921-1949）（第5册）［M］. 北京：中央文献出版社，2011：653-654.

③ 建党以来重要文献选编（1921-1949）（第8册）［M］. 北京：中央文献出版社，2011：375-378.

抗战胜利提供了组织力量。

第一，六届六中全会与七大党章逐步恢复“党的监察机关”的相关规定，为党内监督机构建设提供法理依据。抗战时期，党内环境较为复杂。随着大批新党员的加入，党内非马克思主义思潮有蔓延之势，党员党规党纪意识淡漠，官僚主义歪风滋长，党内出现贪污腐化现象。为加强对党员的监督，中共六届六中全会决定，“在区党委之下，得设监察委员会。”① 关于该机构的职权，全会强调，党的监察委员会主要监督党的各项工作、党章与政策的执行情况、监督党内账务、处分违纪党员等。② 这为党的监察委员会履行职能指明了方向。关于该机构的成员，全会明确，“区党委下之监察委员会的委员须有三年以上的党籍，但得兼职。”③ 这有效确保了工作人员的党性，确保他们认真履行监督职责。关于领导体制，全会规定，“监察委员会的决定，一般须经过当地党委员会之批准。上级监察委员会有权改变或取消下级监察委员会之决定。”④ 表明了监委与同级党委、上级监委的关系，为党内监督领导体制的建立奠定了良好的基础。1945 年，抗战即将胜利之时，党的七大召开。七大通过的党章深刻总结多年来党内监督曲折发展的历史经验，决定对审查委员会予以取消。同时，吸取多年的经验教训，恢复对监察委员会的相关规定。这为正式恢复党内监督机构提供了重要依据，把一段时间以来分散的党内监督权力重新统一起来。具体而言，七大党章规定，各级监委由与之相应的同级党委全体会议选举产生；各级监委主要负责处理好对党员违纪行为的处分与控诉；监委受同级党委指导。⑤ 上述规定为党内监督机构建设打下坚实基础，是对党内监督制度建设的有益探索。另外，与五大党章相比，七大党章

---

① 建党以来重要文献选编（1921-1949）（第 15 册）[M]. 北京：中央文献出版社，2011：775.

② 建党以来重要文献选编（1921-1949）（第 15 册）[M]. 北京：中央文献出版社，2011：775.

③ 建党以来重要文献选编（1921-1949）（第 15 册）[M]. 北京：中央文献出版社，2011：775.

④ 建党以来重要文献选编（1921-1949）（第 15 册）[M]. 北京：中央文献出版社，2011：776.

⑤ 建党以来重要文献选编（1921-1949）（第 22 册）[M]. 北京：中央文献出版社，2011：546-547.

对党的监察机关的规定更倾向于加强党委对监察机关的领导，强化党委权力，这有助于加强党的领导，增强党的权威。但与此同时，也弱化了监委对党委的监督，监委的独立性在一定程度上受到限制。更为遗憾的是，受战争环境的影响，七大党章关于党的监察委员会的相关规定未得到进一步落实，相关机构也未建立起来。

第二，制定系列党内监督法规制度，为党内监督提供基本规范。抗战时期，革命形势严峻。这一时期新加入组织的党员较多，部分党员纪律意识较为淡薄、贪污腐化现象增多。党中央深刻认识到，要从严管党治党，以上率下，制定法规制度，加强对干部的监督。抗战初期，党中央明确要求反对贪污腐化，打造廉洁政府，并制定了反对贪污的相关条例。1938 年，毛泽东重申“四个服从”的党内纪律，同时强调，“必须对党员进行有关党的纪律的教育，既使一般党员能遵守纪律，又使一般党员能监督党的领袖人物也一起遵守纪律”①。除此之外，毛泽东强调，“还须制定一种较详细的党内法规，以统一各级领导机关的行动。”② 为此，中共扩大的六届六中全会制定了多部与党纪、党内监督相关的党内法规制度。具体而言，《中共扩大的六届六中全会关于中央委员会工作规则与纪律的决定》③ 为包括中央机关与干部在内的组织与党员立规明矩，起到了应有的震慑与监督作用。《中共扩大的六届六中全会关于各级党委暂行组织机构的决定》④ 提出设立党的监委，并对该机构的职权作出详细规定，确保各项工作顺利进行，减少违纪行为，成为提升监督实效的一部重要法规。1940 年，为了保持党的先进纯洁，适应革命形势发展，推动革命继续向前，党作出《中共中央关于审查干部问题的指示》，强调面对党外特务机关及地方上的反动势力与党内叛徒们对党组织的破坏，保证干部政治品质的纯洁，加强对干部的审查、考察，“成为巩固我党的一个极关重要

---

① 毛泽东选集（第 2 卷）[M]. 北京：人民出版社，1991：528.

② 毛泽东选集（第 2 卷）[M]. 北京：人民出版社，1991：528.

③ 建党以来重要文献选编（1921-1949）（第 15 册）[M]. 北京：中央文献出版社，2011：766.

④ 建党以来重要文献选编（1921-1949）（第 15 册）[M]. 北京：中央文献出版社，2011：774.

的工作。"① 党内要仔细了解干部的长处、弱点及忠诚情况，根据能力合理配备干部，并开除对党不忠诚的分子。② 审查干部有效加强了对干部的监督，对于巩固党的团结、保证党的先进纯洁意义重大。1945 年，党的七大把纪律列入党章总纲，强调"中国共产党必须经常注意清除自己队伍中破坏党的纲领和党章、党纪而不能改正的人出党。"③ 这为纪检工作指明了方向。同时，党的七大党章还系统阐述了民主集中制原则，并把"四个服从"写入党章。④ 这一制度成为党内监督制度的重要组成部分并延续至今。抗战时期，一系列党内监督相关法规制度的制定，为党内监督提供了基本规范，对党员的纯洁性与革命队伍的壮大起到重要作用。

第三，提出"惩前毖后、治病救人"的执纪方针，为党内监督制度执行指明方向。抗战时期，革命队伍成分复杂，随着革命热情的高涨，农民和小资产阶级出身的党员不断增多，党内夹杂的各种非无产阶级思想也不断增多。1942 年，党中央决定在党内开展一场整风运动。延安整风有效纠正了党内的不良风气，整体情况是好的，但整风过程中，也曾出现"残酷斗争，无情打击"的错误做法。毛泽东深刻反思，提出"惩前毖后、治病救人"的方针。"惩前毖后"是指彻底揭发与分析错误，警示未来，确保以后不再犯同一错误；"治病救人"是指揭露错误是为了克服自身存在的问题，而不是一味责罚。表明了批判错误的根本目的，深刻阐明了这一方针的重点。这成为党内对待犯错误同志的重要原则，为党内监督执纪问责指明了方向。1944 年，毛泽东在《学习和时局》中进一步加深了对这一问题的看法。他强调，我党历史上反对错误路线的斗争是应该的，但斗争的方法是有缺点的。处理相关问题，"应着重于当时环境的分析，当时错误的内容，当时错误的社会根源、历

---

① 建党以来重要文献选编（1921-1949）（第 17 册）[M]. 北京：中央文献出版社，2011：433.

② 建党以来重要文献选编（1921-1949）（第 17 册）[M]. 北京：中央文献出版社，2011：433-434.

③ 建党以来重要文献选编（1921-1949）（第 22 册）[M]. 北京：中央文献出版社，2011：535.

④ 建党以来重要文献选编（1921-1949）（第 22 册）[M]. 北京：中央文献出版社，2011：538-539.

史根源和思想根源，实行惩前毖后、治病救人的方针，借以达到既要弄清思想又要团结同志这样两个目的。"① 1945 年，七大党章专门就党内的奖励工作与处分工作作出详细规定，认为对党员的一切奖励与处分都是为了教育党员和人民群众，而不是提倡风头主义与惩办主义，并对"惩前毖后、治病救人"这一重要原则予以确立②，赋予了这一原则最高党内法规效力。"惩前毖后、治病救人"实现了严格执纪与爱护同志的有机结合，也有效防止了党纪处分权的滥用，规定了党内监督执纪的原则，为党内监督制度建设提供了基本准则，维护了党的团结统一，促进了组织发展。

四、解放战争时期的党内监督制度建设

为加强党的集中统一领导，克服党内无政府主义、分散主义等问题，解放战争时期，党中央建立请示报告制度、建立健全党内民主制度、出台系列与党内监督相关的法规制度，强化了党内监督，为解放战争胜利奠定了坚实基础。

第一，建立请示报告制度。在过去游击战争环境下，党内曾允许各革命根据地保留一定自主权。但随之也产生了无政府主义、分散主义、地方主义等错误倾向。随着解放战争的胜利，这些不良作风与倾向对革命利益造成一定损害。1948 年 1 月，为改变地方各自为政的局面，加强党内监督，减少地方分散主义，强化党的集中统一领导，党作出《关于建立报告制度》的指示，对各机关作报告的要求作出详细规定③，这些规定对党的各级组织与军队起到良好的监督作用。同年 3 月，毛泽东起草了《中共中央关于建立报告制度的补充指示》，要求各中央局、分局和前委，"对于下级发出的一切有关政策及策略性质的指示及答复，……均须同时发给中央一份"④，并对各中央委员、候补委员请示报告的权利与义务作出进一步补充和深化。这两份指示对于克

① 毛泽东选集（第 3 卷）[M]. 北京：人民出版社，1991：938.
② 建党以来重要文献选编（1921-1949）（第 22 册）[M]. 北京：中央文献出版社，2011：548.
③ 毛泽东选集（第 4 卷）[M]. 北京：人民出版社，1991：1264-1266.
④ 建党以来重要文献选编（1921-1949）（第 25 册）[M]. 北京：中央文献出版社，2011：240.

服当时党内存在的无政府主义、分散主义起到重要作用，监督各地积极执行党中央各项政策。同年 8 月，毛泽东起草了《中共中央、军委关于严格执行向中央作请示报告制度的指示》，明确指出，“我们现在向一切兵团及军区的负责同志们提出警告，在战争第三年内，我们将要求你们严格执行及时的和完备的报告制度，将这件事作为一种绝对不允许违反的指令。”① 这一指示充分表明了毛泽东对于建立并贯彻落实请示报告制度的坚定决心，对于加强党内监督制度建设起到重要推动作用，有效改变了个别地方敷衍了事，作报告不充实、不完备导致监督效果不佳的情况。1948 年 9 月，著名的“九月会议”在西柏坡召开，这次会议要求进一步克服无组织无纪律状态，并详细划分了中央与地方在各类重大事项及党内具体事务上的“决定权”，规定了何者必须事前请示，何者必须事后报备，细化了相关规定。② 请示报告制度的建立，进一步强化了自上而下的监督，是党的建设史上的一座里程碑，对于战争的胜利与维护党的权威意义重大。

第二，建立健全党内民主制度，为党内监督奠定基础。民主是实现党内监督的重要基础。解放战争时期，为解决党内民主发扬不够的问题，党中央作出许多努力。一是积极尝试党的代表大会制度及代表会议制度。针对党内民主缺乏的问题，1948 年 9 月，党中央强调要扩大党内民主生活。随后，通过了《中共中央关于召开党的各级代表大会和代表会议的决议》。决议要求这两项会议要在有条件的地区定期召开，“各级党委会召集各级代表大会或代表会议，必须有充分的准备。”③ 党的代表大会及代表会议的召开有效保障了党员发表意见与自由批评的权利，确保了党员对上级党组织与领导干部的民主监督，同时，相关决议报上级批准，强化了上级对下级的监督与制约。上述探索成为这一时期扩大民主，实现党内监督的有效形式。二是进一步健全党委制。党委制是实现集体领导的重要制度，可以有效防止个人专断，监督和

---

① 建党以来重要文献选编（1921-1949）（第 25 册）［M］. 北京：中央文献出版社，2011：423.

② 建党以来重要文献选编（1921-1949）（第 25 册）［M］. 北京：中央文献出版社，2011：520-529.

③ 建党以来重要文献选编（1921-1949）（第 25 册）［M］. 北京：中央文献出版社，2011：518.

制约党内主要领导干部特别是“一把手”的权力。解放战争时期，为克服党内的地方主义，维护党的团结，1948 年，党对如何健全党委制提出了具体要求，其中一个重要方面是，“一切重要问题……均须交委员会讨论，由到会委员充分发表意见，做出明确决定，然后分别执行。”① 这一规定对于发扬党内民主，防止个人包办起到重要作用。1949 年 3 月，毛泽东进一步提出健全党委制的具体工作方法，强调“党委书记要善于当‘班长’。……党委要完成自己的领导任务，就必须依靠党委这‘一班人’，充分发挥他们的作用。”② 这一工作方法形象而具体，为全党坚持集体领导指明了方向，有效防止各级党委书记把“班长”当成“家长”，防止各级党委书记滥用手中权力，强化了党的力量。

第三，出台系列与党内监督相关的法规制度。基于解放战争的发展形势及这一时期党的自身建设状况，党中央把握大势，就加强党内监督工作制定了一系列法规制度，为监督工作的开展提供了制度保障。随着解放战争的进行，做好入城工作成为当时的一项重要任务。党内成员能否抵御敌人的“糖衣炮弹”，能否继续保持清正廉洁、艰苦奋斗的优良作风成为党中央深入思考的问题。为保证各项政策的实行、防止腐败现象的发生，党中央加强了相关制度的建设。一是制定惩治贪污的条例。按照党中央指示，各解放区加强了反腐败条例的制定与修改工作。从 1947 年到 1949 年，东北解放区、苏北区等各区相继颁布了反对贪污的条例，对各类贪污罪及惩戒方法作出详细规定，内容十分丰富，为反腐败斗争提供了制度保障。这些条例有力打击了贪污行为，充分发挥了党内监督的反腐败功能，保障了革命队伍的纯洁。二是加强城市驻军纪律。为防止军队进城后贪图享乐、违法乱纪，1945 年 9 月末，中央发出指示，详细规定了入城纪律，对城市工商业、汉奸财产、敌人的物资、各类机关与公共设施等如何处理作出详细规定，若有违反，则采取相应的惩戒措施，有效防止了部队贪污腐化。1947 年 10 月，党中央发出训令，强调全军重新实行三大纪律八项注意，要求加强教育，并认真贯彻落实。③ 1948 年

---

① 毛泽东选集（第 4 卷）［M］. 北京：人民出版社，1991：1340-1341.

② 毛泽东选集（第 4 卷）［M］. 北京：人民出版社，1991：1440.

③ 毛泽东选集（第 4 卷）［M］. 北京：人民出版社，1991：1241.

年底，北平、天津等地即将解放，针对之前发生的部分干部私自占领公共房产、取用家具等现象，刘少奇起草了相关文件，对处理城市公共房产作出详细规定，“如有不守纪律及贪污和腐化的行为，必须立即加以处理，令其离开城市工作。”① 1949 年 5 月，中央进一步强调，进城的部队不可居住民房。这些制度与纪律对于强化党内监督、保持党的清正廉洁起到至关重要的作用，新中国在此基础上得以建立。

第二节　社会主义革命和建设时期的党内监督制度建设

社会主义革命和建设时期，党对党内监督制度建设进行了许多积极探索。党的八大前，监督机构及其内部工作制度不断完善，法规制度与配套措施不断建立，相关工作有了良好开端；全面建设社会主义时期，党进行了许多积极探索，党内监督制度在取得成效的同时，也遭遇了曲折；“文革”时期相关工作则遭遇挫折。总体而言，这一时期，党内监督制度建设在曲折中前进。

一、向社会主义过渡时期党内监督制度建设的良好开端

社会主义革命时期，党内监督制度建设有了进一步的发展。党内监督机构先后经历党的纪律检查委员会、党的监察委员会等组织形式，机构内部的工作制度亦有初步规定。同时，党加快了党内监督法规制度及其配套制度的建设，为党内监督提供了基本规范与依据。

第一，党内监督机构先后经历党的纪律检查委员会、党的监察委员会等组织形式，机构内部的工作制度逐步建立。其一，1949 年成立中央及各级纪律检查委员会。新中国成立后，部分党员骄傲自满，出现贪污腐化现象。同时，新中国成立之初，国内外环境复杂，各类反动势力欲通过思想渗透等手段推翻新生的人民政权。为了解决上述突出问题，增强党的纪律性，更好地落实各项政策与党规党纪，1949 年 11 月，党内作出《中共中央关于成立中央

① 建党以来重要文献选编（1921-1949）（第 25 册）[M]. 北京：中央文献出版社，2011：740.

及各级党的纪律检查委员会的决定》，强调以各级纪委作为党的专门监督机构，强化对全党的监督，巩固新生政权。决定指出，纪律检查委员会的任务和职权主要是检查党内的违纪行为、受理审查违纪行为并决定违纪行为的处分、加强纪律教育等。① 1950 年 2 月，党发出《中共中央关于下发中央纪律检查委员会工作细则的通知》《中共中央关于各级党的纪律检查委员会隶属各级党委领导的指示》。前者充实了中央纪委的工作细则，后者明确规定了监督工作的领导体制。后者认为纪委是党委的工作部门，接受其领导，并规定，"上级党的纪律检查委员会在工作上、业务上对下级党的纪律检查委员会有指导关系，但其指示或决定同下级党的委员会意见不同时，则应提请同级党委会作决定。"② 1950 年年底，县级及县级以上各级纪委相继成立，纪检机关的组织架构基本完成，党内监督网络初步形成。

其二，1955 年，中央及各级监察委员会取代纪委成为党的监督机构。1949 年建立的各级纪委，有效减少了党内的违纪行为与贪污腐化现象，巩固和纯洁了党的组织、保障了党中央政策的执行。但同时也存在领导体制不完善的问题。纪委仅是党委的一个工作部门，纪委对党委尤其是党委重要领导干部的监督较为软弱。1954 年，部分违纪分子的反党阴谋事件使党深刻认识到纪委的监督作用有限，存在监督独立性与权威性不足的问题。为此，1955 年 3 月，党内决定成立各级监委，强调要以监委代替纪委，以此强化党纪，防止反党分子破坏党的团结。与纪委相比，监委在以下几方面发生重大变化。一是产生方式的变化。1949 年成立的纪委主要由党委选举产生，新成立的各级监委由地方党代会或党的代表会议选举，并由上级党委批准。可以看出，监委的权力来源由党委变为党代会或党的代表会议。这极大地增强了监委的独立性，增强了监委对党委进行监督的可能性。二是领导体制的变化。从党委与纪委的关系来看，1950 年，党委对纪委主要是"领导"关系，根据新的规定，各级党委对监委的关系则由"领导"变为"指导"，这在一定程度上增强了监委的独立性；从上下级监督机构之间的关系来看，1949 年，对于下级纪委的决定，上级监督机构可以对其进行改变或取消。而根据新的规定，

① 中共中央文件选集（第 1 册）[M]. 北京：人民出版社，2013：72-73.
② 中共中央文件选集（第 2 册）[M]. 北京：人民出版社，2013：137.

"党的上级监察委员会有权检查下级监察委员会的工作，并有权审查、批准和改变下级监察委员会对案件所作的决定。党的下级监察委员会应向上级监察委员会报告工作，并忠实地报告一切党员和党的组织违反纪律的情况。"① 可以看出，上下级之间的垂直领导有所加强，这有效提高了监委的权威性和独立性，确保监委执纪不受其他部门特别是同级党委的干扰，从真正意义上约束、监督全体党员。三是职权的变化。1949 年成立的纪委权力相对有限，与之相比，党的监委则有权处理一切党员违反党纪国法的案件，对于违反纪律的党委委员，必要时上级监委有权直接加以处理。② 上述规定有效增强了监委对全党特别是同级党委的监督力度。

第二，加强党内监督法规制度建设。新中国成立后，党中央十分重视完善与党建相关的法规条文。结合监督机构逐步建立的情况，1950 年，中共中央下发了关于中央纪律检查委员会工作细则的通知，对中央纪委的机构设置、与中央其他部门的横向配合、主要职能与任务、处理违纪行为的具体要求与办法、召开会议的时间与议程、向中央政治局请示汇报工作的内容等作出详细规定。③ 这为中央纪委具体开展工作指明了方向。为解决部分纪委处理案件草率，拖延时间过长、效率低下等问题，1954 年 1 月 5 日，《中共中央纪律检查委员会关于处理控告、申诉案件的若干规定》在党内颁布，细化了纪委处理控告、申诉案件的范围、原则、处理权限及结案手续，规定了纪委对申诉者、控告者应采取的态度、对办案单位与人员的奖惩方法等。④ 这个规定是我国纪检信访工作制度化的开端，较为系统地阐明了纪委在处理申诉、控告案件时的职责，克服了相关案件拖延积压的现象。为了加强上级纪委对下级纪委的监督，及时了解地方的情况、指导工作，1954 年 1 月，党内颁布《中共中央纪律检查委员会关于报告请示制度的规定》，要求下级纪委要对上级纪委作综合报告（每季度一次）、年终总结报告（每年一次）、典型经验的专题报告及其他问题的临时报告，并对报告的送达时间、需要向上级请示的内容作

① 中共中央文件选集（第 18 册）[M]. 北京：人民出版社，2013：330.
② 中共中央文件选集（第 18 册）[M]. 北京：人民出版社，2013：329-330.
③ 中共中央文件选集（第 2 册）[M]. 北京：人民出版社，2013：107-109.
④ 中共中央文件选集（第 15 册）[M]. 北京：人民出版社，2013：166-169.

出详细规定，报告的内容要求充实、准确、简洁，上级纪委要及时回复和指导下级纪委在报告中提出的问题。① 这些规定从制度上弥补了这一时期纪检系统内部纵向联系不强的缺陷，强化了对下级监督机构的监督力度。为规范对党员的处分程序，1954 年 1 月，党内作出《中共中央关于处分党的组织及党员的批准权限和手续的规定（草案）》。该规定以条文方式对党内处分的权限、手续、适用范围等作出详细规定，对党委、纪委的执纪批准权限作出明确区分。其中，关于干部党员的处分属于警告、劝告类的，由党委委托各级纪委审查批准生效；属于撤销工作以上处分者，由纪委与有关部门共同研究，报党委审查批准生效。② 这为全党正确执纪提供了统一的标准，有效解决了各地执纪权限不明确、执纪不规范等问题。除此之外，党和政府还颁布了部分相关的配套法规制度，如《中华人民共和国惩治贪污条例》等，这些法律法规对贪污的罪名、量刑标准等作出初步规定，为监督执纪工作提供了一定参考，具有重要借鉴意义。

二、全面建设社会主义时期党内监督制度建设的探索发展

全面建设社会主义时期，党对党内监督制度建设进行了许多积极探索。八大通过完善党的民主集中制、建立健全党的监察机关内部的体制机制、重申“惩前毖后、治病救人”的监督执纪方针等加强了党内监督制度建设。党的八大后，党内监督制度建设曲折发展。但总体来看，这一时期相关工作的主流是好的。党中央完善了党内监督机构及其内部的工作机制，特别是建立了派驻制度，丰富了工作方法，监督工作在波折中前进。

第一，党的八大对党内监督制度建设的积极探索。党的八大党章根据党和国家的实际发展情况作出诸多修改，其中，部分内容涉及党内监督制度建设。其一，完善党的民主集中制。党内监督的关键在于发扬党内民主，完善民主集中制是发扬党内民主、实现党内监督的基础性制度。这一时期，针对党内存在的发扬民主不足的问题，八大党章强调党的各级领导机关要认真考虑下级的建议，并对上下级党组织的职权作出适当划分，地方性质的问题由

① 中共中央文件选集（第 15 册）[M]. 北京：人民出版社，2013：169-171.

② 中共中央文件选集（第 15 册）[M]. 北京：人民出版社，2013：171-174.

地方解决。这赋予下级组织充分的民主权利，奠定了民主监督的基础。针对形式上召开会议，实则违反集体领导制度实行个人包办、个人专制的问题，党的八大提出："这种以集体领导的外表掩盖个人专断的实质的办法，必须坚决加以反对。"① 党内重要问题都需要集体讨论，"如果在讨论中发现重大的意见分歧，而这种分歧并不属于需要立即解决的紧急问题，就应该适当地延长讨论，并且进行个人商谈，以便求得大多数的真正同意"②。这一规定加强了对领导干部的监督，有效解决了滥用权力的问题。针对党代会未定期召开导致监督的权威性不足、决策的科学性不够等问题，八大党章强调，可以试行常任制和年会制解决这一问题。邓小平在《关于修改党的章程的报告》中指出，全国的、省一级的和县一级的代表大会任期分别为五年、三年和二年，召开周期均为一年一次。③ 对于这一制度的优势，邓小平进一步强调："代表大会常任制的最大好处，是使代表大会可以成为党的充分有效的最高决策机关和最高监督机关，它的效果，是几年开会一次和每次重新选举代表的原有制度所难达到的。"④ 按照新的制度，党的各级委员会必须向党代会报告工作，接受其监督；代表是常任的，可以对党的机关展开经常性监督。⑤ 这项制度的提出是对党内监督制度的重大发展。

其二，建立健全党的监察机关内部的体制机制。党的监察委员会成立之初，其领导体制设计为监委内部垂直领导、监委在党委"指导"下工作。这在一定程度上保证了监委工作的独立性，但同时也存在与当时党维护党纪的方式不契合的情况。建国后，维护党纪多采用政治运动的形式展开，这导致各级监委的监督工作往往依附于同级党委展开，对上级监委的依赖相对减少。这种情况下，若仍按照上级监委垂直领导、同级党委"指导"的体制，则容易导致党委领导不足、监委的监督工作缺乏针对性等问题。为此，八大党章进一步变革了党内监督领导体制，规定各级监委由同级党委领导，"上级监察委员会有权检查下级监察委员会的工作，并且有权批准和改变下级监察委员

---

① 建国以来重要文献选编（第9册）[M]. 北京：中央文献出版社，2011：118.
② 建国以来重要文献选编（第9册）[M]. 北京：中央文献出版社，2011：118.
③ 建国以来重要文献选编（第9册）[M]. 北京：中央文献出版社，2011：120.
④ 建国以来重要文献选编（第9册）[M]. 北京：中央文献出版社，2011：120.
⑤ 建国以来重要文献选编（第9册）[M]. 北京：中央文献出版社，2011：120-121.

会对于案件所作的决定。下级监察委员会应当向上级监察委员会报告工作，并且忠实地报告党员违反纪律的情况。”① 可以看出，党章明确规定了同级党委“领导”监委工作，党委对监委的领导进一步加强。对于上下级监委的关系则仍保留了上级监委垂直领导下级监委的体制，保留了二者的纵向联系，发挥了上级监委应有的指导作用。此外，党的八大进一步明确了各级监委的工作任务与职权，强调监委除审查案件外，还应监督党员遵纪守法的情况，“为了完成这些任务，党的各级委员会必须保证各级监察机关有足够的干部力量，并且经常对于它的工作给以坚强的支持。”② 这些规定为监委监督执纪提供了坚强的力量支撑。

其三，重申“惩前毖后、治病救人”的监督执纪方针。党内监督的最终目的不在于惩办党员，而在于发现问题、改正问题。党在延安整风运动时期曾明确提出坚持“惩前毖后、治病救人”。党的八大，总结了历史上错误的斗争方式与纠错方式给党带来的损失和教训，重申坚持“惩前毖后、治病救人”。强调要采取正确的态度，既要对错误的行为实事求是地给予批评与处分，又要弄清楚犯错误的根源，耐心帮助他们改正错误，最终达到新的团结。“反之，如果用简单的粗暴的方法去纠正思想性质的错误，那末，不但思想问题不会解决，错误还会重犯，而且必然伤害党内应有的和睦，甚至会把普通的意见分歧发展成为组织的分裂。”③ 随后，邓小平在对党章进行完善的过程中进一步强调正确的斗争方式对于党的团结和统一的重要意义，并把这一原则写入八大党章总纲中。正确的执纪方针为监察机构监督执纪指明了方向。

第二，党的八大后党内监督制度建设曲折发展。1957 年，受各方面因素的综合影响，包括党内监督制度建设在内的各项工作逐渐遭遇曲折。但需要指出的是，这一时期党中央也对监督工作作出了积极探索。党中央完善了监督机构及其内部的工作机制，特别是建立了派驻制度，丰富了工作方法。1957 年 4 月，党对违纪党员的处分权限与程序等作出详细规定。④ 这些规定

① 建国以来重要文献选编（第 9 册）[M]. 北京：中央文献出版社，2011：289-290.
② 建国以来重要文献选编（第 9 册）[M]. 北京：中央文献出版社，2011：139-140.
③ 建国以来重要文献选编（第 9 册）[M]. 北京：中央文献出版社，2011：97.
④ 中共中央文件选集（第 25 册）[M]. 北京：人民出版社，2013：266-269.

进一步完善了党纪处分的细则，对于监督机构严格执行党纪提供了指导，推动相关制度落实下去。1962 年，党的八届十中全会召开，这次会议对于党的自身建设作出诸多有益探索，对于推动监督工作向前发展具有积极作用。会议作出《关于加强党的监察机关的决定》（以下简称《决定》），要求加强党的各级监委的建设、加强各级监委办事机构的建设；扩大委员名额，并要求党的监委委员与候补委员多数应是专职的；同时，对各级监委及委员自身提出明确的纪律要求。① 另外，该《决定》的一个突出贡献是提倡建立派驻监督制度。派驻监督制度是指由党的专门监督机构派出监察组或监察员，常驻党政机关从事监督工作的制度。《决定》明确要求："党的各级监察委员会，应当加强对同级国家机关的党员的监督工作""中央监察委员会可以派出监察组常驻国务院所属各部门。"② 这是中央监委首次在政府系统中设立纪检常驻机构，对于规范行政系统党员的权力意义重大。为确保派驻监督的权威性、提高监督效能，《决定》对派出的监察组成员的行政级别要求较高，同时明确规定："监察组由中央监察委员会直接领导。"③ 这些规定有效增强了派驻组的权威性。此外，《决定》还详细规定了监察组的任务与权限，强调其组长有权参加所监督的党组（党委）的会议，必要时可与之召开联席会议。④ 这确保了监察组的知情权，保证他们及时了解所驻部门的实际情况，有效开展监督。对省、市、自治区而言，《决定》规定，"各省、市、自治区党的监察委员会，在必要的时候，可以派监察组或监察员驻省、市、自治区人民委员会所属的各部门进行工作。"⑤ 同年 12 月，党内制定了《中央监察委员会常驻各中央局、国务院所属各部门监察组试行工作条例（草案）》，这一条例作为配套制度予以试行，要求中央监委在各中央局也设常驻监察组。虽然这一时期的各项工作中，派驻监察组只有建议权，驻在单位党委掌握决定权，一定程度上弱化了监督效能，但总体来看，派驻制度的尝试是对党内监督制度的一次重要探索。八届十中全会后，中央监委通过了关于自身的一系列工作细

① 建国以来重要文献选编（第 15 册）[M]. 北京：中央文献出版社，2011：483-485.
② 建国以来重要文献选编（第 15 册）[M]. 北京：中央文献出版社，2011：484.
③ 建国以来重要文献选编（第 15 册）[M]. 北京：中央文献出版社，2011：484.
④ 建国以来重要文献选编（第 15 册）[M]. 北京：中央文献出版社，2011：484.
⑤ 建国以来重要文献选编（第 15 册）[M]. 北京：中央文献出版社，2011：484.

则，规定了中央监委的任务、办事机构、审理案件的方法、程序等。① 1963年，党在原则上同意了中央监委起草的关于党的监察工作人员守则等文件。②这是这一时期党对党内监督制度建设作出的重要探索。

三、“文化大革命”时期党内监督制度建设的挫折

“文革”期间，党内监督制度建设遭遇了严重挫折。第一，党的民主集中制遭到破坏，党内监督制度建设的基础被削弱。集体领导是民主集中制的重要原则之一，是实现科学决策、防止个人专断的重要基础，是实行党内监督的重要制度形式。但这一时期，集体领导原则被破坏，党内监督制度建设的基础被削弱，党内监督制度发挥的作用有限。与此同时，党员的民主权利未得到有效保障，监督权利有限。第二，党内监督机构被取消。这一时期，取消了“党的监察机关”，党内纪律较为松弛，党内监督制度建设遭遇挫折。

第三节 改革开放和社会主义现代化建设新时期的党内监督制度建设

改革开放以来党内监督制度建设有其特定的时代背景。从世情来看，时代主题的转化与世界政治、经济形势的发展对党提出了诸多考验，同时，西方敌对势力的“西化”“分化”图谋并未放松，迫切要求强化党内监督制度建设。另外，苏联解体、东欧剧变，其中一个重要原因就在于苏联、东欧的社会主义政党缺乏一套行之有效的自我监督制度，权力无法得到有效制约，这为我们加强党的自身建设提供了经验教训。从国情来看，改革开放之初，党和国家工作中心发生转移，要求加强党内监督制度建设为经济发展提供安定团结的政治局面。从党情来看，改革开放初期，党内历史遗留问题需要解决，党内监督制度本身亦存在许多缺点与不足，整顿风气、处理历史遗留问

---

① 中共中央文件选集（第42册）[M]. 北京：人民出版社，2013：322-325.

② 中共中央文件选集（第42册）[M]. 北京：人民出版社，2013：295.

题、强化党的自身建设等，对加强党内监督制度建设提出了新要求；同时，改革开放新形势下，党面临的考验与风险明显增多，对党内监督制度建设提出更高要求。为了适应这一时期党和国家实际情况，党通过恢复重建各级党内监督组织机构、改革党内监督体制、建立党内监督法规制度、积极完善以巡视为主的十项具体监督方式、逐步发展党内民主监督制度等举措，有效恢复并发展了党内监督制度，推动相关工作不断向前迈进。

一、恢复重建各级党内监督组织机构

改革开放之初，党认真总结历史经验教训，逐步恢复民主与法治，恢复重建中央及地方各级党内监督机构，并初步制定了该机构内部的工作制度，为党内监督制度建设提供了基本载体。

第一，中央纪律检查委员会的恢复重建。1977 年 8 月，党的十一大召开。党的十一大在新通过的党章中正式提出设立纪律检查委员会。① 由于党的十一大尚未从根本上摆脱“左”倾错误的影响，党内监督的相关规定仍比较简单，党内监督机构并未马上建立。但这些规定为党内监督机构的恢复重建奠定了良好的基础。随着全体党员思想解放工作的推进，1978 年 12 月，党的十一届三中全会召开，这次会议选举产生了中央纪委。全会强调：“纪律检查委员会的根本任务，就是维护党规党法，切实搞好党风。”② 为贯彻十一届三中全会精神，1979 年 1 月，十一届中纪委一次全会在北京召开。此次会议对于党内监督工作作出重要部署，对中央纪委的任务职权等作出相关规定，进一步细化了监督机构内部的管理制度及对纪检干部队伍素质与纪律的要求。

第二，县级以上监督机构的重建。1979 年 3 月，党内发出《关于设立纪律检查委员会有关问题的通知》，对监督机构的建设问题作出部署，强调县到省各级党委设立纪委，地委设立纪律检查组。同年 4 月，党要求迅速建立各级纪委，相关工作要在当年 5 月底完成，同时配置相应的办事机构。由于各级纪委的任务繁重，远远超过了改革开放前的工作量，党要求各级纪委（纪

① 中国共产党历次党章汇编：1921-2017（第 2 版）[M]. 北京：中国方正出版社，2019：322-323.

② 改革开放三十年重要文献选编（上）[M]. 北京：中央文献出版社，2008：21.

检组）要配备与工作量适当的在编工作人员。此外，由于实际执行中地委一级纪检组在处理积压案件和各类冤假错案过程中任务较为繁重，同年 11 月，中央决定在地委也设立纪委，有效解决工作中存在的问题。上述各项举措得到了全党的支持与认真执行。到 1982 年十二大召开前，多数党委基本设立纪检机构。十二大通过的新党章还强调，各级纪委可以派纪检组对行政机构进行监督，进一步丰富了党内监督组织体系。

第三，军队中党的纪检机构、基层党组织纪检机构及其他相关单位纪检机构的恢复与建立。其一，军队中党的监督机构重建。改革开放之初，军队中党的监督机构尚未恢复，这对军队的管理造成了很大影响，相关工作无法正常推进，军队纪律建设亟待加强。为了改变上述问题，党决定强化军队的纪律建设，加强监督力度。1978 年 9 月，党要求全军团以上单位均成立党的纪委。这一要求得到全军响应，军队党的监督机构逐步建立，纪律得到加强，相关工作也渐次恢复正常。其二，基层党组织纪检机构的恢复重建。1982 年党的十二大召开，十二大通过的党章明确指出："党的总支部委员会和支部委员会设纪律检查委员。"① 根据十二大精神，中央纪委明确指出，要把党的纪检机构延伸到县以下基层党组织，并明确要求尚未建立纪检机构的党委必须在 1983 年建立。这一过程中，针对不同基层党组织的工作特点，中央纪委对其纪检机构作出不同的设置要求，力求保证机构精简、工作高效，进一步完善了各级纪检机构。其三，其他相关单位党委纪检机构的建立。1983 年 3 月，中央纪委作出《关于健全党的纪律检查系统加强纪检队伍建设的暂行规定》，对中央一级党的国家机关、地方、企事业单位、基层党组织、中国人民解放军等党的各级纪律检查机构的设置、人员配置、工作内容与管理规范等作出详细规定。经过全党的艰苦奋斗，党内监督机构逐步恢复。

二、对党内监督体制作出重大改革

改革开放之初，党中央不仅在纪检系统进行拨乱反正工作，建立健全党内监督机构，而且对党内监督体制作出重大改革。特别是党的十二大，对纪

---

① 十二大以来重要文献选编（上）[M]. 北京：人民出版社，1986：87.

检机关内部的体制机制等作出重大改革，这些原则性的规定对党内监督制度建设起到重要作用，为开创社会主义现代化建设新局面提供了重要保障。但党的十三大后，随着党政分开相关政策的推行，党内监督工作也受到一定影响。党取消了在行政系统设置的派驻纪检组，这在一定程度上弱化了纪检部门的监督功能，导致行政部门党风政风有所恶化。20 世纪 80 年代末 90 年代初，面对国内外形势的变化，党中央认真回顾党内监督体制改革历史，深刻总结了其中蕴含的经验教训，决定纪检监察部门合署办公，充分发挥党和国家监督机构合力；同时恢复派驻机构，改革其领导体制，派驻体制经历了从"双重领导"到"双重领导"以上级领导为主、再到中央纪委统一管理的演变过程，实现了党内监督体制的重要发展。

（一）改革开放初期党对纪检体制机制作出重大改革

改革开放之初，党中央对党内监督体制作出重大改革。特别是党的十二大，对纪检机关的产生、领导体制、任务与职权等作出原则性规定，这对于党内监督制度建设意义重大，为之后的党内监督制度改革奠定了重要基础。

第一，各级纪律检查委员会的产生机关由党委全体会议"升级"为党代会，且纪委书记由同级党委书记或同级党委常务委员会委员担任。纪检机构的权威性直接影响党内监督的效果。在党的十二大召开前，党的七大、八大、十一大通过的党章均规定，各级纪委由同级党委全体会议选举产生。实践证明，这一产生方式下，纪委相当于党委的一个内设机构或工作部门，纪委监督党委的权威性与独立性受到一定限制。1982 年，党的十二大召开，大会报告指出，"党的各级纪律检查委员会由同级党的代表大会选举产生"①。产生方式的改变，使纪委具有了相对独立性，纪委由党委的工作部门转变为对同级党代会负责的专门监督机构，极大地提高了纪委的地位，助力纪委更好地维护党纪。此外，十二大党章还强调："党的中央纪律检查委员会的第一书记必须从中央政治局常务委员会委员中产生。"② 这一规定明确了中央纪委第一书记的行政级别，有助于增强纪委对同级党委成员的监督力度，防止因纪委权威性不够而导致同级党委委员难以被监督的问题。同时，中央纪委在十二

① 十二大以来重要文献选编（上）[M]. 北京：人民出版社，1986：48.

② 十二大以来重要文献选编（上）[M]. 北京：人民出版社，1986：87.

大上作的工作报告也建议，地方各级纪委书记由同级党委书记或常委担任，进一步强化了各级纪委的权威性。上述规定，完善了党内监督机制，对于维护纪委的权威性意义重大。实践证明，上述安排增强了纪委工作的实际效果，对于相关工作的推进起到了积极作用。

第二，建立健全双重领导体制。监督工作的效果如何，不仅与监督机构本身的健全程度有关，而且与其内在体制密切相关。十一届三中全会后，党逐步恢复了监督机构，并由同级党委领导。随着改革开放的深入，经济建设活动进一步活跃，党内贪污腐化等违纪问题明显增多。这主要是由于党委领导体制下纪委独立性不够，纪委在检查同级党委违纪问题时往往存在不敢监督的问题；同时，上级纪委与下级纪委的关系不明确、纵向联系不紧密，导致上级纪委不清楚下级纪委的相关工作，无法为其提供有效帮助，同样，下级纪委无法得到上级纪委在工作上的有力支持，许多重大案件与涉及同级党委的案件也无法进一步推进，党内监督效果不佳。为此，1980 年，党中央批转了中央纪委的请示报告，同意地方各级纪委受同级党委和上级纪委双重领导，同时以同级党委领导为主。党的十二大通过的党章继续坚持了双重领导体制，但是取消了以同级党委领导为主的规定。与此同时，党章还扩大了上级纪委对下级纪委的管理范围与管理权限，一定程度上加大了上级纪委对下级纪委的领导力度。这一体制既有利于下级纪委得到帮助，更好地开展工作，又有利于加强对同级党委的监督，协助党委管理好党风党纪，大大推动了党内监督制度建设的进程。

第三，纪检机构的任务加重、职权扩大。其一，纪检机构的任务明显加重。关于纪检机构的职责，十一大党章规定，纪检机构主要负责加强纪律教育、检查执纪情况、严惩各种违纪言行。① 十一届三中全会则规定纪检机构负责维护党纪，搞好党风。② 随着改革开放步伐的加快，经济建设快速发展，党内逐渐出现贪污腐化、作风不纯等不良问题。为了给社会发展和党的建设创造良好条件，党中央决定狠刹党内不正之风，特别是打击党员在经济领域的

① 中国共产党历次党章汇编：1921-2017（第 2 版）［M］. 北京：中国方正出版社，2019：323.

② 三中全会以来重要文献选编（上）［M］. 北京：人民出版社，1982：14.

违法犯罪行为。在此背景下，十二大党章增加了纪检机关的职责，明确提出各级纪委要检查党章执行情况、协助党委改善党内风气，处理违纪案件，处理党员控告与申诉，促进各项政策的落实。① 上述规定不仅维护了党规党纪、纯洁了党风，而且保障了全党思想与行动的一致性，巩固了党的团结统一，确保党中央的政策落到实处，保证社会主义现代化建设事业顺利进行。总体而言，纪检机关的工作任务得到丰富，工作水平有了较大的提高。其二，纪检机关职权扩大。拥有充分的监督权力，是开展监督工作的基础，直接影响相关工作的成效。党的十二大以前，党内监督机构主要拥有检查、处分与申诉的权力。十二大党章则将其职权规定为检查、处分、检举、复查、申诉、审批等权力。其中，检举权、复查权与申诉权扩大了纪委对同级党委的监督力度。具体来看，十二大通过的党章规定，“中央纪律检查委员会发现中央委员会成员有违犯党的纪律的行为，可以向中央委员会检举，中央委员会应即受理。”② 地方纪委若对同级党委所办案件有不同看法，可报上级纪委复查，若发现同级党委的违纪行为，同级党委却未能很好解决时，可对上级纪委申诉予以处理。③ 这些规定强化了纪委对同级党委的监督，也增强了监督实效，为双重领导体制的完善提供了较大帮助，跨出了党内监督制度建设的一大步。以上规定扩大了各级纪委的职权，有效促进了党内监督工作的顺利开展。

（二）党的十三大撤销国务院及省级政府各部门党组纪检组

党的十三大撤销国务院及省级政府各部门党组纪检组，一定程度上弱化了纪检机构的监督功能。1987 年，党的十三大召开，大会的一个重要议题是进行政治体制改革，实现党政分开。党的十三大报告明确要求，“党的纪律检查委员会不处理法纪和政纪案件，应当集中力量管好党纪，协助党委管好党风。”④ 在此背景下，纪检体制也作出相应的调整。1988 年 3 月，十三届中央纪委第二次全体会议召开，乔石在会上要求搞好体制改革，他强调，“为适应党政分开和机构改革的需要，中央和地方纪检机关派驻政府各部门和国家有

① 十二大以来重要文献选编（上）[M]. 北京：人民出版社，1986：88.
② 十二大以来重要文献选编（上）[M]. 北京：人民出版社，1986：88.
③ 十二大以来重要文献选编（上）[M]. 北京：人民出版社，1986：88-89.
④ 十三大以来重要文献选编（上）[M]. 北京：人民出版社，1991：37.

关部门的纪检组要逐步撤销”①。1988 年 7 月，中央同意了中央纪委的撤销意见，同年 8 月，相关改革逐步推行。之后，党中央多次强调，各级纪检机构主要负责党纪的维护与监督，国家监察机关主要负责行政系统纪律的维护与监督，二者在明确分工、各司其职的同时，要加强合作，加强案件处理线索的交流，设立联席会议等，同时做好党和国家监督体制调整后相关人员的安置工作。各级纪委也适应形势发展制定了相应的规章制度，促进纪检工作更顺利地开展。但是，由于中国共产党是执政党，其决议与政策往往通过政府的决定与命令具体表现出来，且行政部门工作人员中多数是党员，党和国家监督对象高度重合，因而，党和国家监督工作本质上联系紧密，许多违纪案件有相互交叉的特点。这一时期，在探索政治体制改革的过程中，缩减甚至取消行政系统的党组纪检组，一定程度上弱化了党的纪律检查工作，对于深入推进党建工作产生了不利影响，行政部门党员违纪行为增多，党风政风有所恶化。

（三）“合署办公”背景下改革纪检监察领导体制

面对国内外形势的变化，1993 年，党中央认真回顾党内监督体制改革历史，深刻总结了其中蕴含的经验教训，决定纪检监察部门合署办公，充分发挥党和国家监督机构合力；同时恢复派驻机构，改革其领导体制，派驻体制经历了从“双重领导”到“双重领导”以上级领导为主、再到中央纪委统一管理的演变过程，实现了党内监督体制的重大发展。

第一，纪检监察部门合署办公。实行纪检监察合署办公是这一时期党适应形势发展需要，对党和国家监督体制作出的重大改革。无产阶级政党执政后，党内监督和国家监察是有机联合还是单独分设一直是一个重要的理论问题与实践问题。对这一时期纪检监察问题进行研究，需要简要回顾一下建国后党对国家监察部门的认识与探索。1949 年，新中国成立之初，我国政府部门即设立人民监察机关，负责监督行政系统工作人员的纪律及工作情况。1954 年，我国设立国家监察部继续履行这一职能。随着各项工作的开展及党内形势的变化，这一时期国家监察工作主要由党组织领导并牵头统一进行，

① 十三大以来重要文献选编（上）[M]．北京：人民出版社，1991：131.

国家监察部并没有单独设立。1959 年，二届人大一次会议决定取消监察部。实践证明，这一改革导致以党代政、党政不分的问题逐渐凸显，为党和国家事业发展埋下了隐患。改革开放后，党吸取经验教训，强调应在党的领导下，解决上述问题。1986 年开始，国家监察部重新设立，不久，地方各级行政监察机构也逐步恢复。为适应党政分开的要求，中央纪委主要负责党内监督，维护党纪党法、搞好党风建设；监察部主要负责监督国家机关及其工作人员执行法律法规的情况，减少违法违纪行为。但随着实践的发展，这一模式也出现一些弊端。由于我国党情、国情，党和国家监督对象高度重合。因而，党内监督和行政监察本质上联系紧密，若完全独立设置，容易导致责任不清、资源配置不合理、党风廉政建设效果不佳。为了有效遏制腐败现象，1993 年 1 月，党中央决定中央纪委与监察部合署办公，实行“一套班子、两块牌子”的体制。在此之后，中央纪委履行纪检、监察两项职能，对党中央全面负责；监察部按照宪法规定仍接受国务院管理，相当于它的一个工作部门。随后，地方各级纪检监察机构逐步合署办公，1993 年 6 月底基本完成。合署办公对于纪检监察队伍提出较高要求。为了适应工作内容的变化，更好地贯彻执行纪检监察新体制，各地纷纷调整纪检监察机构设置，对相应的职责权限、人员配置等加以部署，积极吸收专业人才及机关之外的监察力量进入纪检监察队伍，充实纪检监察组织队伍；同时，加强相关业务培训，逐步提升纪检队伍的办案水平和能力，不断提高其专业性等。从党的历史来看，尽管新体制还存在不完善的地方，还需要不断探索。但在当时的历史条件下，仍不失为一种有效的改革。新体制下，党和国家监督工作中的重复、交叉案件及沟通乏力、相互推诿等问题得到有效解决。二者的监督合力大大增强，在维护党纪、政纪、法律、法规，反对腐败、整顿党风等方面发挥了重要作用。同时，新体制增强了党对行政机关的领导，增强了党的权威和纪检监察机关的权威，对于进一步巩固党的团结统一、维护国家的长治久安具有重要意义，是党和国家监督体制改革的一大进步。

第二，初步形成派驻机构统一管理体制。这一时期，纪检监察派驻制度逐步确立，派驻体制经历了从“双重领导”到“双重领导”以上级领导为主、再到中央纪委统一管理的演变过程。党的十三大后，为适应党政分开的要求，政府部门的党组纪检组、派驻纪检组逐步取消，纪检工作交由行政监察机关负责。不久，党逐渐意识到加强行政机关纪检工作的重要性，决定于十三届四中全会后，在实践中推进相关工作，逐渐恢复派驻工作。1991 年，派驻机构不仅接受中央纪委的领导，听从其指挥，接受其帮助，而且还受所在部门党委的领导，听从其指挥。在这一体制下，派驻机构与中央纪委相隔较远，仅能接受上级的业务指导。与此同时，派驻机构与常驻部门党委即监督对象距离较近，并受常驻部门党委领导，派驻机构容易被常驻部门党委的意志所左右，且二者距离较近，容易发生利益输送的问题，派驻监督的独立性受到一定限制。为了更好地实现上级对下级的指导、帮助与监督，党中央决定加强派驻工作力度。1993 年，纪检监察合署办公，在此背景下，党决定对派驻机构实行"双重领导，一个为主"的体制，即派驻纪检、监察机构实行中央纪委、监察部和所驻在部门党组、行政领导的双重领导，纪检、监察业务以中央纪委、监察部领导为主。这一体制强化了垂直领导，扩大了派出机构对派驻机构的领导权，对于增强派驻机构的独立性、更好地履行监督职能具有重要意义。但在实践中，由于派驻机构的工资、福利待遇等仍由所驻部门管理，派驻机构仍存在独立性不足、监督效果不佳的问题。为了改变这一体制障碍，党进一步探索完善上述不足，制定了派驻机构由中央纪委、监察部统一管理的制度，即中央纪委、监察部既指导派驻机构的相关工作，也管理其人员的任免、奖惩、福利待遇等。2002 年，党内进行了试点工作。2004 年，在相关工作已经比较成熟的情况下，党中央决定统一管理派驻机构，推动相关工作不断向前发展。在这一管理模式下，派驻机构工作中的制约因素大大减少。他们接受中央纪委、监察部领导，向其请示、报告相关工作，驻在部门党委的领导权则予以取消。这一体制从纵向垂直管理方面增强了派驻机构的独立性，切实提升了监督工作效果，对党风廉政建设发挥了重要作用。同时，中央纪委还规定，对于在同一部门派驻时间较长的干部，必须进行异地交流，防止派驻干部与驻在部门出现利益输送的关系，降低监督效能。此后，党内针对派驻机构履职尽责与汇报工作等相继颁布了一系列相关文件，为派驻制度的实行提供了基本依据。派驻机构体制改革跨出了改革的一大步。

三、加强党内监督法规制度建设

法规条文是反腐倡廉的根本保障、是开展相关工作的重要依据。“文革”结束后，党中央深刻认识到党内法规制度的重要性，初步制定了党内监督法规制度。党的十四大后，党中央继续加强党内监督法规制度建设，促进其稳步发展、渐成体系。江泽民在党的十五大报告中强调，“要深化改革，完善监督法制，建立健全依法行使权力的制约机制。”① 党的十六大报告也强调，加强党的建设要把制度建设贯穿其中。2006 年，胡锦涛首次提出，“加强以党章为核心的党内法规制度体系建设”②。在党的重要思想的指导下，这一时期构建了以《中国共产党党内监督条例》为主、以配套性制度为补充的党内监督法规制度体系。同时党通过党纪教育、严格执纪与问责等方式推动上述制度贯彻落实。这些举措为改革开放以来党内监督制度建设奠定了重要基础，在维护党的先进纯洁、加强党风廉政建设方面起到重要作用，有效减少了贪污腐化现象，同时，相关工作对于改革开放的推进也具有重要意义。

第一，逐步建立党内监督法规制度，并推动相关制度初步形成制度体系。“文革”期间，党规法纪废弛，对政治生活造成较大影响，党中央深刻认识到制度的重要性。改革开放后，在党内监督制度方面，党作出以下贡献。其一，修订党章、制定《关于党内政治生活的若干准则》等与党内监督相关的法规制度。党章在党内法规制度中是管总的，为其他法规制度的制定提供基础和依据。“文革”结束后，十一大党章对恢复党内监督机构作出初步规定。十二大党章恢复了党内监督机构及其内部工作制度。这些规定为新时期党内监督制度建设提供了根本依据。同时，这一时期，党还制定了《关于党内政治生活的若干准则》（以下简称《准则》）。在党内法规制度中，准则是党内法规体系的骨架，起支撑性作用。1980 年党的十一届五中全会通过了《准则》，内容共十二条，其中多条涉及党内监督。如要坚持集体领导、反对个人专断；全党要充分发扬党内民主，认真接受党员的正确批评与建议，反对领导干部任意挟嫌报复、以各类反党罪名整人；维护党员民主权利，对于犯错不改或

① 江泽民文选（第 2 卷）[M]. 北京：人民出版社，2006：31.

② 十六大以来重要文献选编（下）[M]. 北京：中央文献出版社，2011：181.

不称职的干部，党员可罢免或调换；对于党内的错误倾向要勇于斗争，坚决打击贪污盗窃、刑事犯罪、违法乱纪等行为；执纪时要采取正确态度，认真区分不同性质的错误，坚持“惩前毖后，治病救人”，不许无情打击，对人的处理要十分慎重；领导干部要接受党和群众的监督，建立对干部的监督考核制度。① 这些规定既规范了党员的言行，也充实了党内监督法规制度的相关内容，强化了党建工作。其二，制定一系列专门针对党内监督的法规制度，其中不乏党内监督主干性制度。这一时期，为维护党纪，提高纪律的执行力度，党加强了对纪律的监督工作。为了确保相关工作有章可循，1987 年，中共中央纪律检查委员会作出《关于对党员干部加强党内纪律监督的若干规定（试行）》，对纪律监督的任务、重点、主体、办法等作出详细规定，并强调要维护监督主体与客体的正当权利，强化党对纪检工作的领导，充实了党内纪律监督制度建设的内容。中央纪委还制定了《党员领导干部犯严重官僚主义失职错误党纪处分的暂行规定》（1988）、《共产党员在涉外活动中违犯纪律党纪处分的暂行规定》（1988）等多个关于党纪处分的单项规定，为处理各类违纪问题提供了制度规范；制定了《党的纪律检查机关案件审理工作条例》（1987）、《关于查处党员违纪案件中收集、鉴别、使用证据的具体规定》（1991）等程序性规范，明确办案程序，为纪检机关办理违纪案件提供了统一标准。随后，20 世纪 90 年代，党即着手准备《中国共产党党内监督条例（试行）》的制定工作，2003 年予以颁布。这部法规使监督工作的开展首次有了专门的制度规范。该条例详细规定了实行党内监督的指导思想，明确了监督的重点对象及各主体的工作职责等，内容十分丰富，同时，还用大半的篇幅详细规定了党内监督的 10 种具体监督方式，明确了党内监督保障措施。该条例重点明确，操作性较强，为党内监督工作提供了基本遵循。另外，1997 年，党制定了《中国共产党纪律处分条例（试行）》，并于 2003 年作出修订。条例明确指出了党内各类违纪行为及对违纪行为的处分方法，是党的历史上首部全面、系统规定党纪处分的条例，统一了党纪处分的标准，为纪检机关进一步维护党的纪律、提升党纪权威提供了工作指南。该条例是对党

① 三中全会以来重要文献选编（上）［M］. 北京：人民出版社，1982：414-435.

内监督条例的重要补充，对于强化党纪执行、推动相关制度落地生根意义重大。其三，党制定了与党内监督相关的配套性、补充性法规制度。为了促进主干法规制度的贯彻落实，党内出台了一系列具体的法规制度作为补充。如《关于高级干部生活待遇的若干规定》（1979），以及禁止领导干部经商、禁止领导干部担任经济组织职务等相关规定，客观上对党内监督制度建设起到补充作用，是对党章、《准则》的具体化，减少了领导干部在经济领域的违纪行为。中央纪委制定《关于重申和建立党内监督五项制度的实施办法》（1997），规定了五项党内监督具体制度。《中国共产党党员领导干部廉洁从政若干准则（试行）》（1997）明确了党内廉洁从政的基本规范，净化了党员心灵与党内风气。2002 年，党对干部的选拔工作作出制度规范，从源头上强化了对干部的监督检查；2005 年，党推动诫勉谈话、述职述廉等方式制度化，把监督工作做在日常，时刻敲响纪律警钟；2009 年，党细化了对干部失责违纪行为的问责方式与程序，颁布了关于巡视工作的相关条例，为问责工作、巡视工作的推进提供了基本依据。上述法规制度构成党内监督的基本规范，相关内容逐渐稳定、形式日益规范，初步构建起党内监督法规制度体系。但与此同时，由于缺乏统筹规划，这一时期部分制度是适应党风廉政建设的中心任务临时制定的，这使得党内监督法规制度各子体系建设水平不一，有的繁杂臃肿，有的发育不全，部分党内监督法规制度质量有待提升。这也导致党的自身建设受到一定影响，这一时期党的自身建设宽松软的问题开始显现。

第二，严格贯彻落实党内监督法规制度。党内监督法规制度建设既要解决有纪可依的问题，也要解决执纪必严的问题，否则制度就会成为摆设，失去生命力。党内监督法规制度制定是前提，贯彻落实是关键。“文革”结束后，党制定了一系列党内监督法规制度，并采取了多重举措促进这些制度落地生根。其一，加强党内监督法规制度教育，强化党员的制度意识。知纪是守纪、执纪的前提，制度意识是贯彻落实党内监督法规制度的基础。但制度意识不是与生俱来的，需要通过后天的教育加以灌输。这一时期，为了提升广大党员对党内监督相关法规制度的了解程度，纪检机关紧紧围绕党内监督的相关法规条文开展教育活动，成效显著。改革开放之初，各级纪委以党章、各类准则等为主要内容，深入开展了宣传党纪的轮训工作。有的地方党委、纪委还将党颁布的党内监督相关法规制度汇编成册，组织编写辅导材料，供基层干部学习，同时采取灵活多样的形式，举办各类宣讲教育活动，提高党员干部遵纪守法的自觉性。要求党员自觉对标对表相关法规条文，认真进行相互批评，使制度得到落实。需要强调的是，这一时期制定的《关于党内政治生活的若干准则》（以下简称《准则》）许多内容与监督工作密切相关，1980 年，十一届中央纪委二次全会着重强调要促进这一制度落实。之后，中央纪委先后召开三次座谈会对该制度的宣传教育与贯彻落实加以部署。1980 年 4 月，第一次座谈会召开，会议总结了《准则》实施三个月以来的经验与问题，强调全党要结合本地实际情况，对照检查，加强《准则》的贯彻落实。同年 6 月，第二次座谈会召开，研究了中央和国家各机关贯彻《准则》的情况，并提出了今后贯彻《准则》的具体措施。同年 11 月，第三次座谈会召开。这次会议规模较大，集中讨论了如何纠正党内不正之风的问题，明确要求各级纪委要抓住重点，按照《准则》的基本要求，着重解决《准则》颁布后党内存在的突出问题。在处理违纪案件时，要求纪委秉持实事求是、人人平等的原则，坚决做到违纪证据确凿、审理程序完备、处理措施得当。各地严格按照座谈会的要求，开展了普遍的轮训工作，对于促进《准则》的贯彻落实、整治党内违纪问题与不正之风起到重要作用。此外，1996 年，按照中央纪委六次全会的要求，党内普遍开展了党风廉政建设工作，并组织了相关知识竞赛活动，强化法规教育，参与人数广泛，教育效果良好，党员基本素养得到提升。在教育的过程中，各级党委、政府加大投入力度，建设了培训中心，部分地区创办了相关刊物，加强党规党纪的宣传。部分纪检监察机构设立了电教中心，丰富了教育形式，增强了感染力。通过教育，党员的制度意识在一定程度上得到了提高，对于党内监督法规制度的贯彻落实起到了重要作用。其二，强化党内监督法规制度的执行与问责力度，查处违纪案件，维护党内监督法规制度的权威性与严肃性。查办违纪案件、严格执行党纪是纪检监察机关的重要职责，也是衡量党内监督制度建设是否取得成效的重要标准。改革开放之初，面对林彪、江青反革命集团的罪行，党内成立领导小组进行了严格审查。1983 年，党内通过《中共中央关于整党的决定》，彻查了反革命集团的罪行，查处了一批严重违反政治纪律的人员。另外，随着改革开放步伐的加快，党内面临的风险与考验逐渐增多。部分党员经不住诱惑，精神堕落、贪污腐化问题突出，官僚主义现象严重，还有部分党员受资产阶级自由化思潮的影响，违反四项基本原则、弱化党的领导、挑战党中央权威。针对上述违纪问题特别是违反政治纪律的问题，党的各级纪检机关把严查违纪案件作为党内监督制度建设的关键环节，调配专业力量，强化办案力度，严肃查处了一批违法违纪案件，形成了反腐的强大攻势，震慑了违纪分子。从监督对象上看，重点查处了县处级以上的违法违纪领导干部；从违纪内容上看，主要查处了挑战党中央权威、违反政治纪律、贪污受贿、失职渎职、道德败坏等方面的违纪案件；从领域上看，主要加大了对金融、房地产等经济领域大案要案的查处。据统计，1992 年至 1997 年，纪检监察机关结案的 67 万余件案件中，贪污、受贿案件占到 21%。查处的案件中包括了陈希同、王宝森、欧阳德、李效时、郭子文、胡建学等一批违法违纪、贪污受贿的大案要案。从 1997 年至 2002 年，党内还重点处分了违反政治纪律的言行，相关人数高达 8000 余人。① 对于执纪不严、违纪不究的纪检监察机关与干部，党的十七大提出，要健全问责、罢免等制度。各地区各部门根据党的十七大精神，建立问责办公室，形成多种多样的问责机制，对维护党纪不力的党委、纪委严厉问责，推动了党内监督制度的严格执行。上述举措有效减少了腐败现象，震慑了违法违纪分子，在党内外产生了重大影响。另外，在严格执纪的同时，各级纪委始终坚持办案讲证据的原则与治病救人的方针，严格办案程序，对部分证据不足的案件予以撤销，对轻微违纪的干部及时提醒；同时通过巡视、述职述廉、诫勉谈话、函询等方式提早发现问题、解决问题，挽救了一大批党的干部。需要指出的是，这一时期，党内监督法规制度的执行力度较以前有所提升，但与此同时，部分党内监督法规制度的执行并没有及时跟进。受此影响，管党治党出现宽松软的现象，党的领导弱化、“七个有之”等问题开始凸显。

---

① 党的十四大以来中共中央纪律检查委员会历次全会工作报告汇编［M］. 北京：中国方正出版社，2005：287.

四、积极完善以巡视为主的十项具体监督方式

为了提升监督效能，各级纪委在进行党内监督的过程中，创造了丰富的监督方式方法。这一时期，党恢复并完善了党内巡视制度，完善了包括述职述廉在内的十项具体监督方式，并将其写入《中国共产党党内监督条例（试行）》等重要法规制度中。这些具体方式是对党内监督制度的重要补充，有效弥补了微观层面党内监督制度建设的不足，推动党内监督制度向规范化方向继续发展。

第一，恢复并完善党内巡视制度。巡视，是党进行自上而下组织监督的重要方式。于巡视监督而言，上级派出的巡视组成员与地方领导干部没有直接利益关系，巡视工作的开展一般不受地方干预，有效保障了监督的独立性与权威性。改革开放以来，党中央对党内监督的具体方式进行了改革，恢复并完善了党内巡视制度，形成具有中国特色的党内监督形式，有效弥补了党内监督双重领导体制下“上级监督太远、同级监督太软”等缺陷。从历史来看，党内巡视制度曾有过中断。1983 年和 1985 年党虽提出恢复巡视员岗位的设置，但巡视制度一直未建立。直到 1996 年，党正式提出建立党内巡视制度，并在同年 3 月颁布了《关于建立巡视制度的试行办法》。于党而言，这一制度的颁布具有重要意义。此后，巡视工作正式启动。1997 年，党中央将巡视制度作为党内监督五项制度中的首要制度，规定了巡视工作的具体内容。到 1998 年为止，党内已派出 7 批巡视组到各地开展巡视工作。1999 年，巡视组对党内“三讲”教育活动的实施情况进行了检查，效果良好。2001 年，党要求各党委遵从党中央部署，建立巡视制度，加强廉政勤政方面的监督力度。不久之后，巡视工作办公室设立，为巡视工作提供了坚强的组织保障。2003 年，党内监督条例把巡视单独设立一节，确立了其地位，大大提升了巡视权威性。与此同时，巡视实践也在不断推进，到 2006 年，巡视组巡视了 30 多个省份、9 家中央管理银行等，巡视范围十分广泛，对监督工作的推进起到重要作用。不久，十七大党章第十三条正式增写了建立巡视制度的相关内容①，

① 中国共产党历次党章汇编：1921-2017（第 2 版）[M]. 北京：中国方正出版社，2019：503.

以党内根本大法的形式为巡视制度的发展提供了制度保障。为进一步发挥巡视制度在促进党风廉政建设方面的作用，2009 年，党中央制定《中国共产党巡视工作条例（试行）》，对相关工作要求作出详细规定。党中央要求各级党组织深入宣传该条例，增强全党自觉接受监督的意识与认真执行条例的意识。条例的颁布标志这一时期党内巡视工作进入了新的发展阶段。在党中央的部署下，巡视机构逐步建立、工作程序与工作任务逐步清晰，巡视制度日益走向规范化、科学化。

第二，建立健全其他多种党内监督具体方式方法。纪检机关工作的推进离不开具体的方式方法。实践中，党把相对成熟的方法上升为了制度。没有这些具体制度作为坚实的载体，党内监督工作的质量与效果也会大打折扣。这一时期，党中央十分重视对具体监督方式的建设，提出许多创新性的具体监督方式。2003 年，党内监督条例对监督方式进行了创新与发展。该条例用大半的篇幅对巡视制度、述职述廉、质询等十种具体监督方式作出了详细规定，为监督工作的开展提供了具体指导。2005 年，党结合监督方式方法的践行情况，对部分监督方式进行了完善与补充。例如，进一步补充了《关于对党员领导干部进行诫勉谈话和函询的暂行办法》《关于党员领导干部述职述廉的暂行规定》等具体法规制度，并在实践中予以落实。具体而言，除巡视制度以外，这一时期提出的监督方式较多，挑选几个列举如下：集体领导和分工负责制度，规定党内重要事项由集体讨论决定，不认真履行这一职责的应当追究责任，这对于防止个人专断具有重要意义。重要情况通报和报告制度，要求各级党委全体会议作出的决定应以适当方式公开，方便群众了解相关内容，做好监督的前提工作；在同级党代会闭会期间，各级党委与监督机构应把重要决策和情况向本次党代会代表通报，下级党组织的重要决定应及时向上级党组织请示或报告，对于隐瞒不报、干扰报告活动的情况追究负责人的责任，上级也应及时答复下级的请示；党员领导干部应向组织如实报告个人重大事项，自觉接受监督。述职述廉制度明确要求，中央政治局向中央委员会全体会议报告工作、中央纪委常委会向中央纪委全体会议报告工作，地方各级党委纪委同样采取相应的汇报举措；述职述廉的主要内容是学习贯彻党的指导思想的情况、执行政策、承担责任的情况和廉洁自律的情况等，党内要对相关情况进行监督检查，认真核对汇报内容，发现隐瞒问题的，汇报不真实的，应根据相关规定作出处分，发挥对其他干部的警示作用。谈话和诫勉制度，要求各级党委、纪委领导班子成员和党委组织部门负责人应不定期对同级及下级党组织领导班子负责人谈话，了解该组织内坚持民主集中制、廉政勤政的情况等，对于谈话过程中发现的不能遵守政治纪律、不认真履职、搞"形象工程"、用人失误、不严格执行廉洁自律规定等苗头性问题，应按照组织程序进行诫勉谈话和函询，谈话对象应如实回答，不得回避问题、更不得打击报复，同时及时改正相关问题，否则要予以批评教育或作出组织处理。民主生活会制度，要求各级党组织按照规定开好民主生活会，要切实保证质量，领导干部应对自身存在的廉洁自律问题及其他党员提出的意见积极开展批评和自我批评，上级要发挥好指导作用，督促下级落实好该制度，通过这一制度加强监督、增强党的团结统一，及时解决矛盾和问题。信访处理制度，要求各级党委、纪委通过信访了解党组织中存在的重要问题，及时处理党员的检举、控告，对党的干部进行有效监督，确保其正确用权。舆论监督制度，要求新闻媒体坚持党性原则和正确导向，及时反映问题，发挥舆论监督作用。询问和质询制度，明确规定地方党委委员可以有依据地对党委会议制定的决议及贯彻决议中存在的问题提出询问或质询，同样，对于纪委的相关决议及执行中的问题，地方纪委委员也可以提出询问或质询，以此确保党的各项决议科学制定、有效执行。罢免或撤换的制度条文规定，党的地方各级委员会委员，有权向上级党组织提出要求罢免或撤换所在委员会和同级纪委中不称职的委员、常委；党的地方各级纪委委员，有权向上级党组织提出要求罢免或撤换所在委员会不称职的委员、常委；罢免或撤换要求应当以书面形式署真实姓名提出，并有根据地陈述理由。于党而言，上述具体监督方式的建立与完善意义重大，有效提升了监督效能。但与此同时，上述制度仍是初步规定，党在后续实践中仍在不断改进。

五、逐步发展党内民主监督制度

事物的发展往往需要多种要素同时发挥作用，其中基础性要素的作用往往是不可或缺的。民主制度是监督工作向前推进的前提基础和重要保障。只有打好这一基础，党内监督才能有效落实。这一时期，党中央重视发扬党内民主，并推动党内民主向制度化方向发展，完善党的代表大会制度、建立健全党员民主权利保障制度、推行党务公开制度，为党内民主监督提供了坚实的制度基础。

第一，通过常任制改革完善党代会制度。党代会是各级党组织决定各项重要事务的重要会议，对发扬党内民主具有指导意义。党的代表大会拥有决策权和监督权，具有绝对的权威，是党内民主监督制度最直接的体现。但由于每五年召开一次，相关工作的推进相对缓慢，闭会期间，党代会及党代表的作用难以有效发挥。为了弥补这一缺陷，党中央决定进行党代会常任制改革。党代会常任制即党的各级代表大会可根据实际需要随时召开，任期内每年至少举行一次会议，以此确保党代会的权威。20 世纪 80 年代末，浙江省椒江市等部分市县启动了党代会常任制试点工作。但由于国内外形势的变化及改革的复杂性，20 世纪 90 年代初，仅剩个别试点仍在艰难探索，改革进入徘徊期。直到 2002 年，党的十六大提出完善党的代表大会制度的要求，明确规定，"扩大在市、县进行党的代表大会常任制的试点。积极探索党的代表大会闭会期间发挥代表作用的途径和形式。"① 在这一精神的指导下，全国党代会常任制试点工作全面铺开。浙江、湖北、四川等省份不仅扩大试点覆盖面，而且把试点级别提高至地级市，涌现出椒江模式、罗田模式、雅安模式等多种模式。为了推动党代会常任制的贯彻落实，更好地发挥其作用，除增加党代会召开次数外，党内还制定了其他具体的制度。其一，实行党代表任期制。党代表是党代会闭会期间反映群众利益、实行党内监督的重要主体。党代表任期制是指党代表同该届党代会的任期相同，不论在党代会召开期间还是闭会期间都始终行使代表权利，履行相应职责。这是党代会常任制的重要实现形式。为了更好地发挥党代表的作用，党的十七大提出，进一步探索，完善相关制度，"实行党的代表大会代表任期制"②，这是一次重要的探索与实践，对于党代会的完善具有重要的意义，实践也充分证明，该措施在监督工作中发挥了应有作用。此后，浙江省椒江市继续进行实践探索，并建立起党代表

① 江泽民文选（第三卷）[M]. 北京：人民出版社，2006：570.

② 十七大以来重要文献选编（上）[M]. 北京：中央文献出版社，2009：39.

活动日制度、询问质询制度等十余项制度作为具体补充。2008 年 5 月，党中央制定《中国共产党全国代表大会和地方各级代表大会代表任期制暂行条例》，对各级党代表的任期制度进行了完善。如对代表们的任期长短、义务、履行责任的方法与基本保障、代表资格的终止和停止等作出详细规定，其中，关于代表权利的一项重要内容是，他们可以“在同级党代表大会召开期间参与听取和审查党的委员会、纪律检查委员会的报告”“对同级党的委员会、纪律检查委员会及其成员进行监督”① 等。党代表任期制为党代表行使职权、发挥经常性监督作用提供了重要平台，对于保障党员主体地位、加强党内民主监督具有重要意义。其二，试行党代表提案制度。党代表提案制度，即党代表归纳总结党员群众意见，以议案形式提交党委。党的十六届四中全会提出这一设想，强调要发挥代表在日常生活中的作用，这是完善相关制度的一次重要进步。十七届四中全会进一步提出，“建立各级党代表大会代表提案制度。”② 不久，浙江、上海、湖南等地进行了试点工作。这项制度有助于反映党员群众的意见与党内突出问题，发挥党代表对党内重大决策的制定、实施与监督作用，是一次有益的探索，相关实践与试点对于完善党代会制度具有重要意义，为后续工作的推进提供了基本经验。综上可见，党的代表大会制度改革为充分发扬党内民主、疏通党内监督渠道、进行反腐斗争发挥了重要作用，是党内监督制度化的有力支撑，推动监督工作不断向前发展，取得良好成绩。

第二，逐步建立党员民主权利保障制度。党员是党内自下而上民主监督的重要主体，完善相关制度，有力保障党员选举权、监督权、检举权、揭发权及控告权等民主权利是实现党内民主监督的基础与前提。这一时期，党通过多种措施发展党员民主权利保障制度。1995 年，党制定《中国共产党党员权利保障条例（试行）》，对于发扬民主，保护党员民主权益起到重要作用。当然，也对监督工作起到了重要的推进作用。2004 年党对此进行了修订，予以正式颁布。条例明确要求：保护党员享有的各项基本权利，确保他们的权益不受侵害，党员有权有根据地展开批评工作，有权负责地揭发、检举党内

① 十七大以来重要文献选编（上）[M]. 北京：中央文献出版社，2009：387.
② 十七大以来重要文献选编（中）[M]. 北京：中央文献出版社，2011：149.

的违法违纪事实，罢免或者撤换不称职的干部。对于党员提出的上述有关事宜，党组织要及时处理，同时要保护好党员，严禁打击报复检举人。① 这些规定对于维护党员民主权利、加强党内监督起到重要作用。此后，党的十六大、十七大及十七届四中全会等都对保护党员民主权利提出明确要求，为党员民主权利保障制度建设指明了方向。此外，这一时期，党还对党内选举制度进行了改革。这一制度对于维护党员的权益具有重要保障作用，是发挥党员监督作用的有力举措，有助于从源头上监督好党的各级领导干部。这一时期，党通过扩大差额选举比例、改进干部提名制度、完善党内选举程序等方式完善选举制度，这对于选举工作的推进起到了应有的作用。这些措施充分体现了选举人的意志，一大批为人民服务的好干部被选拔上来，侵犯党和人民利益的干部或逐步蜕化变质的干部被罢免或落选，有效维护了干部队伍的先进纯洁。

第三，积极推进党务公开制度。对党务信息的知晓，为监督工作的推进提供可能。强化相关信息的公开力度是健全党内监督制度的基本要求。党务公开就是要增强对关键信息的公开力度，为开展党内民主监督提供前提。为了更好地实现对权力的监督制约，确保党员的知情权，党中央在总结经验的基础上，提出党务公开的思想。党的十六届四中全会强调，“逐步推进党务公开，增强党组织工作的透明度，使党员更好地了解和参与党内事务”②。党的十七大坚持了这一观点，并将这一思想写入党章，以党内大法的形式对党务公开予以保障。2009 年 9 月，党的十七届四中全会在此基础上，进一步强调“推进党务公开，健全党内情况通报制度，及时公布党内信息，畅通党内信息上下互通渠道。”③ 2010 年 1 月，时任中央纪委书记贺国强指出，要进一步完善党务公开工作机制，“建立健全监督检查、考核评价、激励惩处、责任追究等配套制度，提高党务公开工作的制度化、规范化水平。”④ 可以看出，经过多年的发展，党把党务公开思想逐步上升到制度层面加以部署，这是对党内

① 中国共产党党员权利保障条例［M］. 北京：人民出版社，2004：3-8.
② 十六大以来重要文献选编（中）［M］. 北京：中央文献出版社，2011：294.
③ 十七大以来重要文献选编（中）［M］. 北京：中央文献出版社，2011：149.
④ 十七大以来重要文献选编（中）［M］. 北京：中央文献出版社，2011：404-405.

民主制度的创新发展，同时也是对党内监督途径的有效拓展。上述举措提升了党员参与党内事务的积极性，强化了党员对党内事务的监督力度。为了进一步把理论落实到实践中去，2010 年 10 月，中共中央印发了《关于党的基层组织实行党务公开的意见》，既明确了该项工作的重大意义、指导思想与原则，又对该项工作的具体内容与流程等作出详细规定。① 这为基层党员展开监督提供了重要渠道。与此同时，党还在江西、广西等地开展党务公开试点工作，通过实践逐步积累经验，为其他省份完善相关制度提供参考。同年 11 月，中央纪委和中央组织部下发了《关于开展县委权力公开透明运行试点工作的意见》，突出强调了权力公开透明运行对于强化权力监督、从源头预防腐败的重要意义。随后各地根据该意见积极实行试点工作，为全国党务公开制度的建立、完善积累了丰富经验。党务公开制度化水平不断提高，推动党内监督关口前移，有效促进了党内监督制度建设。

第四节　中国特色社会主义新时代的党内监督制度建设

新时代，在全面从严治党的背景下，党中央更加注重制度治党，通过制度的刚性约束减少腐败现象。着眼于构建党统一领导、全面覆盖、权威高效的监督体系，新时代，党全方位强化了相关制度建设。党全面深化纪检监察体制改革，减少工作中的体制障碍，确保监督工作权威高效推进；着力健全相关法规制度体系与实施体系，促进制度完善与落实；创新发展巡视等具体监督方式，丰富监督方式方法，促进顶层设计落地生根；不断完善党内民主监督制度，为监督工作的开展提供基本保障。

一、全面深化纪检监察体制改革

党的十八大以来，党深刻总结经验，及时发现因体制障碍导致的监督效果不佳的深层问题，并对此采取了针对性措施。具体来看，党推进国家监察

① 十七大以来重要文献选编（中）［M］. 北京：中央文献出版社，2011：933-939.

体制改革，完善相关制度，增强监督合力，提升党内监督的权威性；推动双重领导以上级领导为主的重大改革，理顺党内监督领导体制，增强纪委权威性与独立性；突出“两个责任”，强化“三转”，纪委更加聚焦主责主业。在上述各项举措的有力推动下，监督制度更加完善，同时，相关制度在党的支持下，得到了党内同志的积极践行，各项改革逐步推进，在实践中取得良好成绩。

第一，深化国家监察体制改革，增强监督合力，基本实现公权力监督全覆盖。1993 年，为解决党和国家监督机构职能交叉、重复办案的问题，整合党和政府监督力量，我国实行了纪检监察合署办公的体制，并在不久后成立了预防腐败局。中央纪委和监察部的合署办公以及预防腐败局的成立，对党内监督发挥了重要作用，在一定程度上减少了违法违纪、贪污腐化的现象，基本确保了党的肌体健康。但与此同时，也存在各监督机关与各部门各自反腐的问题，监督力量十分分散，腐败存量与增量持续发生，党的自身建设工作遇到挑战。为了改变这一现象，新时代党对纪检监察体制进行了深入改革，力求弥补不足，减少相关体制的弊端。2016 年年初，十八届中央纪委六次全会召开，强调“要坚持党对党风廉政建设和反腐败工作的统一领导，扩大监察范围，整合监察力量，健全国家监察组织架构，形成全面覆盖国家机关及其公务员的国家监察体系。”① 这为后续改革提供了思路。此后，党中央多次审议深化国家监察体制改革和试点工作方案，实行了从局部试点到全面推开再到宪法法律确认的改革路径。2016 年 10 月，党强调要从体制机制、制度建设上先行先试，为改革的全面推开积累经验。同年 11 月，中共中央印发了《关于在北京市、山西省、浙江省开展国家监察体制改革试点方案》，这三个省市先后设立了监察委员会，完成党的相关工作部署，为该项工作在全国的推进积累经验。在此基础上，党决定将相关工作全面推开。到 2018 年 2 月，省、市、县三级监委基本组建完成，同年 3 月，国家监委设立，与此同时，不再保留监察部和国家预防腐败局，将二者并入国家监委。2018 年 3 月，《宪法》增加了关于国家监察委员会的相关规定。此后，各级监委与纪委合署办

① 习近平．在第十八届中央纪律检查委员会第六次全体会议上的讲话［M］．北京：人民出版社，2016：23-24.

公，共同工作、共同完成相关任务，在很大程度上扩大了监督范围，基本实现公职人员监督全覆盖，纪检监察的整体效能得到进一步提升。通过与1993年的改革对比，可以发现，本次改革力度较大，成效也较为明显，且相关工作想要达到的目的非常明确，即加强党的领导，确保监督措施权威高效。同时，1993年，监察部仍接受国务院管理，相当于它的一个工作部门，权力相对有限；而新时代国家监委，则与国务院平行，直接对党中央全面负责，是一个相对独立的国家机关。这是一项有力的举措，监察机关的地位得到提升，对于相关工作的推进提供了强大力量保障。

第二，推动双重领导体制以上级领导为主的重大改革。党的十八大以来，为了避免双重领导体制下，纪委对同级党委监督难的问题，党中央在这一体制的基础上，实行了以上级纪委领导为主的改革，同时推动派驻体制改革，全面提升相关工作的实效性。其一，双重领导体制下，强化上级纪委对下级纪委的领导。2013年，党的十八届三中全会明确提出："推动党的纪律检查工作双重领导体制具体化、程序化、制度化，强化上级纪委对下级纪委的领导。查办腐败案件以上级纪委领导为主，线索处置和案件查办在向同级党委报告的同时必须向上级纪委报告。各级纪委书记、副书记的提名和考察以上级纪委会同组织部门为主。"① "两个为主"的提出改变了以往同级党委在案件查办及人事关系方面对纪委的制约，强化了上级纪委对下级纪委的领导，增强了纪委工作的积极性、权威性与独立性，监督效果得到显著提升，相关工作得到了较好的推进。2014年，党内通过《党的纪律检查体制改革实施方案》，并对查办腐败案件的体制机制出台了相关改革意见，"两个为主"的改革逐步推开。2017年，党的十九大召开。十九大党章强化了上级纪委的垂直领导，强调对于同级党委常委违反党纪的言行，纪委可报上级纪委，由他们初步核实，如果需审查，则由上级纪委报它的同级党委批准。② 这一规定具有重要意义。一定程度上，进一步强化了纪委对同级党委常委的监督，确保重要权力受到制约，提高了纪检工作的有效性。此外，从省级纪委书记的任命来看，

---

① 十八大以来重要文献选编（上）[M]. 北京：中央文献出版社，2014：532.

② 中国共产党历次党章汇编：1921-2017（第2版）[M]. 北京：中国方正出版社，2019：35.

异地互调的形式较以往有所增加，同时，党直接下派的人数亦增加较多。这一举措强化了党中央对纪委书记的直接领导，减少了同级党委对纪委书记人选的干扰，从而加强了纪委对同级党委的监督。其二，对派驻机构统一名称、统一管理，提出派驻监督“全覆盖”的目标。党的十八大之前，派驻机构由中央纪委统一管理的体制初步确立，但实践过程中还存在独立性不够、覆盖面不广等问题，这对于相关工作的推进产生了一定阻碍。为了改变这一现象，弥补相关体制的不足，提升监督效果，新时代，党把派驻体制改革作为纪检监察体制改革的重要组成部分深入推进。党的十八届三中全会明确提出：“全面落实中央纪委向中央一级党和国家机关派驻纪检机构，实行统一名称、统一管理。派驻机构对派出机关负责，履行监督职责。”① 要求派驻机构统一称为“派驻纪检组”，加强中央纪委对派驻纪检组的统一管理。这项改革意义重大，弥补了以前派驻体制的不足，对于相关工作的推进产生积极作用，有效提升了监督实效。在这一思想的指导下，党内发布了多个文件，细化上述改革方案，为派驻制度改革的持续推进提供具体指导。相关改革旨在增强中央纪委对派驻机构的直接领导，并通过加强派出机关在经费、人事等重要环节的管理，来减少驻在部门与派驻机构的利益联结，提高派驻监督的独立性。同时，通过新设、调整派驻机构等，实现中央一级党和国家机关派驻机构全覆盖，扩大了监督范围与面积。党的十九大之后，适应国家监察体制改革的要求，党中央将“派驻纪检组”统一改为“派驻纪检监察组”。这一更名不仅是名称的统一，更是派驻监督组织形式、监督职能与监督对象的深刻变革。改革后，派驻机构的派出单位不仅包含纪委，而且包含监委，接受二者共同领导，权威性更强，监督力度更大。同时派驻机构职能得到扩充，不仅包含纪检，而且包含监察，相关内容进一步丰富；监督对象不再仅仅局限于党员这一单一客体，而是扩展为全体公职人员，监督范围得到扩展，有效实现对公权力的全面监督。派驻监督的内涵与外延都得到进一步丰富。

第三，突出“两个责任”，强化“三转”，推动纪委聚焦主责主业。一个时期以来，管党治党出现了宽松软的问题，究其原因，党内监督责任不明确

① 十八大以来重要文献选编（上）［M］. 北京：中央文献出版社，2014：532.

是其中的重要因素之一。为此，新时代党中央进一步理顺了党内监督各主体的关系，建立党内监督体系，其中突出强调了党委、纪委的责任。习近平总书记指出："要落实党委的主体责任和纪委的监督责任，强化责任追究，不能让制度成为纸老虎、稻草人。"① "两个责任"的明确，是对党内监督理论的创新，对于提升党内监督制度效能意义重大。其一，明晰并落实党委的主体责任。新修订的党内监督条例，围绕责任展开制度设计，明确了党委的主体责任，这一新规定，抓住了全面从严治党的"牛鼻子"，以党内法规的形式保证主体责任的落实，同时该条例突出强调书记是第一责任人，为带动全党履职尽责提供引导，为从根本上解决党内监督责任不明晰的问题提供了制度保证。党的十八大以来，党中央在明晰责任的前提下，对于不认真履行义务，逃避责任的行为强化问责，许多担当意识不强、责任意识淡化、管党治党不力的党员干部和党组织受到惩处。这些举措具有很强的警醒作用，推动了党委认真完成工作任务，为党员群众树立了典范，提升了监督工作的效率。其二，明晰纪委监督责任、推动"三转"，强化纪委专责监督权威。党的十八大以前，纪委的定位是党内监督的"专门机关"，一定程度上导致纪委职能泛化，包揽了党内监督业务及与之相关的很多业务。十八大之后，这一定位逐渐转变为"专责机关"，纪委不再包揽方方面面的工作，而忽略自身的本职工作。较之以往，他们更加注重本职工作，仅负责监督执纪问责，责任与业务更为聚焦。这一定位，明晰了纪委的监督职责，工作内容更为明确具体，形成了从发现问题到执行纪律再到追责问责的完整监督系统，有效减少了大包大揽的问题。为了进一步聚焦主责主业，王岐山还强调："纪检监察机关要转职能、转方式、转作风，明确职责定位，把不该管的工作交还主责部门，做到不越位、不缺位、不错位。"② 一是转职能。十八大以来，党中央对纪检机关进行调整与改革，为其聚焦监督职能提供组织保障；剥离无关业务，恪守职责边界，减少职能缺位、越位问题；同时强化上级纪委的垂直领导，减少办案阻力，为纪委更加专注监督执纪问责提供条件。二是转方式。改进监督

① 习近平谈治国理政（第1卷）[M]. 北京：外文出版社，2018：395.

② 王岐山．聚焦中心任务 创新体制机制 深入推进党风廉政建设和反腐败斗争 [N]. 人民日报，2014-01-28（002）.

方式是纪委高效履职的关键。新时代，为了更好地保护干部，党推动监督关口前移，实行监督执纪“四种形态”。强调对于个别干部的违纪言行，要尽早提醒，及时敲醒警钟，防止他们进一步滑向深渊，犯更大的错误。纪委执纪方式的转变，有助于及时挽救干部，体现了把纪律挺在前面的理念与治病救人的方针，是一种较为成熟的方法，对于实现纪法分开，推动纪委把工作重点聚焦到党纪监督上来意义重大。三是转作风。强化自我监督，加强自身作风建设是纪委履行职能的重要保障。结合实际情况来看，纪检干部丧失理想信念，知法犯法的情况仍在一定范围内存在。这不仅妨害了监督工作的推进，而且容易降低自身威信，丧失人民的信任，对党造成不利影响。为了解决这一问题，防止类似现象增多，新时代，党采取了针对性措施，成立纪检干部监察室，专门强化对纪委的监督，同时，专门印发针对纪检机关的工作规范，强化制度约束，通过党内法规制度把纪委的权力关进制度之笼。加强纪委自身作风的转变，打造可靠的纪检监察队伍，有力提升了监督工作的效率，推动纪委更好地承担自身责任。

二、着力健全党内监督法规制度体系与实施体系

新时代，面对一个时期以来，党内存在的违反政治纪律的问题，党十分重视加强法规制度建设，强调通过制度之笼管住权力。在党的重要思想的指导下，新时代党内监督法规制度建设取得前所未有的成绩。党中央坚持全方位、立体式构建党内监督法规制度体系，确保纪委有法可依；同时，通过强化党内监督法规制度教育与党内监督法规制度的执行与问责，确保知纪守纪与执纪必严，促进相关制度的落实。

第一，创新和完善党内监督制度体系。新时代，针对党内存在的各种违纪言行，党中央始终强调，从完善法规制度着手，解决权力监督不到位而导致的违纪违法问题。具体表现在以下两个方面：其一，完善以党内监督条例为统领的专门党内监督法规制度。2016 年，党修订了党内监督条例，标志党内监督制度体系中主干性法规不断健全与完善。相较旧条例，新修订的条例结合新时代党建工作的理论发展与实践经验进行了多方面创新。如突出把纪律挺在前面的理念，坚持纪法分开，及时提醒与监督党员；清晰划分各监督

主体的责任，解决长期以来责任不明晰、相关制度难以落实的问题；突出强调党的中央组织的责任，发挥其模范带头作用等。① 总体而言，新条例的内容更丰富，思路更清晰，操作性更强。此外，新时代多次修订《中国共产党巡视工作条例》，更加突出政治巡视，明确了监督的重点任务，健全相关实施细则，强化了巡视可操作性；修订《中国共产党廉洁自律准则》，为全党列出廉洁自律“正面清单”，树立道德“高线”；修订《中国共产党纪律处分条例》，为全党划清纪律底线，实现纪法分开，为监督执纪问责指明方向；专门制定针对纪检机构的工作规范，为加强纪检机构自身建设提供制度保障；同时，颁布并修订《中国共产党问责条例》，进一步解决问责不力的问题，通过精准问责提升相关工作的实际效果。2021 年，党还专门制定了针对关键少数的监督意见，把成熟的做法上升为制度规范，破解“一把手”监督难的问题。上述法规形成了从监督到执纪再到问责的循环系统，同时突出领导干部这一重点监督对象、规范纪检机构监督程序，为监督工作的开展提供了直接法定依据。其二，完善其他与党内监督相关的法规制度。例如，坚持完善与民主集中制相关的法规制度。新时代，党内颁布的《中国共产党重大事项请示报告条例》等对强化政治监督意义重大。此外，党中央还注重完善选人用人制度。干部的选拔、任用与管理是管党治党的重要方面，离不开党内监督。新时代，党完善了针对干部选拔的相关规范与条例，科学规定了选人的原则、条件与相关程序，对强化监督、把好“入口关”意义重大；修订《党政领导干部考核工作条例》，通过科学考核与问责的方式对干部工作过程与用权过程展开监督，确保组织肌体健康。综上可见，新时代，党内监督法规制度建设不仅注重与党内监督直接相关的法规制度的完善，而且注重与之相关的制度的完善，注重整体合力的发挥。新时代党内监督法规制度内容规范、程序严密，系统性、法制化水平显著提升，操作性显著增强。

第二，通过党纪教育、严格执纪等方式强化党内监督法规制度执行。党内监督法规制度建设不仅体现在严密的制度体系上，还体现在有效的制度执行中，这是确保相关工作发挥实效的关键环节。为了确保党内监督制度落到

① 中国共产党党内监督条例［M］. 北京：人民出版社，2016：1-24.

实处、见到实效，新时代党中央采取了多项举措，保证相关法规制度贯彻落实。其一，加强党内监督法规制度教育，提高全党维护党规党纪、自觉遵纪守法的意识。知纪守纪是执纪的前提与基础。十八大以来，党采取多种有效措施加强党纪教育，提升党员制度意识，推动他们积极履行职责，执行党纪。2015 年，监督执纪“四种形态”的相关内容强调，对于苗头性错误及时提醒教育，“实现惩处极少数、教育大多数的政治效果和社会效果”①。这一思想有效破解了一个时期以来纪检机关忽视党员日常党纪教育，热衷查办严重违纪问题的错误倾向，抓早抓小的做法及时挽救了很多党员干部。习近平总书记也坚持上述观点，并且在此基础上提出，“党的各级组织要积极探索纪律教育经常化、制度化的途径”②，以此提高党员干部的制度意识、守纪意识，强化党内法规制度的落实。为此，新时代，先后组织了多次党内教育，其中不乏对党内监督相关法规制度的学习，广大党员思想受到洗礼，制度意识、纪律意识不断提高。党纪思想教育，为党内监督法规制度的落实奠定了前提基础。其二，加强监督执纪问责力度，强化党内监督法规制度执行。新时代，党中央多次强调，要强化责任追究，提升党纪权威性，防止相关制度成为“稻草人”。党的十八大以来，党中央强化党委主体责任与纪委监督责任，明确各主体的监督职责，强化党内监督制度执行；推动纪检机关“三转”，去除无关“副业”，聚焦监督执纪问责；精简纪检机关内设机构，撤销、合并与党内监督关联较小的机构，增加纪检监察室数量，明确纪检干部专职专用；推动中央派驻纪检监察机构全覆盖，强化党内监督制度执行力度。同时，坚持纪律面前人人平等，对于违反党纪的党员，一律严肃处理，苗头性问题加强纪律教育，严重违纪的加强纪律执行，查处了一批政治立场不坚定、严重违反党规党纪的党员干部。此外，党还通过召开会议、约谈、处分等方式强化问责力度，有力推动了相关制度的执行。经过全党的努力，党内监督制度建设成效显著，在实践中发挥了应有的作用，并逐步走向成熟。

---

① 中国共产党第十八届中央纪律检查委员会第六次全体会议公报［N］. 人民日报，2016-01-15（001）.

② 习近平. 在党的群众路线教育实践活动总结大会上的讲话［M］. 北京：人民出版社，2014：26.

三、创新发展具有中国特色的党内监督具体方式

顶层设计的落实离不开具体的方式方法。新时代，党中央在继承已有党内监督具体方式的基础上，积极完善旧的监督方式，同时探索新的监督方式，为党内监督制度建设作出突出贡献。具体而言，党中央坚持将巡视作为战略性制度加以安排，同时深化派驻制度改革、完善其他相关的具体监督方式。内容生动丰富，推动监督工作不断向前发展。

第一，完善巡视制度、深化派驻制度改革。新时代，党中央十分重视完善巡视制度，注重发挥其"利剑"作用。党的十八大以来，党结合实践经验，多次修订巡视工作条例，特别是2024年新修订的《中国共产党巡视工作条例》，从体例到结构、从机制到方式、从程序到内容，均进行了全方位、全流程、全要素完善，充分体现了党的自我革命精神，推动监督工作不断向前发展。同时，党还积极规划未来几年的巡视工作，对相关细节做好部署。当前，巡视目标、巡视主体、巡视覆盖面与对象、巡视定位与方针、巡视方式、巡视程序等均不断完善，巡视权威性不断增强，解决了许多党内的突出问题。从巡视目标来看，巡视逐步聚焦全面从严治党，目标导向更为明确。从巡视主体来看，专门领导小组与人员编制的配备，实现了巡视主体专业化、法定化。从巡视覆盖面及巡视对象来看，党内实现了巡视全覆盖的目标，并把巡视制度向下延伸，建立了市县巡察制度，首次把村（社区）党组织纳入县（市、区、旗）党委巡察范围，扩大了监督覆盖面；巡视对象则更加突出领导干部这一"关键少数"，重点突出、巡视精准。从巡视定位和方针来看，党中央坚持政治巡视定位和明确的巡视工作方针。2024年新修订的巡视工作条例在总则部分开宗明义指出，巡视工作是上级党组织对下级党组织履行党的领导职能责任的政治监督，根本任务是坚决做到"两个维护"，坚持发现问题、形成震慑，推动改革、促进发展的方针。这一规定更加鲜明地确定了巡视工作的方向和任务，深刻阐明了巡视工作的定位内涵、职责使命。从巡视方式来看，巡视工作的方式与手段不断创新、优化，党中央坚持把常规巡视与专项巡视结合，实现优势互补；采取"三个不固定"的巡视方式，有效避免巡视组成员与巡视对象产生利益输送关系；同时，坚持"回头看"，查看巡视问

题改进情况，提高震慑力。从巡视程序来看，巡视程序更加规范，党突出巡视结果的运用与反馈意见的落实，各个环节形成有机循环系统。实践证明，巡视制度是行之有效的制度安排，提高了监督效能，有效推进了相关工作的发展。此外，党还坚持改革派驻制度充分发挥其“探头”作用。派驻是党内监督的重要形式。新时代，党中央作出指示，对派驻机构设置、职责定位及领导体制等作出详细规定，为派驻制度改革指明了方向。在这一意见的指导下，党中央不断改进派驻机构设置，作出适当的工作安排，单独派驻主要针对工作量较大、独立性较强的部门，综合派驻主要针对工作性质接近的部门，实践中党坚持了二者的有机结合；党还对派驻机构实行了统一管理，理顺体制机制，增强派驻独立性。上述改革，切实改变了派驻监督弱化的现象，确保监督不留死角。

第二，完善其他党内监督具体方式方法。这一时期，党通过严格组织生活、创新领导干部管理制度等丰富党内监督具体方式，形成许多具有中国特色的监督方式，对于相关工作的开展起到推动作用。其一，严格与党的组织生活相关的制度。一是严格民主生活会制度。党员监督权的落实，离不开他们对党的各项工作的积极参与和了解。民主生活会即是这样的参与渠道，是严格组织生活、发扬党内民主、开展党内监督的重要平台，新修订的《中国共产党党内监督条例》要求民主生活会要实现经常化，及时解决党内面临的突出问题。为此，党中央作出诸多努力。如要求领导干部发挥带头作用，摆正自身位置，踊跃投身民主生活，创造良好的民主生活氛围；民主生活会提出的问题重在落实，会上提了问题，会下要深刻剖析问题产生的根源、明确改正措施并落实到实践中去。二是坚持党内谈话制度。党中央要求，全党要认真开展谈心谈话，发现纪律、作风等方面的苗头性问题要及时提醒，发现轻微违纪现象，要诫勉谈话，本人作出检讨，向组织说明情况。三是用好批评与自我批评这一传统制度。批评与自我批评是发现党内问题、增强自身免疫、净化党内政治生态的重要方式。党员要实事求是指出自身及身边党员存在的问题，并帮助犯错误的同志及时改正，充分发挥民主监督的作用。其二，完善领导干部管理制度。一是完善并严格执行干部考察考核制度。对于干部考察制度，2013 年，党修订了《党政领导干部选拔任用工作条例》，进一步细化了考察的对象、方案等，增加了考察干部可听取巡视机关与纪检机关意见等内容，增强了考察可操作性；对于考核制度，2013 年，党发出指示，要求改进政绩考核工作，强调要改进干部考核方式，以经济、政治、文化、生态等多方面业绩的考核取代以往过于注重经济考核指标的方式。新时代修订的党内监督条例也要求，“严格执行干部考察考核制度，全面考察德、能、勤、绩、廉表现，既重政绩又重政德”①。对于考核失察的党组织与负责人要作出问责处理，有效推动了对党员干部的监督。二是完善领导干部述责述廉制度。领导干部向党委常委会议述责述廉是加强党内监督的重要方式。十八大前后相较，之前这项制度多采用“述职述廉”的表述，之后，2016 年党内监督条例则将其修改为“述责述廉”②，在原来述职的基础上进一步明确了领导干部的职责，述责述廉的重点是领导干部执纪履职及自身的廉洁情况。领导干部作出的报告应作出记录，对相关监督主体公开，接受他们的有效监督。三是完善领导干部报告个人有关事项制度。该项制度在党内存在已久，但是党的十八大前，该项制度多被作为选择性参考凭证，党员干部报告材料被举报时才可能被调阅，监督效能未充分体现。为此，2013 年，党中央下发通知，要求完善这一制度，特别是对上报的材料要进行随机抽查，拟提拔的干部要重点抽查，加大监督力度，防止汇报不实的问题和各类违纪问题的发生。2016 年，新修订的党内监督条例则要求党组负责人相关材料应在一定范围公开，强化监督力度，瞒报、篡改材料者，一律严查。四是建立健全领导干部插手干预重大事项记录制度。十八大之前，党对该项制度作过相关规定，但尚不完善。2016 年，党首次把这项制度写入党内监督条例中，要求对利用职务之便违规干预工程建设、干部选拔等情况加大监督力度，做好相关记录。这为调查违纪案件提供了重要依据。此外，充分利用网络开展党内监督、坚持党内外监督有机结合等方式也逐步成为新时代党内监督的重要方式。这些方式的发展与完善为监督工作的推进提供了具体方法，提升了监督效果。

① 中国共产党党内监督条例［M］．北京：人民出版社，2016：12.

② 中国共产党党内监督条例［M］．北京：人民出版社，2016：13.

四、不断完善党内民主监督制度

民主是监督的基础，是开展好相关工作的基本前提。新时代，党重视相关工作的推进，采取实际行动完善党代会制度，从根本上提升党内民主水平；完善党务公开制度，确保党员知情权，做好党员民主监督的前提性工作；完善保障党员民主权利的各项制度，提升党员参与民主监督的积极性与可能性。

第一，不断完善党的代表大会制度。党的代表大会是党员行使民主权利，实现党内监督最基本的形式，是进行监督工作的重要制度。但由于党代会每五年举行一次，党代会发挥作用有限。为此，新中国成立以来党内尝试对该制度实行常任制，为弥补上述不足提供有效方法，同时，确保他们不仅可以在党代会召开的时候积极参与相关工作，而且可以在闭会之后，经常性展开工作，确保党代会监督权的落实。新时代，党的十八大报告强调，要继续完善上述已有制度，并正式提出“试行乡镇党代会年会制”“实行党代会代表提案制”①，这说明党中央正在充分发挥党代表在反映基层声音中的作用。特别是党代表提案制的正式确立及在全国的推广，对于完善党代会制度意义重大。在党代表提案制下，党代表可以在任期内以书面形式提出属于本级党代会职权范围内的意见和建议，通过提出议案这一制度化的方式推动党代表履职方式常态化，确保党代表正常行使权利。这是保护党员基本权益，保障党员主体权利落实到位的制度性安排，为实现广大党员自下而上的监督权、参与权，增强监督工作实效性提供基本保障。总之，党代会制度的完善，强化了对党委的监督力度，强化了对党委权力的制约，对党的自身建设意义重大。

第二，不断完善保障党员民主权利的各项制度。要发挥党员积极性，提升他们对监督工作的热情，保证他们的民主权利是基础。新时代，党在保障党员民主监督权利方面进行了许多探索。党的十八大报告强调：“保障党员主体地位，健全党员民主权利保障制度，……落实党员知情权、参与权、选举权、监督权。”② 随后这一思想被写入新修订的党章中。2021 年，党内重新修订了《中国共产党党员权利保障条例》，该条例完善了党员监督权的内容、增

① 十八大以来重要文献选编（上）［M］. 北京：中央文献出版社，2014：40.

② 十八大以来重要文献选编（上）［M］. 北京：中央文献出版社，2014：40.

加了多条维护党员监督权的措施，为维护党员的民主监督权提供了根本制度保障。结合与党内监督密切相关的各项民主权利来看，十八大以来，党内重点完善了以下几项党员民主监督权力。一是维护党员的批评权。批评权是指对党员与党组织的错误与缺点进行批评的权利，通过批评可以达到较好的监督效果，帮助党员与党组织改正自身的不足，推动党不断向前发展。党员权利保障条例从制度层面对党员的批评权予以维护，强调党员可以“有根据地批评党的任何组织和任何党员”①。这为党员行使批评权利提供了制度保障，对于监督工作的开展意义重大。二是维护党员的揭发检举权。2016 年，新修订的《关于新形势下党内政治生活的若干准则》特别指出，要“提倡实名举报”“党组织既要严肃处理对举报者的歧视、刁难、压制行为特别是打击报复行为，又要严肃追查处理诬告陷害行为。”② 与准则同时修订的党内监督条例也强调要敢于揭发检举党内违纪违法人员，与邪恶势力做斗争。2020 年 1 月，党针对检举控告工作制定了相关工作规范，也要求纪检机构保护好检举人的基本信息与举报内容，违规者严肃处理。三是保证党员选举权。选举权是党员对领导干部进行选拔、监督的重要形式。党的十八大报告要求完善党内选举制度，改进候选人提名制度，通过第三方监督、无记名投票等完善选举程序，筑牢了党员行使选举权监督干部的基础。

第三，不断完善党务公开制度。确保党员充分了解党内事务与权力行使情况，是畅通监督渠道、推动监督工作向前发展的前提基础。党的十八大报告要求，“推进权力运行公开化、规范化，完善党务公开、政务公开、司法公开和各领域办事公开制度”③。在这一思想的指导下，党不断深化党务公开制度改革，维护党员知情权，畅通党员了解相关信息、积极进行监督的渠道。2017 年，《中国共产党党务公开条例（试行）》出台。条例强调，出台本条例的目的之一是强化党内监督，保障党员知情权、参与权，以此加强党建工作，推动各项方针政策落地生根。党务公开应遵循正确的原则，确保相关工作合法合理、方向正确。条例还对各级党组织党务公开的基本内容作出详细

---

① 中国共产党党员权利保障条例 [M]. 北京：人民出版社，2021：6.

② 十八大以来重要文献选编（下）[M]. 北京：中央文献出版社，2018：431.

③ 十八大以来重要文献选编（上）[M]. 北京：中央文献出版社，2014：23.

规定，强调除涉密事项，其他事项，如党的组织贯彻落实党的各项方针政策情况、领导经济社会发展情况、落实管党治党情况等一般应当公开，对于违反党务公开条例的党组织，应依法追究责任。条例颁布后，党的各级组织积极贯彻落实党务公开制度，并在党务公开方式、宣传载体方面不断创新，通过微信公众号、官方网站、党内会议等拓宽党务公开渠道，形成具有地方特色的党务公开方式。党务公开制度的制定与落实促使权力公开运行，对党组织与党员领导干部产生无形的威慑力，为党内监督创造了良好环境，有效减少了腐败现象与其他违纪违法问题。

第四章

党内监督制度建设的成效、经验与问题

党内监督制度建设取得了重大成就，积累了丰富的经验，同时也存在一些问题。从成就来看，党逐步形成了较为成熟的党内监督制度建设理论、建立了较为科学规范的党内监督制度框架体系、增强了全党自觉尊崇党内监督制度的观念与意识，同时，实现了党内监督制度优势向治理效能的高效转化，取得了良好的实践成绩。从基本经验来看，党内监督制度建设要坚持党的领导，为监督工作的推进提供坚强保障；充分发扬党内民主，夯实党内监督制度建设基础；科学处理纪委与党委、监委的关系，理顺党内监督体制；坚持制度制定与执行并重，增强党内监督制度实效性与权威性；发挥巡视等具体监督方式的优势，提升治理效能；有效结合党内监督与党外监督，增强监督合力。从突出问题来看，党内监督制度执行主体的自身建设有待加强、党内监督体制性障碍依然存在、党内监督法规制度严密性与执行力有待增强、巡视等具体监督方式仍需完善与创新、党内民主监督制度科学化规范化水平有待提高、党内外协同监督制度有待健全。及时总结成效与经验，并发现突出问题，为未来进一步完善相关工作提供了方向指引。

第一节　访谈实施及案例描述

对党内监督制度建设的成就、经验与问题等内容展开研究，离不开实践调研。本部分简要阐述访谈实施情况，并对访谈中的代表性案例进行整理，以此确证调研实施的科学性、合理性和真实性。

一、访谈实施

本节采用实证研究方法，以访谈的形式进行。本次访谈主要围绕党内监督制度建设的历史发展与现实推进展开，为从学术角度提出对策提供科学依据与实践参考，夯实实证研究基础。为了解党内监督制度建设的基本情况，深入分析党内监督制度建设存在的问题，笔者主要参考了中央纪委、国家监委发布的相关数据与典型案例。同时，设计了《中国共产党党内监督制度建设历史发展与现实推进研究》访谈提纲（详见附录）。对吉林省、黑龙江省、陕西省、湖北省、山西省、广西壮族自治区等省（自治区）部分纪委监委工作人员进行了访谈。访谈内容主要围绕相关工作人员的基本信息，党内监督制度建设取得的成就、存在的问题、问题产生的原因，以及新时代进一步加强党内监督制度建设的实践路径等内容展开。

二、案例描述

从访谈的结果来看，访谈对象的观点有重合和交叉。根据被访谈对象对党内监督制度建设理解的不同，笔者以问题为导向，从 14 份访谈结果中梳理出 6 份有代表性的访谈结果纪要（参见表 1），便于更好地呈现访谈结果，并进行文本分析和研究。

表 1　访谈结果纪要

案例序号	案例描述
1	问题-->各执行主体责任落实不够到位 小 A：在纪检监察机构工作多年，我的感受是新时代监督责任明晰之后，党内监督制度建设成效显著，身边的党委、纪委及党员同志基本能积极履行自身责任，投入党内监督制度建设中。但也有少数单位或党员未能认真履行自身职责，自身素养有待加强。比如，个别纪检监察干部，习惯了大包大揽，不该管的副业管了很多。还有的纪检监察干部专业素养与执纪能力达不到要求。从基层党组织与党员的情况来看，个别基层党组织与党员习惯了只做好业务工作，监督积极性有待提高。原因可能是各主体的制度意识、监督意识不够，不愿意把精力投入党内监督制度建设中去；监督能力不强，不能很好地落实相关制度；同时，责任追究也不到位。对此，我觉得首先要加强教育，比如，可以考虑在集中培训与

续表

案例序号	案例描述
1	专题讲座中增加党内监督制度、党委主体责任、纪委监督责任等相关内容的学习，督促党委、纪委、党员们了解清楚党内监督制度的相关内容与自身的责任；也可以通过召开表彰大会、警示教育大会等充分发挥榜样的激励作用与反面案例的警示作用。又如，我觉得还应整体优化纪检队伍的结构，坚持“五湖四海”、德才兼备，多从相关专业引入一些高学历人才，提升专业技能。再如，要加强责任追究，健全考核问责制度。不论是对党委、纪委还是基层党组织与党员，监督责任落实不力、知法犯法，都要及时通报，严惩不贷。
2	问题-->党内监督体制不够健全 小 B：纪检监察体制改革是党内监督制度建设的一个重要方面，双重领导体制改革目前取得重大进展。双重领导体制下以上级纪委领导为主的体制实行之后，纪委对党委的监督力度明显增强，我个人感觉纪委同志的监督权力与工作积极性有较大提升。然而，时下这一体制也存在一些紧要问题，比如，双重领导体制下，党委、纪委的权力边界还需进一步明晰、细化，上级纪委对下级纪委的领导与支持力度还需进一步加强。导致这一问题的原因多种多样，但总体而言，是双重领导体制仍需具体化、制度化。党内监督领导体制改革是一个循序渐进的过程，好比建设一座大楼，既需要做好顶层设计，打好地基，建设主体，也需要完善细节。目前，党内监督领导体制改革也需要在加强顶层设计的同时，完善细节，推动这一体制具体化、制度化、程序化。
3	问题-->党内监督法规制度建设有待加强 小 C：我认为中国共产党成立以来特别是党的十八大以来党内监督法规制度建设成效十分显著，制度体系已经基本建立，相关制度在全面从严治党与国家治理中发挥了十分重要的作用，我们可以明显感觉到，政治生态更加清明，身边的腐败案件减少，人民群众也更加支持与拥护党的领导。但是党内监督法规制度建设也存在一些问题需要解决。一方面，部分党内监督法规制度还需要完善。比如，针对主要领导干部、基层干部以及纪委自身的党内监督法规制度还需进一步完善；又如，有的制度操作性不强，对不如实报告个人重大事项者“一律严肃查处”，但具体追究到何种程度还需进一步量化；对于违反政治纪律、党性不强等问题，具体应该如何追究，把握起来有一定难度。另一方面，部分制度执行不到位。比如，个别地方在执纪中照本宣科，机械执行，没有适应当地的实际情况；一项新制度颁布时，个别地方开会学习与宣传，但是实际执行还需进一步跟进。上述问题主要还是部分党内监督法规制度不完善、执纪人员的制度意识不够，同时问责的相关制度也不够健全导致的。我认为今后需要加强顶层设计，补充发展薄弱的党内监督法规制度，强化对重点对象的监督力度；完善配套措施，细化相关规定，强化党内监督法规制度的操作性，减少执纪的弹性，防止搞变通。同时，加强思想教育，增强各级党委纪委和党员的制度意识与担当精

续表

案例序号	案例描述
3	神，形成严格执纪的良好氛围；加强日常检查，对于执纪工作做得不到位的及时提醒与督促，情形严重的要进行问责，通过惩戒强化制度执行；另外，还应建立健全科学的考核评价机制，对工作做得好的同志给予奖励，调动纪检干部的积极性。
4	问题-->党内民主监督制度不够健全 小 D：党内监督制度建设成效是非常明显的，特别是党的十八大以来，“四风”问题得到有效遏制和解决，重点领域的廉政风险和隐患得到有效防控，党员同志们的纪律意识得到强化。同时也存在一些问题需要解决。从我的工作经验来看，目前党员的监督权利有待进一步落实，相关制度有待进一步完善。比如，党务公开制度不够完善。不少党员有监督的意愿，但是对党内相关工作不够了解，或了解渠道较少。这些问题无形中给党内监督工作增加了阻力。又如，党员民主监督权利保障制度不够完善。部分党员往往不敢展开批评、监督，害怕影响前途。对于此类问题，应该从完善相关制度去解决。完善党务公开制度，在相关条例中细化党务公开的内容、程序，创新党务公开方式，确保党员群众能及时了解党内的情况；完善党员民主权利保障制度，既要健全对行使民主权利的党员的保护机制，也要加强对侵犯党员权利等行为的追究力度，确保党员愿意监督、敢于监督。
5	问题-->巡视制度有待完善 小 E：我认为巡视制度建设取得了很大成绩，巡视“利剑”作用发挥充分。我结合自身工作经历谈谈教育领域巡视制度建设的情况。从相关制度来看，教育部党组制定《中共教育部党组关于进一步加强和改进巡视工作的意见》《中共教育部党组巡视工作规程》，印发《教育部巡视工作规划（2018—2022 年）》，出台系列与巡视工作相关的制度，构建了较为完善的制度体系，实现了国家治理体系的深刻变革。但与此同时，巡视制度建设还存在一些问题。巡视干部队伍方面，专业化巡视队伍建设有待进一步加强。巡视组人员不固定有一定益处，同时也影响了后续巡视整改工作的连贯性；个别巡视干部政治能力不强，从政治高度归纳提炼问题的能力有待提高；还有极个别巡视干部存在“灯下黑”的问题。巡视结果运用与整改方面，巡视结果共享运用机制还不完善，巡视整改绩效追踪评价有待改进。如个别高校在意识形态、选人用人、思想政治理论课建设、师德师风建设等方面的问题整改力度不够。对于这些问题，我认为应启动巡视工作信息化工程，充分运用现代信息技术手段开展巡视巡察；利用好教育系统特别是直属高校巡视巡察干部人才富集优势，进一步完善巡视人才遴选、管理和激励机制，优化巡视干部队伍的梯队层次；同时，建立巡视整改评估机制，推进问题整改，并将巡视成果、整改评估运用到干部考察任用、教育资源分配中。

续表

案例序号	案例描述
6	问题-->党内外监督合力有待加强 小F：我认为党内监督制度建设整体上是不断进步的，我所在单位纪委监委同志都能认真执行相关制度，全面从严治党效果明显。但党内监督制度建设不仅需要逐步完善党内监督制度本身，还需要与党外监督制度形成合力。因为党内监督毕竟是“少数人盯多数人”，对领导干部，八小时之外谁来监督？生活方面谁来监督？这就需要党外各监督主体积极参与进来，全面监督党的领导干部。我认为，当前这方面的工作还存在一定不足。比如，各类监督制度发展不是很平衡。党内监督制度已基本形成体系，人大监督、行政监督、司法监督、审计监督等相关制度也逐步建立。但人民政协民主监督，以及群众、媒体的社会监督等缺乏细致具体的依据。又比如，党内外各类监督主体之间信息交流不够及时，当遇到一些涉及多部门、多领域的案件时，各主体、各部门之间联合查办的效率还有待进一步提升。此类问题的产生，主要还是党外监督制度发展不充分，对党外监督的重视程度也不够。我认为，今后要进一步深化对党外监督重要性的认识，促进党内外各类监督平衡发展，比如，在制度建设上，可以重点加强群众监督制度建设，群众对领导干部而言，就像一双“无处不在的眼睛”，要充分发挥群众的监督作用，实现对权力的全方位监督。另外，还要加强党内外各监督主体之间的信息交流与共享。比如，可以利用大数据管理系统，实现信息共享、线索会商等，推动各领域各部门形成合力，提高对重大案件、复杂案件的处理能力。

第二节　党内监督制度建设的主要成效

中国共产党成立以来，党采取多种措施，推动党内监督制度建设取得诸多成效。具体而言，形成了较为成熟的党内监督制度建设理论、建立了较为科学规范的党内监督制度框架体系、增强了全党自觉尊崇党内监督制度的观念与意识、实现了党内监督制度优势向治理效能的高效转化。系统总结上述成效，对于新形势下进一步深化对党建规律的认识，继而推进相关工作的开展具有重要意义。

一、形成了较为成熟的党内监督制度建设理论

理论是行动的先导。中国共产党成立以来，党中央从不同角度系统阐释了党内监督制度建设的理论，推动相关理论更加成熟，相关内容得到丰富，为纪检机构开展监督工作提供了理论指导。具体而言，党中央牢牢把握了党内监督制度建设的价值内核，明确此项工作的根本出发点在于服务人民，确保权为民所用、情为民所系、利为民所谋；加深了对党内监督制度建设地位的认识，明确相关制度不仅在管党治党中具有重要作用，而且在治国理政中具有重要价值；同时，党深化了对党内监督制度建设规律的认识，在实践中要注重制度本身的严密性与科学性，并维护其严肃性与权威性，同时，要坚持破立并举、抓住领导干部这一“关键少数”、建立党内外协同监督机制等。当然，党内监督制度建设还有诸多其他理论，限于篇幅，本研究挑选了较具代表性的几点内容来探讨。

第一，党牢牢把握了党内监督制度建设的价值内核。不同时期的时代背景不同，根据实际情况，党内监督制度的具体历史任务、建设方式与实践路径也有诸多不同，但其最终目标和价值取向都是为人民服务，确保权为民所用。毛泽东倡导“人民主体”的党内监督价值观，邓小平也强调，要有群众监督制度，让群众和党员监督干部，特别是领导干部，防止他们搞特权。这些思想既强调人民要监督党的领导干部，又反映了监督的目的在于维护人民利益。江泽民指出：“我们的权力是人民赋予的，一切干部都是人民的公仆，必须受到人民和法律的监督。”① 胡锦涛也一以贯之坚持了这一观点，强调“我们的干部是人民公仆，我们的权力是人民赋予的，必须用来为人民服务，必须受到人民监督，以保证人民赋予的权力真正用来为人民谋利益。”② 在这一思想的指导下，各级干部认真工作，得到人民的拥护与好评。进入新时代，党面临的执政环境更加复杂，需要解决的党内问题也更加多样，习近平总书记更加注重党的自我革命，确保各级组织肌体健康。关于党内监督制度建设的价值内核，习近平总书记在延续上述历届领导集体相关思想的基础上，创

① 江泽民文选（第2卷）[M]. 北京：人民出版社，2006：31.

② 胡锦涛文选（第3卷）[M]. 北京：人民出版社，2016：54.

造性地提出了以人民为中心的发展思想，并将这一思想贯穿到党内监督制度建设之中。习近平总书记指出，党勇于自我革命，就在于党始终以人民利益为先。习近平总书记强调，“强化党内监督是为了保证党立党为公、执政为民”①。管党治党关系党的执政根基。为了进一步加强对权力的监督，习近平总书记强调：“让广大干部群众在公开中监督，保证权力正确行使。”② 上述论述充分说明，加强党内监督制度建设的根本落脚点在于强化对权力的制约，确保权力来自人民，服务于人民，确保党始终为人民谋利益，唯有如此，才能厚植党的执政根基，赢得人民的拥护与支持。总体而言，党内监督制度建设的价值内核是一脉相承并与时俱进的，这是对马克思主义党建理论的丰富与发展，也为今后相关工作的推进提供了价值指引。

第二，全面认识了党内监督制度建设的地位与作用。如何认识党内监督制度的地位与作用，决定着各级党组织对这一工作的重视程度，进而影响相关制度的建设成效。结合历史来看，历届党的领导集体都非常重视党内监督制度建设，且随着时代发展，对党内监督制度地位与作用的认识不断深入，相关理论更加全面。毛泽东坚持加强组织监督与民主监督，提出“惩前毖后、治病救人”的基本方针，认为这些制度对于防止个人包办、纠正党内错误具有重要作用。邓小平对制度的重要地位有了更为深入的认识，强调“领导制度、组织制度问题更带有根本性、全局性、稳定性和长期性”③，要恢复并维护党规党纪。这不仅指导了国家各项制度的恢复，而且对党内监督制度建设也具有重要指导意义。新时期，为了减少 1992 年以来越来越多的贪污问题与腐败现象，江泽民要求，“务必切实健全、严格执行党内监督制度。”④ 进入新世纪，胡锦涛也强调：“加强对权力运行的制约和监督，是有效预防腐败的关键。”⑤ 可以看出，这一时期党中央对党内监督制度在党的自身建设中的重要性有了深入认识。但总体而言，对党内监督地位与作用的认识还局限于反腐层面。进入新时代，党对党内监督地位与作用的认识更加系统、全面。具

① 习近平谈治国理政（第 2 卷）[M]. 北京：外文出版社，2017：169.
② 习近平谈治国理政（第 1 卷）[M]. 北京：外文出版社，2018：395.
③ 邓小平文选（第 2 卷）[M]. 北京：人民出版社，1994：333.
④ 江泽民文选（第 1 卷）[M]. 北京：人民出版社，2006：98.
⑤ 十六大以来重要文献选编（中）[M]. 北京：中央文献出版社，2011：602.

体来看，一是党内监督制度建设有助于巩固党的领导地位。习近平总书记强调："我们要保证共产党长期执政、始终为人民谋利益，就必须加强自我监督、自我净化能力，在体制机制层面加大监督力度。"① 可见，加强党内监督制度建设，有助于巩固党的领导地位，解决现实生活中存在的突出党建问题。二是党内监督制度建设有助于全面从严治党。新时代，习近平总书记提出"全面从严治党"的重要命题。党内监督制度建设对于这一工作的推进至关重要。习近平总书记指出，要坚持"把强化党内监督作为党的建设重要基础性工程"②。可见，党的自身建设须臾离不开自我监督，离不开各项监督制度的完善与发展。监督工作的推进，既有助于反腐倡廉，净化党内风气，又有助于促进党纪的落实，增强党纪严肃性，减少违纪言行。三是有助于推动国家治理现代化。理顺各类社会关系，治理好一个国家，离不开完备的制度。新时代，党对党内监督制度形成了充分的认识，并将其纳入国家治理体系，标志党对这一制度地位的认识进一步深入，提升了认识问题的层次与高度，为未来相关工作的推进提供了方向指引。改革开放以来，党加深了对党内监督制度建设重要性的认识，这是对党建理论的丰富与发展，是党建工作取得的一项重要理论成就。

第三，深刻把握了党内监督制度建设的规律。中国共产党成立百余年来，党对监督规律有了一定把握，具体而言，有以下几点认识。其一，要注重顶层设计，增强党内监督制度的科学性与严密性。党内监督制度建设较为复杂，涉及方方面面，需要统筹规划。党始终加强领导，推动相关工作的部署，从顶层作出规划，对党内监督体制及其他相关内容作出重要改革。特别是新时代，党多次强调，要注重监督工作的顶层设计，同时，要本着科学管用的原则，做好配套制度的建设，突出现实针对性，助力主干制度的完善与落实。在这些理论的指导下，党内监督制度体系逐步确立，并在实践中不断完善，取得重要成就。其二，增强党内监督制度的严肃性与权威性。建党以来，党中央多次强调，要尊崇制度、执行制度。江泽民指出，为了保持党的肌体健

---

① 习近平关于严明党的纪律和规矩论述摘编［M］. 北京：中央文献出版社、中国方正出版社，2016：54.

② 十八大以来重要文献选编（下）［M］. 北京：中央文献出版社，2018：409.

康，“务必切实健全、严格执行党内监督制度。”① 新时代，为了解决党建工作中存在的系列问题，党中央不仅在理论上强调制度执行，确保各项纪律成为“高压线”，而且在实践中科学运用这一规律，在处罚违纪案件方面取得显著成效，进一步深化对制度执行的理论认识。总之，只有树立制度治党的思维方式，强化党内监督制度的严肃性与权威性才能增强制度的刚性约束。其三，坚持破立并举。时代向前发展，党面临的问题也各有不同，已有的各项监督制度也需要适应形势发展作出调整。百余年来，党牢牢把握这一规律，坚持破立并举，既坚持制定新的党内监督制度，又坚持做好修改与清理工作，保持了制度自身的健康发展。其四，以领导干部为重点对象。领导干部手中掌握人民赋予的权力，历来是党内监督的重点对象。毛泽东指出，“必须对党员进行有关党的纪律的教育，既使一般党员能遵守纪律，又使一般党员能监督党的领袖人物也一起遵守纪律”②。邓小平强调，“越是高级干部子弟，越是高级干部，越是名人，他们的违法事件越要抓紧查处”③。唯有如此，才能最大限度降低影响，减少违纪现象。胡锦涛也强调，“要重点查办发生在领导机关和领导干部中的案件”④。新时代，习近平总书记坚持严管即是厚爱的原则，加强对领导干部的监督，并重点强调“要健全对一把手的监督制度”⑤。上述论述无疑是对党内监督制度建设理论的重要发展，有助于监督工作扎实向前推进。其五，建立党内外协同监督机制。监督工作的推进，离不开各个方面力量的支持。党内监督制度建设包含的内容丰富、需要协调的事宜众多。该项工作的开展不仅与制度自身的完善程度有关，而且与党外监督制度密切相关，需要多方面协调与配合。党始终坚持这一观点。毛泽东不仅主张党内监督，而且强调人民监督。邓小平也强调：“要有群众监督制度，让群众和党员监督干部，特别是领导干部。”⑥ 江泽民指出，“把党内监督、法律监督、

---

① 江泽民文选（第1卷）[M]. 北京：人民出版社，2006：98.
② 毛泽东选集（第2卷）[M]. 北京：人民出版社，1991：528.
③ 邓小平文选（第3卷）[M]. 北京：人民出版社，1993：152.
④ 胡锦涛文选（第3卷）[M]. 北京：人民出版社，2016：49.
⑤ 习近平. 在第十八届中央纪律检查委员会第六次全体会议上的讲话 [M]. 北京：人民出版社，2016：28.
⑥ 邓小平文选（第2卷）[M]. 北京：人民出版社，1994：332.

群众监督结合起来，发挥舆论监督的作用。”① 唯有如此，才能最大限度、全方位地监督公共权力。胡锦涛也指出，“要丰富民主形式，拓宽民主渠道，扩大公民有序政治参与，保障人民知情权、参与权、表达权、监督权。”② 新时代，党内监督条例也强调，要坚持党内外监督相结合，并对这一内容作出较长篇幅的论述。综上可见，唯有同时发挥党内外多种监督方式的作用，才能全方位、多角度加强对党员的监督力度，促进相关制度落实，切实减少违纪言行。

二、建立了较为科学规范的党内监督制度框架体系

完善的制度是反腐倡廉的根本保障、是开展相关工作的重要依据。百余年来，党内监督制度各子体系的建设水平有了质的飞跃，形成了相对完善的框架体系。于党而言，这是一项十分重要的成就。具体来看，纪检监察体制科学化水平显著提升，相关的法规制度体系不断完善，开展监督工作的具体方式不断丰富、完善，党内监督民主制度不断健全。上述各项成就内容丰富，对党建工作的推进具有重要意义。

第一，纪检监察体制科学化水平显著提升。中国共产党成立以来，党中央高度重视纪检监察体制改革，推动这一体制科学化水平显著提升。其一，推动双重领导体制以上级领导为主的重大改革，纪委独立性与权威性更强。新民主主义革命时期，首个党内监督机构——监察委员会，由同级党代会选举产生，之后该机构历经撤销与重新设置等曲折过程，独立性与权威性相对有限。社会主义革命和建设时期，党内监督机构先后经历党的纪律检查委员会（1949）、党的监察委员会（1955）等组织形式。纪委是党委的工作部门，相比于纪委，随后建立的监察委员会，上下级之间的垂直领导有所加强。十一届三中全会后，党逐步恢复重建党的纪检机关，此时的纪委由党委全体会议产生，以同级党委领导为主，独立性不强，对同级党委的监督有限，不利于相关工作的开展。1982 年，党的十二大对此作出调整，强调纪委接受同级

---

① 江泽民文选（第 2 卷）[M]. 北京：人民出版社，2006：31.

② 胡锦涛文选（第 3 卷）[M]. 北京：人民出版社，2016：47.

党委与上级纪委领导①，同时，对其职权进行了相应的扩充，纪委的独立性与权威性得到很大提升。新时代，党的十八届三中全会进一步凸显了上级纪委的领导力度，提出“两个为主”。这项改革改变了以往同级党委在案件查办及人事关系方面对纪委的制约，增强了纪委工作的积极性、权威性，监督效果得到显著提升，相关工作的推进更加顺利。其二，纪检、监察合署办公，监督合力更强。改革开放以来，在党内监督机构恢复重建的同时，国家行政监察体制也逐步恢复。1986年开始，国家监察部重新设立，不久地方各级行政监察机构也逐步恢复。为了有效遏制腐败现象，1993年，党中央决定中央纪委与国家监察部合署办公。这一举措实施后，党和政府监督工作中的重复、交叉案件及沟通乏力、相互推诿等问题得到有效解决。二者的监督合力大大增强，但是，这一体制下，监察部仍接受国务院管理，相当于它的一个工作部门，权力相对有限，同时，监督范围仅限于行政人员，难以实现公职人员监督全覆盖。为了改变这一体制的弊端，新时代，党稳步推进国家监察体制改革，弥补上述不足。建立各级监委，与各级纪委合署办公，构建起公权力全覆盖的监督体系。通过与1993年的相关改革对比，可以发现，新时代成立的国家监委，与国务院平行，直接对党中央全面负责，是一个相对独立的国家机关。不仅地位得到空前提升，而且监督范围扩大到全国公职人员，基本实现公职人员监督全覆盖，监察体制科学化水平显著提升。总体而言，改革开放以来，纪检监察体制不断完善，相关体制更为健全、科学化水平显著提升，推动监督工作取得显著成效。

第二，形成比较完善的党内监督法规制度体系。法规条文是反腐倡廉的根本保障、是开展相关工作的重要依据。建党百余年来，相关工作在以下几方面取得显著成就。其一，与时俱进修订党章，党内监督法规制度体系的纲领性制度逐步完善。民主革命时期，党的一大纲领及多部党章对党内监督制度作出初步规定。1945年，党的七大党章恢复对监察委员会的相关规定。1956年，党的八大党章建立党的监察机关内部的体制机制。1982年，党的十二大党章写入关于纪检机关的相关内容，对纪检机关的产生、领导体制、权

---

① 十二大以来重要文献选编（上）[M]. 北京：人民出版社，1986：87.

限等一些带有根本性的问题作出规定，内容十分丰富。1992 年，党的十四大党章对派驻制度进行了完善，赋予派驻人员列席有关会议的权力，满足了派驻工作的权限要求。2002 年，党的十六大党章，丰富了纪委的工作任务，强调除以前的基本职责外，还要协助党委反腐、维护党员权利等。这些内容的增加对纪委更好履职起到了重要作用，推动党建工作不断向前发展。2017 年，党的十九大党章，在保留十八大党章关于双重领导体制相关内容的基础上，强调增强纪委的独立性，并增加了与之相应的内容；在保留中央纪委派驻权力的基础上，增加了关于地方纪委派驻权力的相关内容，扩大了派驻范围；同时纪委的职责与任务更加聚焦、细化，并进一步扩大了纪委对同级党委的监督权力。从上述内容可以看出，党章逐步细化、完善党内监督的内容，为相关工作的开展提供了纲领性指导。其二，积极稳妥出台并修订准则、条例，党内监督法规制度体系的四梁八柱基本搭建起来。准则、条例是对党章精神的具体体现，地位仅次于党章。百余年来，党内监督相关准则与条例不断完善。如 1928 年 10 月，党内发布《中央通告第五号——巡视条例》，1931 年，通过《中央巡视条例》。经过不断完善，2009 年，党内颁布《中国共产党巡视工作条例（试行）》，并于 2015 年、2017 年、2024 年等多次修订，突出政治巡视，完善相关配套制度，增强了巡视可操作性。1997 年，党内颁布《中国共产党党员领导干部廉洁从政若干准则（试行）》，2010 年这一准则进行了初次修订并正式颁布。2015 年，党中央再次将其修订为《中国共产党廉洁自律准则》，为全党树立道德“高线”。2003 年，党内颁布《中国共产党党内监督条例（试行）》，这是党成立以来第一部专门针对党内监督颁布的法规制度，于党而言意义非凡。2016 年，党中央对这一条例进行了修订，党内监督的主体及各主体的权责更加清晰。1997 年，党内制定了《中国共产党纪律处分条例（试行）》，并于 2003 年出台了《中国共产党纪律处分条例》，经 2015 年、2018 年、2023 年三次修订，该条例不断完善，为全党划清纪律底线，对严肃党纪意义重大。2016 年，《中国共产党问责条例》出台，并于 2019 年 9 月进行修订，进一步解决了问责不力的问题。此外，党内还制定了其他方面的相关法规，为强化领导干部选拔等方面的监督提供了制度保障。上述准则与条例基本构建起党内监督法规制度的四梁八柱，制度的基本内容也逐步完善。其三，不断完善配套性制度，党内监督补充性制度逐步建立健全。民主革命时期，党内重申“四个服从”纪律，通过《关于中央委员会工作规则与纪律的决定》，作出《关于建立报告制度》的指示等。新中国成立后，党内作出《关于成立中央及各级党的纪律检查委员会的决定》。1979 年，党对中央纪委的工作内容与职权等作出详细规定，为纪检机构的具体恢复指明方向。十三大后，中央纪委还针对官僚主义、涉外活动中的违纪违法行为等制定多个党纪处分单项规定，细化了违纪问题的处理方式；制定了纪检机构案件检查的程序性规范等，提升了党内监督法规制度的实施效能。进入新世纪后，关于领导干部诫勉谈话、函询、述职述廉、问责的办法与规定相继制定，细化了对领导干部的日常监督。新时代，党内颁发了《关于实行党政领导干部问责的暂行规定》等补充性制度。上述配套性制度不断充实，为主干性制度添砖加瓦，党内监督制度的系统性、法制化水平显著提升。综上，建党以来，党内监督法规制度体系不断完善、基本内容渐趋稳定、形式日益规范，整体进入健康、稳定的发展时期，党内监督做到有规可依。

第三，党内监督具体方式方法得到丰富与完善。监督工作纷繁复杂，是一项系统性工程，需要通过一定的手段与方式去落实。民主革命时期，党内逐步通过巡视、请示报告等制度的建立展开党内监督。新中国成立以来，党建立了派驻制度，监督方式不断丰富。改革开放后不久，党中央着手恢复民主生活会制度、巡视员制度及报告制度等，为党内监督工作的开展提供了基本平台与方式。2003 年，党内监督条例用多半篇幅对党内监督具体方式进行了丰富与完善，提出包括巡视在内的十种具体监督方式。之后，党对上述几项制度进行了补充完善。如 2005 年，进一步补充了对诫勉谈话、述职述廉等具体监督方式的执行规范，对具体监督方式的内容进行了细化。新时代，党中央不仅完善已有的监督方式，同时探索了新的党内监督形式。如 2016 年，党中央在新修订的《中国共产党党内监督条例》中，把“述职述廉”制度修改为“述责述廉”制度，进一步凸显了领导干部责任的落实情况；首次把领导干部插手干预重大事项记录制度写入党内监督条例中，为纪检监察机构调查违纪案件提供重要依据。经过改革，在各项监督方式的综合作用下，党内贪污腐化、违反政治纪律等突出问题得到了有效解决。可以看出，百余年来，党内监督具体方式逐渐丰富，且各项方式的实践成效不断提升。

第四，党内民主监督制度不断完善。中国共产党成立以来，党内民主不断发展，为党员基本监督权利的落实奠定坚实基础。一是党代会常任制改革推动党的代表大会制度不断完善。党的代表大会拥有监督权。为了弥补党代会召开次数有限，落实监督责任不够的缺陷，党中央对党代会实行了常任制试点改革，即党的各级代表大会可根据实际需要随时召开，任期内每年至少举行一次会议，这有效确保了党代会对党内各项事务的决策权与监督权。为了完善党代会常任制，党内实行了党代表任期制，即党代表同该届党代会的任期相同，不论在党代会召开期间还是闭会期间都始终行使代表权利，履行相应职责。这对于弥补党代会制度的不足，确保代表们经常性展开工作具有重要意义。同时，党内还确立并完善了党代表提案制度，即党代表归纳总结党员群众意见，以议案形式提交党委，这对保障广大党员自下而上的监督权、参与权具有重要意义。党代会常任制改革疏通了民主监督渠道，是党内监督制度建设的重要成就之一。二是党员民主权利保障制度不断完善。党员是党的细胞，在党内监督制度建设中具有重要作用，是推动相关工作有效落实的组织力量。保障他们的基本权利是实现党内民主监督的基础与前提。民主革命时期，党内积极尝试党的代表大会制度，有效保障了党员发表意见与自由批评的权利。1956 年，党的八大通过完善党的民主集中制，赋予下级组织充分的民主监督权利。1995 年，党内颁布了《中国共产党党员权利保障条例（试行）》，2004 年和 2021 年，党内先后两次修订这一条例，对党员的批评权、揭发检举权、罢免权和选举权等民主监督权力进行了详细规定并不断完善。同时，党内还制定了其他方面的法规制度进行补充。如为维护党员的揭发检举权。2016 年，党在相关制度中提出，要“提倡实名举报”“党组织既要严肃处理对举报者的歧视、刁难、压制行为特别是打击报复行为，又要严肃追查处理诬告陷害行为。”① 党内监督条例也指出，要敢于揭发检举违纪违法人员。2020 年 1 月，针对检举控告工作制定的相关工作规范，也要求纪检机构保护好检举人的基本信息与举报内容，违规者严肃处理。党员民主权利

① 十八大以来重要文献选编（下）［M］. 北京：中央文献出版社，2018：431.

保护制度的完善筑牢了党员行使监督权的基础。三是党务公开制度不断完善。确保党员知情权，让他们得以了解党内的相关情况与基本信息，是他们开展监督工作的前提。为了更好地实现对权力的监督制约，2004 年，党的十六届四中全会明确提出，逐步推进党务公开。2007 年，党的十七大将这一思想写入党章。2010 年，党对基层组织实行党务公开的基本内容与相关程序等作出详细规定。之后，十九大闭幕不久，《中国共产党党务公开条例（试行）》出台。党务公开制度的完善促使权力公开运行，对实现有效监督、减少违纪行为发挥了重要作用。

三、增强了全党自觉尊崇党内监督制度的观念与意识

党内监督制度建设的成效与全党的制度观念密切相关。党中央始终高度重视全党制度观念的培养，增强了全党自觉尊崇党内监督制度的观念与意识。具体而言，党内知规环节的建设持续跟进、党委纪委及相关党员干部的执规意识不断增强、全党的守规意识显著提升。制度观念的增强，为党内监督各项制度的落实奠定了重要思想基础。

第一，知规环节的建设持续跟进。各级党组织与全体党员对党内监督相关制度的知晓是制度观念得以提升的前提条件。若知规环节建设不足，完备的党内监督制度也难以达到理想的监督效果。百余年来，党内监督制度知规环节的建设持续推进。其一，党内监督制度条文逐步凝练，重点突出，便于知晓。制定制度的目的在于运用，方便相关工作的推进。中国共产党成立以来，党内监督制度的内容不断丰富，与此同时，党内也不断加强党内监督法规制度的立、改、废、释，特别是党的十八大以来，党内监督法规制度集中清理、逐步修订，内容更加凝练，重点更加突出，这为知规效果的提升奠定了良好基础。如 1997 年，党用两千余字列出廉洁从政行为规范，随着时代发展，为了更好地适应管党治党的要求，2015 年，党中央将其修订为《中国共产党廉洁自律准则》，内容仅二百余字，廉洁自律规范简约聚焦，党员干部熟记于心，“对标对表”更为方便快捷；改革开放以来，纪委始终把作风建设作为己任，为了整顿党风，2012 年，党内通过了“中央八项规定”，相关内容仅六百余字，简洁明了，为党员及党组织认知、认同作风纪律提供了便利；

《中国共产党党内监督条例》内容翔实，却也只有千余字，特别是新时代修订后的监督条例，监督内容与目标更加具体，党内监督体系更加完善、相关主体责任更加明晰，为相关工作的推进提供了良好基础。总体而言，上述法规简约凝练，便于党员知晓和理解，知规效果良好。其二，党内监督法规制度的宣传教育形式多样，教育成效显著。民主革命时期，党注重纪律教育，通过党校宣讲、成立学习组等宣传党内法规制度，其中不乏党内监督的相关内容。新中国成立后，党新建了许多党校、干部院校，以及工农速成学校、干部业余理论学校、夜间党校等，这些机构的建立，对于党内监督法规制度的宣传起到一定作用。改革开放初期，各级纪委以党章等为主要内容，深入开展了宣传党纪、条规的轮训工作，提高党员干部对党内监督法规制度的知晓程度。1996 年，按照中央纪委六次全会的要求，党内普遍开展了党风廉政建设、党纪政纪条规教育工作，并组织了相关知识竞赛活动，参与范围十分广泛，教育效果良好。新时代，先后组织了多次党内学习教育，强化了知纪效果。同时，针对党内监督条例等，开展普遍性的宣讲与教育活动，并进行知识测试，广大党员思想受到洗礼。另外，党还拍摄《永远在路上》《巡视利剑》《红色通缉》《国家监察》《叩问初心》《零容忍》等多部专题片与警示片，通过真实案例对党内监督相关条例进行生动解读、传播，对党员进行警示教育，促进了党员对党纪法规的认知认同，整体上知规状态良好。

第二，执规意识不断增强。长期以来，一些地方党组织与纪委中，不同程度地存在执规意识不强的问题。为此，党内通过多种方式提高各级党组织、各级纪委及相关党员干部的执规意识。一是发挥“关键少数”的示范作用，以上率下推动执规意识的提高。牢牢抓住“关键少数”，发挥“关键少数”的引领示范作用，是党内监督制度建设的一条重要经验。中国共产党成立以来，历届领导集体始终坚持以上率下，从自身做起，对于党内的各项纪律，领导干部首先带头执行，进而带动其他党员看着学、跟着做。事实表明，正是由于党善于抓“关键少数”，才形成一级做给一级看的示范效应，提升了全党的执规意识。二是明确相关主体的责任，以责任落实推动执规意识的提高。针对因责任不清晰导致的执规意识不强、制度执行不力的问题，党中央结合实际情况找准主因，在党内监督条例中明晰了“两个责任”。通过明晰责任，执规执纪的压力层层传导，切实提升了各级党委、纪委的执规意识。三是通过帮扶与教育的手段，推动执规意识的提升。针对执规意识不强的单位，党内通过谈话、座谈、教育等方式及时予以指导和提醒，教育相关部门切实整改执规意识不强、执规不力的情况。四是强化监督与问责力度，通过刚性约束推动执规意识的提高。党内执规意识不强的一个重要原因在于问责力度不够，导致许多规定无法落实下去。为此，党内颁布《中国共产党问责条例》及其实施办法，对党委纪委执规、履职情况加强监督。对于管党治党不力、有制度不执行、担当意识不强的，既追究当事人的责任、也追究相关负责人的责任，以问责促进制度落实。据中央纪委数据显示，仅 2014 年至 2017 年，“全国共有 7020 个单位党委（党组）、党总支、党支部，430 个纪委（纪检组）和 6.5 万余名党员领导干部被问责”①。追责力度的加大对于提升执规意识起到重要作用，选择性、片面性、机械性执规的现象有所减少。通过上述各项举措的实施，建党以来特别是新时代，党委、纪委及相关领导干部的执规意识显著增强，为党内监督各项制度的执行奠定了重要思想基础。

第三，守规意识显著提升。党内监督制度建设的成效，最终取决于全党的思想与行动。建党以来的各个历史时期，党中央都十分重视党内监督制度的权威性与严肃性，通过教育、惩戒、问责等方式督促各级党组织和党员干部不断增强制度意识，确保制度执行。进入新时代，党中央更是坚持完善党内监督法规制度学习内容、创新教育形式，发挥典型案件的警示教育功能等。为了进一步巩固学习效果，党内明确提出党员干部理论学习制度化、常态化的要求，其中党内法规是各级党组织学习的必修课程。把相关党规党纪、党内监督理论的学习融入日常生活，并建立相应的考核机制，促进党规党纪内化于心，引导广大党员干部增强制度意识，有效增强了全党的守规自觉性。目前，广大党员自觉接受监督的意识日益提升，按规矩办事、按规矩用权的观念不断增强，绝大多数党员能自觉遵守党规党纪，有规不依的现象得到有力纠正。党的十八大以来，党内坚持凡提必查，干部基本根据真实情况对党进行汇报，相较以前，守规意识得到提升。

---

① 十八届中央纪律检查委员会向中国共产党第十九次全国代表大会的工作报告［N］. 人民日报，2017-10-30（001）.

四、实现了党内监督制度优势向治理效能的高效转化

推动党纪法规落地生根，在党和国家治理中发挥了重要作用。具体来看，党内监督制度建设在减少违纪行为，强化党的战斗力方面发挥了重要作用，解决了党的路线方针政策执行不力、党的领导弱化、党的建设缺失等突出问题，有效维护了党中央权威和集中统一领导；刹住了党内的不正之风，促进党风政风与社会风气明显改善；维护了党纪严肃性，有效遏制了腐败案件增长势头。同时，相关制度的完善与落实推动了国家治理体系现代化，对于人民事业的发展意义重大。

第一，有效维护了党中央权威。确保管党治党的责任落到实处，巩固党的领导核心地位，保证全党积极贯彻落实党的路线方针政策是监督工作的首要任务。民主革命时期，党通过建立党内监督机构，建立巡视制度、请示报告制度等，维护了党纪严肃性与党中央权威，为民主革命的胜利提供了重要保障。新中国成立后，监督机构及党的内部工作制度不断完善，法规制度与配套措施不断建立，有效树立了党中央权威，为恢复国民经济与应对国内外风险挑战起到重要作用。党的十一届三中全会以来，相关制度的落实在巩固党的领导核心地位、促进党建工作发展方面发挥了重要作用。改革开放之初，由于“文革”对党内监督机构与制度的破坏，党的建设停滞、党中央权威受到严峻挑战。党深刻总结经验教训，从恢复重建各级党内监督机构、改革党内监督体制机制、制定相关法规等方面着手，拨乱反正、加强对违法乱纪分子的查处，强化党的自身建设，逐步恢复、巩固党的权威，确保各项工作步入正轨。20 世纪 80 年代末，世界局势动荡不安，国内也面临风险与挑战。同时，随着社会主义市场经济体制的建立，拜金主义、享乐主义等资本主义腐朽思想也逐渐反映到党内。为了适应国内外形势的变化，积极应对各方面的挑战，党中央制定并严格执行党内监督相关法规制度，同时加强党规党纪教育，坚定不移地查处违反政治纪律的言行，坚决反对否定四项基本原则、削弱党的领导的错误思想和言论，确保全党在大政方针上同党中央保持高度一致，积极落实党的方针政策。进入 21 世纪，党深刻认识到世情、党情、国情的变化对党的自身建设带来诸多挑战。为有效应对自身面临的“四种危险”

与“四大考验”，党内出台了党内监督条例等法规制度，把维护党的团结统一、保持党的先进纯洁作为根本目的，要求全党严格遵守民主集中制，并查处了挑战中央权威、贪污受贿、滥用权力等方面的违纪案件，在保持党的先进纯洁、维护党的领导核心地位方面发挥了重要作用。新时代，面对一个时期以来党建工作存在的突出问题，党在吸取经验教训、广泛搜集意见的基础上，修订党内监督条例，明确把维护党的集中统一领导、落实管党治党责任等作为重要内容写入其中，在推动全党同党中央保持高度一致方面发挥了重要作用；深化纪检监察体制改革，理顺党委纪委关系，加强对各级党委特别是“一把手”的监督，确保全党令行禁止；发挥巡视制度“利剑”作用、派驻制度“探头”作用，保障全党遵守党的各项纪律特别是政治纪律，熟悉各项法规制度，预防各类违纪行为。可以看出，中国共产党成立以来，党内监督制度建设有效抵制了各类错误思潮、应对了各类挑战、解决了党的领导弱化、党的建设缺失等突出问题。当前，全党在思想与行动等各方面更加统一，党的执政能力也显著提升。

第二，党风政风与社会风气明显改善。党内监督制度为全党提供具体行为准则、约束党员干部的不良作风和行为，并在制度执行中把相关文化内化为党员的思想自觉，促进党风政风的改善。民主革命时期，党通过建立党内监督机构、严格执行党纪等，清除党内非马克思主义思想，防止官僚主义歪风滋长。新中国成立后，党通过成立纪委、监委，加强党纪教育与严格执纪等，防止党员骄傲自满，祛除不正之风。改革开放之初，资本主义腐朽文化乘隙而入，冲击着党员的思想。为了改善党内风气，党的十一届三中全会明确新的历史时期必须“维护党规党法，切实搞好党风”[①]。这为纪检工作指明了方向，纪检机构通过实际行动，有效净化了党内风气。随后十二大党章在纪委的职责范围中增加了“协助党委整顿党风”的内容。经过党内监督制度的恢复重建，纪委在履职过程中纠正了部分党员的错误言行，减少了党内的形式主义等不良风气，密切了党群关系。之后，市场经济的发展，使得拜金主义、享乐主义等不正之风在党内兴起，对党的建设工作造成一定冲击，影

① 三中全会以来重要文献选编（上）［M］. 北京：人民出版社，1982：14.

响了群众对党的看法。对此，党内专门制定了关于廉洁从政的相关规定，为党员立起从政的基本规范，有效改善了不正之风。进入新世纪，为了继续保持党的纯洁，党印发了第一部党内监督条例，为纪委强化权力监督、督促广大党员遵规守纪提供了基本规范；制定了纪律处分的相关规定，为党员划出“不能为”的纪律“底线”，通过惩戒等措施帮助党员抵制不良之风、减少违纪行为；修订关于廉洁从政的相关规范，进一步列出“道德高线”，引导广大党员筑牢思想防线，廉洁自律。新时代，着眼于严峻复杂的党风廉政建设形势，党在新修订的党内监督条例中，把“廉洁自律、秉公用权”“加强作风建设”等内容纳入其中，督促各级纪检机关整顿党内风气，净化党员心灵，防止“四风”反弹回潮。此外，党内还强化问责力度，对与问责相关的内容与程序作出相关规定，为遏制党内不正之风提供了刚性约束。经过努力，党内监督制度建设及时刹住了歪风，党内政治生态得到净化，党内成员自觉接受监督的意识增强。同时，党风政风的净化带动了社会风气的改善，社会上形成了关注党和国家大事、积极举报案件线索、全民共抓腐败、积极参与社会治理的风气，各类监督主体的合力显著增强，党内政风与社会风气持续转好。

第三，维护党纪严肃性，有效遏制腐败案件增长势头。中国共产党成立以来，党内监督制度建设在维护党纪的严肃性、遏制腐败案件增长势头方面发挥了重要作用，组织涣散、党纪松弛等问题得到有效解决，反腐败斗争取得良好成绩。民主革命时期，为解决投机腐坏分子贪污、吞款、“揩油”等问题，党中央设置监察委员会等机构履行党内监督职责，遏制腐败现象。新中国成立后，党中央加强城市驻军纪律，强化监督力度，防止“糖衣炮弹”侵袭。改革开放之初，党内监督机构及相关体制机制、法规制度恢复重建。一经恢复，中央纪委就成立领导小组，严查反革命集团罪行，作出相应党纪处分，重塑党纪严肃性。党的十二大到十五大的十几年间，各级纪委着重打击经济犯罪活动，严惩投机诈骗、走私盗窃、贪污腐化、失职渎职等案件。党的十六大以来，纪检机关继续保持反腐强劲势头，加强廉政建设。进入新时代，着眼于一段时间以来党纪松弛、组织涣散等问题，党内修订党内监督条例，把贯彻“四个服从”、严明党纪特别是政治纪律等情况作为监督工作的重点，推动党委、纪委加强党纪建设，落实相关责任；修订《中国共产党纪律处分条例》作为监督条例的补充与延伸，维护党纪严肃性与权威性。同时，党中央深化纪检监察体制改革，增强纪委的独立性与权威性。近年来，在纪检监察高压震慑下，一批违纪违法人员投案自首、数千外逃人员被追回（见表2）。另外，纪检监察体制改革后，执规力度与深度前所未有，不敢腐的威慑显著增强。正如习近平总书记指出的，"党的十九大以来，全国纪检监察机关充分发挥新体制的治理效能，收拢五指，重拳出击，不敢腐的震慑效应充分显现，一批腐败分子投案自首，标本兼治综合效应更加凸显。"① 此外，党中央还通过发挥巡视"利剑"作用与派驻"探头"作用，发现了大量腐败、违纪等方面的问题，有力惩治了违纪违法行为，从而维护了党纪的严肃性。据统计，"中央纪委审查的案件中，超过60%的线索来自巡视"②。充分证明了巡视制度在维护党纪、严惩腐败中的重要作用。纵观十八大以来管党治党的历程，党中央既坚持猛药去疴、刮骨疗毒，查处了一批"大老虎"，又加强对基层干部的监督管理，强化对基层的巡察工作，反腐工作受到各国人民的赞扬，充分显示了全面从严治党的显著成效，监督制度的优势与各级纪委的监督能力得到充分彰显。

表2　2018-2021年反腐败斗争中主动投案人数与追回外逃人员人数③

年份	主动投案人数	追回外逃人员人数
2018	5000余名党员干部	1335
2019	10357	2041

① 习近平．在新的起点上深化国家监察体制改革［J］．求是，2019（05）．

② 十八届中央纪律检查委员会向中国共产党第十九次全国代表大会的工作报告［N］．人民日报，2017-10-30（001）．

③ 数据来源：十九届中央纪委第三次到第六次全体会议工作报告。具体参见：赵乐际．忠实履行党章和宪法赋予的职责 努力实现新时代纪检监察工作高质量发展［N］．人民日报，2019-02-21（004）．赵乐际．坚持和完善党和国家监督体系 为全面建成小康社会提供坚强保障［N］．人民日报，2020-02-25（003）．赵乐际．推动新时代纪检监察工作高质量发展 以优异成绩庆祝中国共产党成立100周年［N］．人民日报，2021-03-16（002）．赵乐际．运用党的百年奋斗历史经验 推动纪检监察工作高质量发展 迎接党的二十大胜利召开［N］．人民日报，2022-02-25（002）．

续表

年份	主动投案人数	追回外逃人员人数
2020	16000	1421
2021	38000	1273

第四，推动了国家治理体系和治理能力现代化。党内监督制度是国家治理体系的重要组成部分。党在自身建设过程中兼收并蓄，结合党情、国情与世情的变化创造性发展，不断补短板、强优势，促进党内监督各项制度逐步完善。党内监督制度不断建立健全，基本形成较为完善的法规制度体系；同时，党不断推动监督体制改革，提升纪委的权威性与监督能力；巡视制度、派驻制度等具体监督方式也不断完善；党务公开制度、党员民主权利保障制度等不断健全。党内监督各项制度的建立健全推动了国家治理体系的完善。另外，党内监督各项制度优势的发挥，提高了党和国家治理能力。党内监督各项制度优化权力配置、确保权力正常行使，有效监督和制约了公共权力，减少了党和国家各部门、各领域滥用权力的现象，解决了国家治理现代化中权力规范运行的基本问题，在相关工作的推进中发挥了重要作用。党内监督制度不仅规范了权力运行，而且督促党不断增强自身执政能力，有效提高了党的执政水平，增强了党处理各类重大问题的本领。各级纪委始终把坚持党的领导、促进国家大政方针政策的落实放在首位，在不同历史阶段，加强对党的路线方针政策落实情况的监督检查，确保全党在各方面工作中保持统一步伐。在党的坚强领导下，党和国家事业取得历史性成就、发生历史性变革，同时党带领人民创造了经济快速发展和社会长期稳定两大奇迹，这是党内监督制度优势的充分彰显，是党和国家治理效能的充分显现。

第三节　党内监督制度建设的基本经验

历史表明，加强党内监督制度建设需要坚持党的领导，为相关工作的推进提供坚强保障；充分发扬党内民主，夯实党内监督制度建设基础；科学处理纪委与党委、监委的关系，理顺党内监督体制；坚持制度制定与执行并重，增强党内监督制度体系性与权威性；发挥巡视等具体监督方式的优势作用，提升治理效能；充分发挥多个执行主体的作用，坚持党内外监督相结合，增强监督合力。深刻总结上述基本经验，有助于加强新发展阶段党内监督制度建设，强化党对权力的监督与制约，坚定不移将党建工作向纵深推进。

一、坚持党的领导，为党内监督制度建设提供坚强保障

党内监督制度建设是一项复杂的系统性工程，包含的内容丰富、需要协调的事宜众多。该项工作必须坚持党的领导，这是确保相关工作向前发展的根本保证。党内监督制度建设的历程表明，党的领导为相关制度的完善提供方向指引与力量支撑。抓住了党的领导就抓住了党内监督制度建设的根本。

第一，党的领导为党内监督制度建设提供方向指引。历史实践表明，监督工作能否保持正确的发展方向与是否坚持党的领导密切相关。民主革命时期，党内监督制度初步建立，党内监督机构历经建立、取消、再建立等曲折过程。党的领导正确有力之时，党内监督制度发展较快，战争环境削弱党组织的力量、影响党的领导之时，党内监督制度发展缓慢。新中国成立后，在党的正确领导下，纪委建立、党纪教育不断强化，各级党组织对党内监督制度进行了许多有益探索。改革开放之初，党内监督制度建设百废待兴。为了适应党的自身建设需要与国家发展需要，在党的正确领导与指引下，各级纪检机构得以恢复重建，相关工作制度也逐步恢复。各级监督机构摆正自身位置，承担起拨乱反正、平反冤假错案的重任，为各项工作的恢复与改革开放的顺利进行奠定了重要基础。党的十三大开始，我国开启政治体制改革，逐步推进党政分开，这一过程中撤销了行政系统的党组纪检组。实践证明，党政分开在一定程度上弱化了党对行政系统纪检工作的领导，行政部门党员违纪行为明显增多，党风政风有所恶化。为了改变这一情况，党适应形势发展需要对党内监督体制作出重大改革，实行纪检监察合署办公，逐步解决了党的领导弱化带来的违纪问题，行政系统纪检工作逐步走上正轨。新时期新世纪，党中央越来越重视制度建设。江泽民多次强调，“党内监督要有效，监督

工作水平要提高，有赖于党内制度建设的加强。”①随后，党内进行多次改革，推动党内监督向制度化、规范化方向发展。进入新时代，党中央多次召开会议，部署完善党和国家监督体系的相关事宜，确保相关工作深入贯彻，党内监督制度改革的时间表与路线图逐步清晰，前进方向逐渐明朗。百余年来的历史表明，党的领导，为各项监督制度的初步恢复与深化发展指明了方向。新时代正在推进的党内监督体制机制改革仍面临许多压力与障碍，在今后仍需继续坚持党的领导，为制度改革提供正确指引。

第二，党的领导为党内监督制度的改革与实施提供强大力量与坚强后盾。党的领导不仅为党内监督制度的恢复提供方向指引，而且为相关制度的改革与实施提供强大支撑力量。一方面，党的领导为党内监督制度改革提供力量支撑和坚强后盾。改革也是革命。党内监督制度改革是一场关于党的自身建设的革命，这一过程充满阻力与艰辛。建党以来，关于党内监督制度的改革不断向前推进，但体制方面深层问题的改革在十八大以前推进得相对缓慢。新时代，党中央成立全面深化改革领导小组推进各项改革，确保党的部署落地生根，这为党内监督制度改革的推进提供了强大的组织保障。在党中央的坚强领导下，很快推进了党内监督体制改革、巡视制度改革与派驻制度改革等多项改革。国家监察体制改革后，纪检监察合署办公，党内监督制度改革的规格与层次也进一步提升，很快相关改革大刀阔斧地展开，多项改革逐步推行到全国。党的十九大进一步将“党统一指挥”摆在党和国家监督体系建设的第一位。各项试点工作，也始终强调落实党委的主体责任，确保改革顺利进行。可以看出，党内监督制度深层问题的改革与党的坚强领导密切相关。这启示我们，今后推进党内监督制度改革需要继续坚持这一基本经验。另一方面，党的领导为党内监督制度的实施提供力量支撑和坚强后盾。确保相关制度落地生根是党内监督制度建设的关键环节与难点痛点，相关问题的解决须臾离不开党的领导与支持。从中国共产党成立以来特别是党的十八大以来党内监督制度实施情况来看，党委的领导与支持是党内监督制度得以有效落实的中坚力量。具体来看，党始终坚持法规制度教育，通过教育把监督内容

① 江泽民．论党的建设［M］．北京：中央文献出版社，2001：207.

内化于心，提高党员监督意识与能力，为相关制度的贯彻落实奠定基础；同时，严惩违纪行为，问责责任人，维护党内监督制度的权威性与严肃性。党的十八大之前，党的领导弱化，党内监督制度相对软弱无力，贪污腐化现象增多。而这一现象在新时代得到根本扭转，违纪的领导干部纷纷落马，许多大案要案得以顺利结案，这与党中央的坚强领导密不可分。历史充分说明，党的领导在党内监督制度建设工作中具有强大的推动作用，没有党的领导，纪委难以发挥应有的作用。因此，党的领导始终是纪委履行职责、积极展开监督工作的坚强保障，今后仍需牢牢坚持这条基本经验，为相关工作的推进提供根本保证。

二、充分发扬党内民主，夯实党内监督制度建设基础

党的建设历史表明，民主与监督密不可分，二者互相促进。全党要充分认识二者的关系，并在此基础上采取有效的措施，不断完善党代会制度、保障党员民主权利、完善党务公开制度等，为相关工作的推进奠定基础。

第一，党内民主是党内监督制度建设的重要基础。民主的发扬程度与监督工作的实践效果密切相关。前者是后者的重要基础，后者是前者的重要保障。正因为二者的密切关系，党内监督制度建设要抓住重点，做好前提性工作，以充分的民主确保监督工作的实践效果。邓小平曾指出，“无论党内的监督和党外的监督，其关键都在于发展党和国家的民主生活，发扬我们党的传统作风”①，充分说明了民主的基础性地位。从党内监督权力的来源来看，无论是组织监督的权力还是党员民主监督的权利都来自人民、来自人民在民主基础上形成的法规制度。因此，加强党内监督制度建设必然要从充分发扬党内民主着手，从源头上为以“权利”制约“权力”奠定法定基础。从党内监督的实施来看，相关工作的关注重点是掌握权力的党组织与党员，若没有民主权利作为保障，监督工作很难向前推进，党员很难实现对权力的有效监督。可见，不论是从党内监督权力的来源来看还是从相关制度的实施来看，党内民主都处于基础性的地位。如果对这一问题认识不清，相关工作做得不到位，

① 邓小平文选（第1卷）［M］. 北京：人民出版社，1994：215.

党内监督制度也难以落地生根，难以发挥有效作用。结合党的建设历史来看，什么时候党内民主发展充分，纪检机构的工作就能取得良好的效果；否则，党内监督制度建设便会遭遇曲折。比如，改革开放前，党内相关制度尚未恢复，由于缺乏必要的环境与氛围，党员权利得不到保障、各项监督制度被迫中断，党内监督日趋弱化。改革开放后，党深刻认识到党内民主是党的生命。在此基础上，党中央通过完善党的代表大会制度，从根本上提升了党内民主水平；通过完善党务公开制度，确保了党员的知情权，为做好党员民主监督工作提供了基本前提；通过完善民主生活制度，调动了党员批评与自我批评的积极性；通过完善保障党员选举权、检举权等民主权利的各项制度，提升了党员参与民主监督的积极性与可能性，确保干部合理用权。历史表明，党内民主是党实现自我净化、自我完善的基础。只有充分发扬党内民主，才能增强各监督主体的活力，确保党内监督制度建设沿着正确的轨道向前发展。

第二，发扬党内民主，离不开各项举措的推动。建党百余年来，党积累了丰富的发扬党内民主加强党内监督制度建设的经验。一是注重完善党的代表大会制度，从根本上提升党内民主水平。党代会是党员行使民主权利的重要制度设计，也是党的重要监督机关，在党建工作中具有重要作用。民主革命时期，党尝试建立党的代表大会制度及代表会议制度。新中国成立后，党对这一制度进行了改革与完善。改革开放后，党尝试在地方进行常任制试点，有效弥补这项制度的不足之处，同时，确保他们不仅可以在党代会召开的时候积极参与相关工作，而且可以在闭会之后，经常性展开工作，确保党代会监督权的落实。新时代，党中央继续完善党代会制度，正式提出“试行乡镇党代会年会制”“实行党代会代表提案制”，为党代表反映党员声音提供更丰富的渠道。这启示我们，今后要继续完善党代会制度，为提升党内民主水平提供制度保障。只有注重完善党代会制度，才能打通党员行使民主权利的基础通道，进而为党员充分行使选举权、监督权提供可能。二是尊重党员民主权利，保障党员主体地位。党员是党的细胞，在党内监督制度建设中具有重要作用，是推动相关工作有效落实的组织力量。建党以来，党始终尊重党员民主权利，保障党员主体地位。为了切实维护党员权益，党专门制定了党员权利保障条例，并在 2004 年进行了完善，确保他们的基本监督权得到保障。

新时代，党多次强调，“保障党员主体地位，健全党员民主权利保障制度”①。历史经验表明，只有通过完善各项制度，确保党员各项民主权利得到落实，畅通党员参与党内事务的渠道，才能调动其积极性，实现对党内权力的制约与监督。三是不断完善党务公开制度，确保党员享有知情权。监督的前提是掌握干部履行职责与使用权力的信息。党务公开是党员群众知晓关键信息，展开党内监督的基本条件。2004 年，党的十六届四中全会明确提出逐步推进党务公开，2007 年，党的十七大报告将这一思想写入党章，2010 年，党内印发《关于党的基层组织实行党务公开的意见》，推动相关工作向下延伸，积极积累经验。2017 年，中央出台《中国共产党党务公开条例（试行）》。党务公开逐步向制度化方向迈进。结合党的历史可以看出，党始终重视完善党务公开制度，确保关键信息与履职情况为党员群众所知晓，不断提升权力运行的透明度，强化外界监督。正是因为该制度的不断完善，党内权力逐步在阳光下运行。今后要继续完善党务公开制度，为党内监督创造良好环境，铲除滋生腐败的土壤，切实减少违纪违法问题。

三、科学处理纪委与党委、监委的关系，理顺党内监督体制

党的建设历史表明，党内监督效能如何与相关体制机制是否完善密切相关。要充分认识到，党内监督制度建设需要理顺内在体制关系，为相关工作的推进提供助力。具体而言，既要正确处理党委与纪委的关系，理顺党内监督领导体制，又要正确处理纪委与监委的关系，发挥合署办公的合力。

第一，正确处理党委与纪委的关系，理顺党内监督领导体制。纪委是党内监督的专责机构，是维护党纪、强化党内监督最重要的主体之一。但在不同历史时期纪委的监督成效有所不同，历史表明，这与党内监督的领导体制密切相关。新民主主义革命时期，首个党内监督机构——监察委员会，由同级党代会选举产生，之后该机构历经撤销与重新设置等曲折过程，独立性与权威性相对有限。1949 年，党的纪律检查委员会成立，纪委是党委的工作部门，对党委的监督力度有限。1955 年，为加强对党委的监督，党的监察委员

① 十八大以来重要文献选编（上）[M]. 北京：中央文献出版社，2014：40.

会成立，监督力度有所加强。改革开放之初，全国纪检机关逐步恢复重建，但此时的纪委由党委全体会议产生、受同级党委领导，独立性有待加强，对同级党委的监督有限。1982 年，党的十二大党章对此作出重大调整，明确各级纪委由党代会产生，接受上级党委和同级党委的双重领导。纪委的独立性与权威性得到提升，监督效果增强。但结合实践来看，这一时期上级纪委对下级纪委的垂直领导仍比较薄弱，纪委的人事任免、编制、经费等仍由同级党委决定，因而，对同级党委的监督受到制约。为了解决这一问题，党的十八大以来，党中央在双重领导体制下强化了以上级纪委领导为主的改革，改变了以往同级党委在案件查办及人事关系方面对纪委的制约，纪检监督的效果得到前所未有的提升。在纪检监察高压震慑下，违纪现象明显减少，不敢腐的威慑明显增强。综上可以看出，在党的十八大以前，纪委的监督作用与监督效力相对有限，主要原因在于党内监督体制机制不健全，党委与纪委的关系没有理顺。党的十八大之后，党内监督领导体制“两个为主”的改革，有力加强了纪委的独立性，减少了工作中的阻力，提升了工作效能。可见，理顺内在的体制关系是党内监督制度建设的重要抓手，唯有如此，才能保证党内监督专责机构的独立性，才能推动制度优势转化为治理效能，有效增强监督工作的实效性。

第二，要正确处理纪委与监委的关系，发挥合署办公的合力。纪委与监委是我国履行党政监督职能的两大重要机构，要正确处理纪委、监委的关系，强化监督效果。1949 年，我国政府部门即设立人民监察委员会，负责监督行政系统工作人员的纪律及工作情况。1954 年，我国设立国家监察部继续履行这一职能。由于这一时期国家监察工作主要由党组织领导并牵头统一进行，1959 年，二届人大一次会议决定取消监察部。实践证明，这一改革导致以党代政、党政不分的问题逐渐凸显，为党和国家事业发展埋下了隐患。改革开放之后，党深刻反思，积极总结经验教训，加强政治体制改革，其中一项重要内容是推动党政分开。适应这一形势，1987 年，党的十三大召开后，纪检、监察两大监督机构也逐步分开，各自反腐。纪委主要负责党内监督，监委负责政府的纪律监察。随后，行政系统党组纪检组逐步撤销。实践证明，改革的效果有待加强。一方面，党、政部门多数同志为党员，监督对象重合度较高，纪委与监委完全分开工作，出现了职责不清、办事重复、效率低下的问题。另一方面，党的执政地位往往通过政府的决定与命令具体表现出来。因此，二者的监督工作联系紧密。国务院及省级政府各部门党组纪检组逐步撤销，一定程度上弱化了党对行政部门的领导，行政部门纪律有所涣散。为了改变上述情况，1993 年，中央纪委与国家监察部合署办公，实行“一套班子、两块牌子”的体制，一体履行党内监督、行政监察两项职能。新体制下，党政监督职能交叉的问题得到解决。但是随着时间推移，党内出现纪检机关、监察机关、预防腐败局、检察机关等多个监督机构，多种监督形式并存，监督力量分散，导致监督工作的推进受到影响。新时代，党继续深化国家监察体制改革，成立各级监委，各级监委与纪委共同工作、共同完成相关任务。通过与 1993 年的相关改革对比，可以发现，之前的监察部仍接受国务院管理，相当于它的一个工作部门，权力相对有限，监督范围有限。而新时代成立的国家监委，则与国务院平行，直接对党中央全面负责，是一个相对独立的国家机关。监察机关的地位提升到前所未有的高度。同时，这一改革打破了公权力监管盲区，对于提升监督效能意义重大。历史表明，唯有正确处理纪检、监察机构的关系，才能有效发挥监督合力，提升反腐效率。同时，在合署办公过程中要正确推进纪委监委的融合与重塑，通过建立健全体制机制实现职能、人员及工作程序等各方面的重铸，才能有效推进监督工作。这是我国纪检监察体制改革的一条重要经验。

四、坚持制度制定与执行并重，增强党内监督制度实效性与权威性

法规条文是反腐倡廉的根本保障、是开展相关工作的重要依据。回顾历史，可以看出，党始终按照党内监督的基本要求，制定、调整、充实相关法规制度，构建党内监督法规制度体系。同时，将严格执行制度作为重要着力点，通过加强监督执纪问责力度，确保相关制度落地生根，维护党内监督法规制度的权威性与严肃性。

第一，不断完善党内监督法规制度体系。完善的法规条文是反腐倡廉的根本保障、是开展监督工作的依据与基础。建党以来，党始终坚持制定党内监督法规制度，并根据实际情况的需要，推动其渐成体系，为各项监督工作

的开展提供制度遵循。民主革命时期，党章及其他党内法规对党内监督作出初步规定。新中国成立后，相关制度不断完善。改革开放之初，针对党规法纪废弛的现象，党中央深刻认识到党内法规制度建设问题的重要性。修订党章，制定相关法规制度，对党内监督体制及党内监督的基本纪律、原则、方法等作出初步规定，同时制定了程序性规范，这些规定确保党内监督有章可循，为党内监督的恢复重建起到重要作用。十三届四中全会后，党中央继续加强党内监督法规制度建设，构建了以《中国共产党党内监督条例》为核心、以配套性制度为补充的党内监督法规制度，党内监督法规制度稳步发展、渐成体系。新时代，面对一个时期以来，管党治党宽松软的问题，党中央从制度层面采取了关键举措，党坚持全方位、立体式构建党内监督法规制度体系，清理了一批与实际不适应的法规，修订党内监督条例等一系列法规条文，完善了纪委的工作规范，为其开展工作提供直接法定依据。上述历史表明，党内监督法规制度建设要遵从规律，根据事务发展的实际情况不断完善。既要完善单个制度，又要构建体系，注重不同法规之间的协调性、系统性，推动不同类型、不同位阶的法规各展其长；同时，还要做好党内监督法规制度的评估、清理与修订完善工作，与时俱进推进党内监督法规制度的科学发展；另外，还需坚持“于法周延、于事简便”的原则，强化制度的可操作性。这是党内监督制度建设积累的宝贵经验。

第二，加强党内监督制度建设要以强化相关法规制度的执行为重要着力点。各项制度的完善固然重要，但科学完善的制度关键要看能否落实到管党治党的实践中去。建党以来，党始终坚持党内监督法规制度的制定与执行一体推进，以钉钉子精神推进制度落实。针对党内纪律涣散的情况，毛泽东强调，要严惩违纪行为，并处决了刘青山、张子善等典型。邓小平强调，“对于违反党纪的，不管是什么人，都要执行纪律，做到功过分明，赏罚分明，伸张正气，打击邪气。”① 在这一思想的指导下，党在实践中推动党规党纪教育，提升党员执纪意识，同时惩处了反革命集团的罪行与党内的一批贪污腐化分子，彰显了党内监督法规制度的威力，维护了党纪的权威性与严肃性。

① 邓小平文选（第2卷）[M]. 北京：人民出版社，1994：147.

新世纪，胡锦涛也强调，“要落实党内监督条例，严格执行党内监督各项制度”①，并重点查处了经济领域的大案要案，推动相关制度落地生根，取得一定成效。新时代，习近平总书记更是以强化制度执行为着力点，加强相关制度建设，发挥制度应有的“高压线”作用。在实践中，党中央进一步明确党委主体责任与纪委监督责任，以强化问责力度推动制度执行，同时，查处了一批政治立场不坚定、严重违反党规党纪的高级干部。执纪力度可谓前所未有，有效减少了违纪言行，推动相关制度建设取得重要成效。纵观党内监督法规制度建设历程，不难看出党中央强化制度执行的坚定决心，有效解决了长期以来存在的党内监督制度难以执行的顽疾。强化执纪及问责力度，是今后仍需坚持的一条宝贵经验。

五、发挥巡视等监督方式的优势作用，提升党内监督制度治理效能

党内监督的落实离不开具体监督方式的支撑。没有具体方式方法作为坚实的载体，党内监督工作也难以取得良好效果。回顾历史，可以看出，党始终注重发挥巡视监督与派驻监督的优势作用，充分彰显党内监督制度的威力。同时，不断丰富监督工作的方式方法，注重发挥其他党内监督具体监督方式的重要作用，不断提升治理效能。这是今后纪检机构开展工作仍需继续坚持的一条基本经验。

第一，注重发挥巡视监督与派驻监督的优势作用。建党以来，党注重提升监督工作的水平，在这一过程中创造了许多有效管用的方式方法，其中许多方法已上升为成熟的制度。如巡视、派驻即是其中优势作用较为明显的制度。就巡视监督而言，其作为一种自上而下的监督形式，党中央及相关制度给予了巡视组充分的支持与授权，因而，这一制度具有天然的权威性与独立性。这种权威性与独立性在很大程度上打破了信息壁垒，能广泛、深入地搜集到被巡视单位、基层群众的意见，为巡视监督发现问题、形成震慑提供政治保障，进一步提升了监督效能。巡视监督的权威性使得其能对巡视区域的党委特别是“一把手”进行监督，有效破解了同级监督太软的难题，百余年

① 胡锦涛文选（第3卷）[M]. 北京：人民出版社，2016：55.

来，巡视制度已逐步成为管党治党的“利剑”与“前哨”。就派驻监督而言，派驻机构由上级纪检监察机构派出，具有“派”的权威与优势，有助于解决国家机关领导干部监督难的问题；同时，派驻机构常驻被监督部门，可以近距离了解各机构履行职责、落实党纪的具体情况，具有其他监督方式不具备的优势，有助于解决上级监督太远的难题。在我国，派驻监督存在已久。但建立之初，派驻监督的优势作用并不明显，之所以会产生这样的结果，就在于派驻机构受到被监督对象，即驻在部门的领导与制约，派驻小组无法对其展开有效监督。为此，新世纪特别是党的十八大以来，党中央进行了数次改革，逐步实现对派驻机关的统一管理。他们在监督过程中，受到的掣肘减少，只对派出机关负责，提高了派驻监督的独立性。目前，派驻机构聚焦“监督”这一主要职责，不断提升监督实效，在管党治党中发挥着越来越重要的作用。正是基于上述优势，党中央通过发挥巡视“利剑”作用与派驻“探头”作用，发现了大量腐败、违纪等突出问题。巡视制度与派驻制度已成为纪检监察机构发现问题、形成震慑的重要方式，是管党治党的“前哨”，对于强化纪律检查、开展反腐工作发挥着不可替代的重要作用。今后要继续坚持，发挥二者的重要作用，充分彰显党内监督制度的威力。唯有如此，才能切实提高监督的实际效果，为党建工作的推进提供重要保障、贡献重要力量。

第二，不断丰富党内监督方式方法，发挥其他具体监督方式的综合作用。除上文所述两项制度外，党在实践过程中还创造了许多其他有效管用的监督方法，其中许多方法也上升为制度。如2003年制定的党内监督条例，详细规定了述职述廉、信访处理等十种具体监督制度。在此基础上，新时代，党中央完善了已有的十项具体监督方式，并创造性地建立了领导干部插手干预重大事项记录制度，并在实践中科学运用，推动上述各项监督方式在党建工作中发挥了重要作用。党内监督的具体方式方法不断创新完善启示我们，新发展阶段仍要继续完善并创新党内监督具体监督制度，不断丰富党内监督方式方法，为党内监督提质增效提供多种渠道与具体支撑。同时，建党百余年来，党始终重视同时运用多种监督方式，并善于发挥不同监督方式自身的优势作用。如对于领导干部中出现的作风问题、轻微违纪问题等，一般运用谈话、诫勉、批评与自我批评等方式抓早抓小，及时发现苗头性问题，早做提醒；

对于滥用权力，违规干预干部选拔、项目建设等违纪问题，则做好相关记录，为调查相关违纪案件提供重要依据；对于与领导干部密切相关的事项，采用领导干部报告个人有关事项制度，并对报告材料进行核对、监督与审查，其中，即将晋升的干部的材料予以重点关注，加大对领导干部的监督力度。上述方式往往综合运用，发挥各自优势，通过多种渠道全方位监督各级领导干部。综上可见，只有不断创新党内监督的方式方法，并注重多种监督方式的综合运用，发挥各自优势，才能充分发挥具体监督制度的合力，提升党内监督效果。

六、坚持党内监督与党外监督相结合，增强监督合力

党的执政地位决定了强化自我监督是第一位的、是基础性的。与此同时，也需看到，党内监督属于同体监督，其监督成效往往与党的自觉性密切相关，监督效力与权威性具有自身的局限性。国家监督、民主监督及社会监督等党外监督则属于异体监督，在约束力与实效性等方面具有自身优势，可以有效弥补同体监督的不足。党的建设历史表明，加强党内监督制度建设要注重党内外监督相结合，以党外各监督主体的力量督促党内监督制度的贯彻落实，增强合力作用。民主革命时期，毛泽东多次强调在加强党内监督的同时，也要强化人民监督。新中国成立后，党沿用了这一思想。改革开放初期，党在逐步恢复党内监督机构与相关制度的同时，也逐步恢复了党外监督机构与相关制度，如人民代表大会的监督权在《宪法》中逐步得到体现，社会监督也越来越受到党的重视。1994 年 9 月，党中央强调："要把党内监督同群众监督、舆论监督、民主党派和无党派人士的监督结合起来，把自上而下和自下而上的监督结合起来，逐步形成强有力的监督体系"①。新世纪，胡锦涛也坚持了这一观点，并突出强调，"要丰富民主形式，拓宽民主渠道，扩大公民有序政治参与，保障人民知情权、参与权、表达权、监督权。"② 这一时期，人民群众的监督对发现腐败问题、贯彻落实党内监督制度起到重要作用。新时代，习近平总书记在党的十八届六中全会上强调，要把党内监督同其他各类

① 十四大以来重要文献选编（中）［M］. 北京：人民出版社，1997：965.

② 胡锦涛文选（第 3 卷）［M］. 北京：人民出版社，2016：47.

监督相结合，此次大会通过的党内监督条例用一章的篇幅详细阐述了坚持党内外监督相结合的相关内容。实践中，新时代党深化国家监察体制改革，同时自觉接受各民主党派、群众、新闻媒体等主体的监督，及时解决了党内的贪污腐化、不讲政治等突出问题。党的十九大也强调，“构建党统一指挥、全面覆盖、权威高效的监督体系，把党内监督同国家机关监督、民主监督、司法监督、群众监督、舆论监督贯通起来，增强监督合力。”① 在这一体系中，党内监督起主导作用，其他各类监督发挥补充与支撑作用，二者相互联动，共同发挥监督合力。2019 年，党的十九届四中全会进一步强调，增强各类监督之间的协同性，为未来党内外协同监督机制的构建指明了方向，推动相关工作继续向前发展。可以看出，党内监督制度建设较为复杂，不仅与其自身建设状况密切相关，而且与党外各类监督紧密相连。建党以来，党始终注重这一特点，并根据实际情况不断做出调整，综合发挥各类监督的合力作用，有效解决了党的自身建设存在的突出问题，推动党跳出治乱兴衰的历史周期率，为党内监督制度建设积累了宝贵的经验。

第四节　党内监督制度建设的短板与不足

百余年来，党内监督制度建设取得巨大的成就，积累了丰富的经验。同时，也应看到其中存在的短板与不足。具体而言，党内监督制度执行主体的自身建设有待加强、党内监督体制性障碍依然存在、党内监督法规制度严密性与执行力有待增强、巡视等具体监督制度仍需进一步完善与创新、党内民主监督制度科学化规范化水平有待提高、党内外协同监督制度有待进一步健全。

一、党内监督制度执行主体的自身建设有待加强

任何制度的发展都离不开执行主体的贯彻落实。党内监督条例规定，党

① 十九大以来重要文献选编（上）[M]. 北京：中央文献出版社，2019：48.

内监督的主体包括党的中央组织、党委（党组）及其工作部门、纪委、党的基层组织和党员等。其中，最主要的监督主体分别为党委与纪委，二者在推进相关工作中的作用至关重要。当前，党的中央组织充分发挥了以身作则、率先垂范的引领作用。极个别党委、纪委、党的基层组织与党员的自身建设还有待进一步提升，相关责任有待进一步落实。具体而言，有的党委党内监督主体责任的落实工作有待进一步深入，纪检监察队伍专业化建设有待进一步加强，基层党组织与党员监督意识有待进一步增强。

第一，极个别党委党内监督主体责任有待进一步落实。中国共产党成立以来，在加强党内监督制度建设的过程中，逐步明确了党委在管党治党中的主体责任。各级党委主动承担责任，推动党内监督工作取得显著成绩，与此同时，有的党委的主体责任还有待进一步落实。访谈中，有的党委认为对党员进行监督与纪律教育是纪委的责任。究其原因，一是极少数党委缺乏承担主体责任的意识与能力。有的党委未充分认识到党内监督首先是政治责任，对自身主体责任认识不足，认为党内监督主要是纪委的工作，相关责任应该由纪委承担，不愿主动抓相关工作。应充分认识到，这些观念是片面的。习近平总书记指出："现在的一大问题是选人的人不管人、不监督人，有的党委不管监督，干部一出事就把挑子撂给纪委，这是不行的。"① 除此之外，还有党委存在担当精神不足、担当能力不强的问题，极少数对党员干部疏于管理，导致党员走上违纪的道路，未承担起监督主体责任。相关数据显示，2014 年至党的十九大，全国共有 7020 个单位党委（党组）、党总支、党支部，430 个纪委（纪检组）和 6.5 万余名党员领导干部被问责。② 二是主体责任模糊。党委内部包含多个组成部分，其中各组成部分都在党内监督中承担着相应的义务。具体包括党委集体责任、党委书记第一责任、分管领导的领导责任。在党内监督实践中，有的同志脱离本地实际，机械执行文件，导致主体责任模糊；个别党委并未搞清三者的界限，导致出现问题需要问责时，难以分清楚是哪个主体的责任。三是主体责任考核机制与问责机制不健全。从主体责

---

① 习近平关于严明党的纪律和规矩论述摘编［M］. 北京：中央文献出版社、中国方正出版社，2016：123.

② 十九大以来重要文献选编（上）［M］. 北京：中央文献出版社，2019：61-62.

任考核机制来看，有的单位的考核主体单一，主要以上级党委考核为主，未将群众等社会主体的意见纳入其中；有的单位考核方式不够科学，主要以听取汇报为主，考核内容不够深入；有的单位考核结果运用不足，未将考核与干部的选拔任用相关联，导致考核作用未充分彰显。从主体责任追究制度来看，有的单位责任追究力度有待加强，存在避重就轻，大事化小的倾向；有的单位对相关责任的区分度不明显，有的以党委集体责任取代个人责任，导致党委主体责任追究不全面等。正是因为上述原因导致党委主体责任落实不到位，管党治党宽松软问题仍然存在。全面从严治党工作的加强，亟待加大落实党委主体责任的力度。

第二，纪检监察队伍自身建设有待进一步加强。任何制度的执行，都要落实到具体的人的身上。纪检监察队伍是党内监督制度建设的专责队伍，其自身建设水平与党内监督制度建设水平息息相关。通过中央纪委、国家监委公布的相关案例以及访谈发现，纪检监察队伍建设取得显著成绩，但与此同时，还存在以下几方面问题。一是有的纪检监察干部政治素养有待提高。思想是行动的先导，能否有正确的认识与坚定的立场对行动能否顺利进行有重要影响。纪检干部身处党内监督工作一线，其政治素养对纪检监察工作的开展具有重要影响。当前，有的纪检监察干部理想信念不坚定，面对腐败分子的拉拢与腐蚀，淡忘了党的宗旨，导致党内监督出现“灯下黑”的现象。有的纪检监察干部政治立场不坚定，导致党内监督制度难以有效贯彻落实。二是有的纪检监察干部监督能力与执纪水平与新形势的发展不相适应。党内监督制度建设离不开专业化的组织队伍，当前有的纪检监察干部的监督本领还有待提高。纪检干部中，“有的理论学习联系实际不紧，把职责、工作和自己摆进去不够，思想认识跟不上形势发展要求；有的履职能力不强，法治素养和执纪执法本领有待提高，对政治监督的内涵和方式认识不深、把握不准；有的斗争精神不足，对‘一把手’和同级监督意识不强、办法不多；有的自我监督约束不严，违纪违法问题仍有发生，防止‘灯下黑’任务依然繁重，等等。”① 纪检监察干部队伍无论是从监督能力上，还是从执纪水平上都有上

① 推动新时代纪检监察工作高质量发展 以优异成绩庆祝中国共产党成立 100 周年［N］. 人民日报，2021-03-16（002）.

升空间。三是纪检监察组织队伍仍不够稳定、晋升渠道不够畅通。目前，纪检监察领导干部往往身兼数职，有的干部的本职监督工作有时变成了副业，有的纪检监察干部临时抽调，对相关业务刚熟悉，又被交流到其他岗位，队伍建设不够稳定，业务水平有待提高。另外，针对纪检监察干部的关怀有待加强，纪检监察干部的晋升渠道不够通畅，特别是少数纪检岗位晋升渠道未被打通，影响了工作积极性。四是针对监督者的自我监督机制不够健全。双重领导体制改革后，纪检监察机构的独立性与权威性得到显著提升，党内监督效果显著，与此同时，谁来监督监督者，亦成为重要问题。

第三，基层党组织与党员监督意识有待进一步增强。基层党组织与党员不仅是被监督的对象，同时也是对党的上级组织与领导干部进行监督的重要主体。由于政治生活中，基层党组织与党员更多被强调要严格遵守党内监督制度，要自觉服从于上级监督，受此影响，部分基层党组织和党员主动展开监督的制度意识还有待增强，自身监督职责落实不到位的问题依然存在。百余年来，基层党组织与党员的党内监督制度意识有了很大提高，但总体而言，仍存在一些问题。有的基层党组织与党员埋头业务工作，认为严格监督会影响相关工作的开展；有的基层党组织与党员思想上不重视、不作为、怕担当，认为党内监督是上级党组织、领导干部与纪委的事情，自身不犯错误即可，不愿主动监督；也有少数基层党组织与党员不愿意得罪人，认为监督上级会影响前途，监督同级会伤害感情，监督下级会丢掉选票，导致监督事宜被搁置。究其原因，党员监督意识薄弱，与党内监督制度教育不充分有很大关系，当前党内监督制度教育有了长足进步，但总体而言，相关教育机制尚待完善，未形成特定的教育模式与固定的教育制度。总体而言，制度意识内化于心、外化于行仍任重道远。

二、党内监督体制性障碍依然存在

历史表明，党内监督效能如何与相关体制机制是否完善密切相关。百余年来，党内监督体制改革取得诸多成就。同时，这一体制依然不同程度地存在一些障碍，具体而言，主要表现为以下两个方面：

第一，双重领导体制下以上级纪委领导为主的体制改革任重道远。如何处理党委与纪委的关系，既坚持党对纪委的领导，又保证纪委可以有效监督同级党委，是党内监督体制改革的一个难点与痛点。党内监督领导体制大致经历过“党委领导体制”“双重领导体制”“双重领导体制下以上级纪委领导为主的体制”等发展阶段。纪委独立性与权威性逐步增强，一定程度上克服了纪委难以有效监督同级党委的困境。但结合实践来看，双重领导体制下以上级纪委领导为主的体制改革仍处于初步探索阶段，具体化、制度化与程序化水平还有待进一步提高，纪委对同级党委的监督仍不够严格。这主要是由以下几方面因素引起的。一是双重领导体制下，党委、纪委的权力边界不够清晰，导致该体制的落实受阻，进而导致纪委对同级党委特别是“一把手”的监督乏力。习近平总书记指出：“这些年发生的一把手腐败问题，很少有同级纪委主动报告的。”① 说明在纪委对同级党委展开监督时存在不够严格、过于宽松的问题，尤其是对“一把手”的监督力度不够。这主要是因为当前同级党委对纪委的领导权限、领导内容与领导范围等缺乏更为具体的规定，导致党委、纪委权力边界不够清晰；同时，尽管党明确了纪委对同级党委的监督权力，但纪委监督同级党委的主要内容、监督范围与监督权限等尚不具体，边界尚不清晰，由此导致纪委监督权无法进一步落实；除此之外，纪委监督同级党委的方式方法与程序步骤等不够具体，监督仍缺乏基本依据，影响了监督的有效进行。二是针对于下级纪委，上级纪委的领导不够具体，如上级纪委如何领导下级纪委查办案件、对下级纪委主要干部的提名考察、经费与福利待遇等如何管理，仍需进一步细化。综上可以看出，由于体制性障碍，纪委与党委、下级纪委与上级纪委的关系存在难以厘清的地方，由此导致纪委独立性、权威性不足，限制了监督能力的提升。

第二，纪委与监委在国家监察体制改革后开启合署办公的新阶段，也由此产生一些新问题。纪委监委合署办公是继承党的建设历史经验的结果，也是适应时代发展、提高监督效率的必然选择。但同时，纪委监委合署办公后，二者职能、人员的重塑与融合等也面临一些新的问题，如何更好地发挥二者的合力，还需进一步探索。一是纪委监委应如何设置内部机构、安置人员等，

---

① 习近平关于党风廉政建设和反腐败斗争论述摘编［M］. 北京：中央文献出版社、中国方正出版社，2015：59.

才能既体现各自的独立性，又凸显合署办公的优势。一方面，从机构设置来看，在“一套机构、两个名称”的组织原则下，纪委监委内部机构的设置与职责划分问题逐步凸显。根据国家的相关规定，“两委”合署办公后，实行“一套机构、两个机关名称”的组织原则。在这一原则下，“两委”内部的机构若按照工作职责重新设置、实现充分融合，则机构变动较大，影响改革的平稳性。若保留“两委”原有机构，仅调整数量，则有可能面临如何体现纪委与监委的个性的问题；同时，纪委办案依据为党内法规，监委办案依据为《监察法》。这就决定了纪委与监委的机构职能会存在差异，如何在实践中做出具体的调整，目前各地仍在探索之中。另一方面，从人员安置来看，“两委”原工作人员及从其他机构转隶而来的人员如何合理安置的问题逐步凸显。新设立的监察委员会，工作人员主要由检察系统及行政系统相关人员转隶而来，监委与纪委合署办公后，不同人员的思维方式、工作习惯、知识结构如何融合？这些人具有丰富的办案经验，但执法监督的业务技能如何进一步提高？另外，从检察系统转隶而来的人员原来的待遇较高，为确保改革平稳进行，各地仍保留了这部分人员原来的身份与待遇，合署办公后，检察系统转隶而来的人员与纪委原来的工作人员将在同一场所办公，工作量相近，但待遇相差较大，纪检监察机关内部的工作人员将面临不同管理和晋升序列。二是纪委与监委在各自展开执纪与执法的过程中，面临着执纪与执法如何衔接的问题，同时，如何更好地坚持纪法分开也需要引起重视。在我国，具有党员身份的公职人员较多。根据数据统计结果，“我国公务员队伍中党员比例超过80%，县处级以上领导干部中党员比例超过95%。”① 这些人员既是纪委的监督对象也是监委的监督对象。合署办公后，针对这一庞大群体的违法违纪问题，纪委监委介入案件的先后顺序、介入的标准如何确定？执纪与执法如何实现有效衔接？现有的党内法规与《监察法》都未对此作出相应规定。另外，纪委监委合署办公后，如何更好地坚持纪法分开的原则，避免对党员的监督过于宽容，纪委监委在监督中需要对这一系列问题作出实际考量。

---

① 习近平．在第十八届中央纪律检查委员会第六次全体会议上的讲话［M］．北京：人民出版社，2016：22-23.

三、党内监督法规制度严密性与执行力有待进一步增强

党内监督法规制度为党内监督提供基本规范与条文依据，具有刚性约束的作用。目前，党内监督法规制度体系基本健全，但仍然存在具体内容不够完善，严密性有待增强的问题，这一问题与党内监督法规制度顶层设计的相对滞后性密切相关。同时，党内监督法规制度落实力度有待加强，主要表现为机械执行、选择性执行、象征性执行、运动性执行、规避执行等。这一问题与党员制度意识薄弱、相关主体权责不明晰、监督问责力度不够、制度执行的保障机制不够完善等因素密切相关。

第一，党内监督法规制度具体内容还需进一步完善，严密性有待增强。主要表现在以下几方面。一是针对重点对象的党内监督法规制度仍需完善。首先，当前对主要领导干部特别是党政“一把手”的监督制度尚不健全。百余年来，党十分重视对领导干部的监督，但结合实际来看，由于“一把手”对同事与下属利益的决定性影响，“一把手”一直以来都是党内监督的难点与痛点。专题片《永远在路上》记录了原武钢集团党委书记邓崎琳的自我剖析，他说道，当“一把手”以后制约变少了。有位因贪腐而落马的原县委书记也曾说道，针对县委书记，从名义上讲有很多种监督，而实际上只有一种，那就是自我监督。① 当前，有效管用的领导干部党内监督法规制度仍需继续完善，切实发挥作用。其次，针对基层干部的党内监督法规制度需要完善。当前，针对镇村一级干部的监督法规尚不健全，如领导干部报告个人事项制度等尚未把镇村一级干部纳入其中，监督制度缺失导致乡镇及村干部成为腐败高发群体。“村官巨贪”现象表明党内监督制度覆盖面还不够广泛，全面从严治党在基层有所式微。最后，针对纪检机关及其工作人员的监督制度尚不健全。第十九届中央纪委六次全会工作报告显示，仅 2021 年，“全国共谈话函询纪检监察干部 9562 人，采取组织措施 9685 人，处分 2985 人，移送检察机关 111 人”②。根据中央纪委国家监委发布的数据，2021 年接受审查调查的纪

① 瞿芃．信任不能代替监督［N］．中国纪检监察报，2016-11-22（001）．

② 赵乐际．运用党的百年奋斗历史经验　推动纪检监察工作高质量发展　迎接党的二十大胜利召开［N］．人民日报，2022-02-25（002）．

检监察干部，既有地方纪委监委领导干部，也有派驻机构干部、巡视巡察机构干部等，表明针对纪委自身的监督制度尚不健全，“灯下黑”问题尚未完全解决。二是各层级党内监督法规制度发展水平不一。当前，党内监督法规制度体系基本建立，但各层级党内监督法规制度的发展水平不一，与全面从严治党的要求还存在一定差距。如党章与党内监督条例等主干性法规制度基本建立健全，但具体的配套性规则、细则、方法等还需进一步跟进，地方层级的实施细则与配套规定比较少，甚至存在照搬照抄、机械使用等问题；党内监督实体性法规制度较多，程序性、保障性法规制度相对偏少；事后惩戒性的党内监督法规制度较多，事前防范、事中督促性法规制度相对较少。各层级党内监督法规制度发展水平不一导致党内监督法规制度体系的系统性功能受到影响，监督效果受到限制。三是部分党内监督法规制度针对性与操作性有待加强。从针对性来看，目前，党内监督法规制度数量激增，在实践中发挥了重要作用。但总体来看，部分制度更新不及时，对于全面从严治党过程中产生的新问题，缺乏有效性与针对性。从操作性来看，部分制度多为原则性规定，自由裁量空间过大，导致操作性不强，实际监督效果有限。如对于违反政治纪律、党性不强等问题，相关制度并未进一步细化追究细则，具体应该如何追究，定性、共性的规定较多，定量、个性的规定较少，导致对党性不强等隐性问题的监督不够；监督执纪“四种形态”被写入党内监督条例中，但对适用情形、使用程序、量纪标准等还需进一步细化。四是部分制度设计衔接性不足。由于各机构之间缺乏配合与有效沟通，部分党内监督法规制度的制定较为孤立，有的制度之间甚至相互冲突，衔接性与协调性不足，导致监督存在空白；同时，纪法不分的问题仍然存在，部分党内监督法规制度与法律重合，条文中套用“法言法语”，导致党内监督失之于宽，党内监督法规制度与国家法律的衔接性有待深化。

对于上述问题，究其原因，主要是党内监督法规制度的顶层设计不够完善，顶层设计具有相对滞后性。一是前期调查研究力度不够。党内监督法规制度的制定与修改是一个系统性工程，需要大量的前期调研工作。由于纪检监察系统人力、物力有限，调研工作还不够深入系统，导致相关法规制度的制定不够完善。且由于全国范围较广、各单位实际情况较为复杂，无疑增加了调研的难度，导致相关制度的制定与修改不能面面俱到。二是相关制度更新相对滞后。党内监督法规制度来源于实践，从实践调研、发现问题到制定出台需要一定的时间与精力，而实践仍继续向前发展，二者之间存在时间差，导致党内监督制度的部分内容无法及时更新补充。三是相关部门合作与沟通力度不够。党内监督法规制度的制定涉及多个部门、多个地区，相关部门与地区之间的沟通协调力度不够成为导致党内监督法规制度衔接性不够、针对性与操作性不强的重要因素。

第二，党内监督法规制度落实仍不到位。党内监督法规制度的落实在取得重大进展的同时，仍存在执行不到位的问题。习近平总书记指出："我们总体上已进入有规可依的阶段，目前的主要问题是有规不依、落实不力。"① 访谈发现，监督制度落实不到位的情况有以下多种表现形式：一是机械式执行。有的地方党委纪委对党内监督相关制度的精神实质理解不到位，照本宣科，未与当地实际有效结合，导致制度执行效果不佳。二是选择性执行。个别党员与组织或缺乏责任意识，或出于利益关系，对上级颁布的党内监督规章制度及布置的监督任务选择性执行，导致相关制度无法全面落实。如 2013 年，湖北省枝江市人民法院 4 名干警先后被立案侦查。实际上，此前该人民法院纪检组已发现 4 名干警滥用职权，但却畏首畏尾，怕得罪人，未予制止。2015 年 2 月，该院纪检组长张华为此受到处分。② 三是象征性执行。主要表现为个别领导干部缺乏担当精神，仅象征性地执行党纪，不注重制度的落地生根，执行力度远远不够，忽视了制度的权威性与严肃性。2014 年 12 月，河南省襄城县湛北乡财税所原副所长孔某某因滥用职权而被撤销职务，但实际情况是，孔某某仍负责该所日常工作。后来，这一情况被巡视组发现。2018 年，该县财政局党组原书记殷永强，纪检组原组长卢玲被问责，究其原因是二人仅象征性地宣布了处分结果，却没有真正执行纪律处分，导致了上述问题的发生。③ 四是运动式执行，即相关制度刚颁布时"轰轰烈烈"地宣传与

① 十九大以来重要文献选编（中）［M］. 北京：中央文献出版社，2021：147.

② 陈金来，刘应辉，张祥经 . 治治"监督不力"这种病［N］. 中国纪检监察报，2016-04-12（004）.

③ 王卓 . 落实管党治党责任须臾不可放松［N］. 中国纪检监察报，2018-06-28（001）.

执行，一段时间过后便“放任自流”，许多好的制度被搁置起来，监督效果有限。五是不给予执行。众所周知，秦岭北麓是我国的重要生态保护区，但属于西安市管理的地段被违法违纪分子建造别墅达202栋，2014年5月至2018年7月，党和国家领导人先后6次批示，要求整改和拆除违建别墅。然而，当地迟迟未落实党的批示，直至2018年8月到9月，中央派出专项整治工作组后，该违建问题才得以有效解决。① 除这一典型案例外，其他地区也存在类似的现象。如2015年，在江苏省淮安市范围内，有11位派驻机构纪委书记（纪检组长）对党内存在的问题未予以重视，2015年度的执纪情况为“零问责”“零执纪”，对此，市纪委及时进行了质询。② 可见，目前党内监督法规制度执行不到位的情况依然存在，一些好的制度难以落地生根。

结合访谈结果对上述问题进行分析，可以发现，党内监督法规制度落实不到位主要由以下几方面原因引起：一是有的党员和领导干部制度意识薄弱。思想是行动的先导，有的党员思想上不重视、不作为、怕担当，认为党内监督是领导干部、党委、纪委的事情，自身不犯错误即可，甚至抵触党内监督法规制度。制度意识内化于心、外化于行仍任重道远。二是一些传统的落后腐朽政治文化的存在对制度具有消解作用。我国历史上形成的不按照规章制度办事的习惯仍然存在，“有制度、不执行”的亚文化、“人情大于制度”的文化等并未完全消除，导致制度执行受阻。三是监督问责力度不够。访谈对象表示，对党内监督法规执行情况的监督检查不够及时是导致执行不力的重要因素。同时，由于问责、追究力度不够，相关责任人未受处罚，失职成本过小，导致有制度不执行现象仍然存在。四是有的党内监督法规制度本身缺乏针对性与操作性。当前，我国党内监督法规制度体系存在各子体系发展水平参差不齐，部分制度缺失，操作性不强等问题，这客观上导致制度的执行效果不佳，但相对而言，这仅是次要原因。五是党内监督法规制度执行的保障机制不够完善。如制度执行过程中需要的人、财、物等投入不够，缺乏相应的支撑机制；对党员行使监督权的保护机制不够健全，导致党员不敢监督、

① 陕西大规模整治秦岭北麓违建别墅［N］. 人民日报，2018-08-14（009）.

② 陈金来，刘应辉，张祥经 . 治治“监督不力”这种病［N］. 中国纪检监察报，2016-04-12（004）.

不愿监督等。可以看出，上述因素是党内监督法规制度落实不到位的重要因素，同时各个因素往往不是单独发生作用，而是综合作用导致党内监督法规制度执行不到位。深刻认识这些问题及问题产生的原因可以为进一步增强制度执行力提供重要基础。

四、巡视等具体监督方式仍需进一步完善与创新

管党治党过程中形成的具体监督方式是加强党内监督的重要手段。这些具体方式方法在改革中取得重大进展、在管党治党中发挥重要作用，与此同时，也存在一些不完善的地方。鉴于监督方式数量较多，笔者挑选了其中最具代表性的巡视制度、派驻制度及其他比较特殊的制度进行深刻剖析，以期发现具体监督方式在实际运用过程中存在的问题。

第一，巡视制度有待完善。巡视制度是党内监督的一把“利剑”。通过访谈可以发现，巡视制度在发现问题线索、推动案件审查的过程中发挥巨大作用，取得显著成效。与此同时，也应看到巡视制度还存在许多不完善的地方。一是巡视站位上，存在政治监督与业务关系把握不准的问题。巡视监督的初衷与重点是进行政治监督，但从实际来看，有的巡视小组存在政治站位不够高，把政治监督等同于一般监督的倾向。有的巡视干部习惯于从业务检查方面查找问题，对政治巡视的标准与内容把握不准、细化不够，简单套用中央文件，不能与地方实际有效结合。如 2004—2013 年广东省开展第一轮巡视，本轮巡视总计 26 批 287 次，回访 5 批 40 个单位。最终，1335 个问题被发现，通过对问题的分析，发现这些问题多数是与经济社会发展相关的问题，而与政治纪律相关的违纪问题甚少。① 这一结果表明，巡视初衷把握不准的问题依然存在。二是巡视工作中各部门联动机制尚不健全。巡视工作涉及的问题比较多、牵涉范围比较广，既要巡视组正常开展工作，又要被巡视部门积极配合，还需要其他部门共同参与。目前各部门间联动配合机制未健全，有的单位不积极配合，甚至推诿，导致信息反映不充分、巡视效果不佳。据通报，河南省卫辉市委第一巡察组在 2017 年 7 月 18 日到市文广局开展巡察工作时，

---

① 关于增强巡视工作发现问题能力的调研报告［N］. 中国纪检监察报，2014-06-23（001）.

要求该局提供相关资料，但该局寻找多种理由拖延至 7 月 23 日上午提交。经查，相关会议记录存在涂改、相互矛盾之处，2018 年 1 月，该局党组书记、局长姚航被免职，免职原因在于他不积极配合检查，使巡察工作的开展受到干扰与妨碍。可以看出，巡视过程中亟须加强各部门之间的联动。三是巡视队伍专业力量不足。巡视队伍的素质与数量对巡视工作具有重要影响。从访谈结果来看，当前巡视队伍临时抽调的干部较多，相对缺乏专业科班出身人员。临时抽调人员经过短期培训后即投入工作，有人在甄别问题线索、掌握巡视谈话技巧等方面还存在不足，特别是在一些技术性、专业性较强的部门巡视时，专业素养无法满足工作需要的问题更为突出。同时，临时抽调在一定程度上影响了一些巡视干部的积极性，产生完成工作即走的心态，影响监督效果。结合实际案例来看，云南省保山市纪委、监察局对该市委局机关进行了数据统计，该机关干部共 82 人，其中本科与大专学历分别为 11 人、26 人，合起来共计 37 人，占到总人数的45.12%。并且，这 37 名干部中，仅有 5 人的专业方向与纪检监察有关。① 可见，纪检队伍专业素质有待提高。四是巡视工作方法单一。当前，各监督机构多使用走访、谈话等巡视手段，这些方式较为传统，存在创新性不足的问题。由于缺乏暗访和更具针对性的工作方法，一些深层问题、潜在问题难以被发现。有的单位刻意隐瞒问题时，传统方法更是难以及时发现。五是巡视结果运用不充分，巡视发现的问题整改不到位。巡视的目的在于发现问题、解决问题。但实践中，有的单位发现的问题并未得到有效解决。十八届中央第十二轮巡视工作在 2017 年 6 月结束，从结果来看，本轮“回头看”的 4 个省区（内蒙古、吉林、云南、陕西）皆存在巡视整改不到位的问题。② 另外，有的单位还存在“纸面整改”、选择性整改、虚假整改等问题。央视拍摄的专题片《巡视利剑》记录了这一问题。2014 年中央巡视组在对一汽集团巡视时发现，该公司在领导班子拥有分配住房的基础上又新建一批别墅分给了领导，其中分给集团党委书记、董事长徐建一的别墅近 500 平方米，且该别墅带有一个庭院，占地 3000 多平方米。巡视组要求及时整改，但他仅在庭院种了一圈树墙，未对围墙进行缩建。2015

① 康潇宇．素质和能力有何不足？［N］．中国纪检监察报，2015-06-03（003）．

② 张磊．新一批政治“体检报告”有何看点［N］．中国纪检监察报，2017-06-22（001）．

年，徐建一的违纪问题被立案，上述问题才得到彻底解决。2018 年 4 月，巡察组在海南省澄迈县桥头初级中学党支部巡视时，强调该校未建立谈心谈话提醒制度，对此应及时整改，2018 年年底再次巡视时，发现该校最终制定谈心谈话提醒制度的落款竟是“2018 年 3 月”。该校党支部书记、执行校长柴勇因虚假整改、边改边犯、文风不实等问题被处分。① 巡视问题整改不到位的问题，一方面是由于缺乏量化的整改验收标准，整改结果存在一定主观性评价；另一方面，是由于有的党委及巡视工作领导小组缺乏主体责任意识，对巡视问题整改效果的检查力度不够。巡视发现的问题未得到有效解决，无疑是对前期巡视工作资源的浪费。六是有的巡视工作人员以权谋私，出现“灯下黑”的问题。有的巡视人员利用职务之便，收受贿赂，表明巡视人员自身的监督也有待进一步加强。

第二，派驻监督制度仍需进一步完善。具体而言，一是派驻机构管理体制仍需进一步改革。当前，除派驻纪检组组长、副组长外，其他工作人员的任免、考察及工资、福利待遇等仍由驻在单位管理，容易受驻在单位制约。另外，派出机关对派驻机构相关工作的垂直领导有待加强，如对派驻机构工作的检查力度还不够、听取派驻机构汇报的频率有待进一步提高。二是派驻机构的人员数量与专业化水平有待提高。在实现派驻监督全覆盖的过程中，由于编制有限，有的派驻机构人员数量较少，但负责监督的部门过多，容易出现工作不够细致的情况。如四川省甘孜州县级派驻机构原有 276 个，整合后保留设置 128 个，其中综合派驻机构 121 个。121 家县级派驻机构核定编制 376 名，总量不少，但分散到 18 个县（市）监督 1032 个党和国家机关就显得力量薄弱，单个纪检监察组平均监督单位数量 8~9 个，个别派驻机构监督单位达 15 个之多，“单兵作战、散兵游勇”的现象较多。② 同时，派驻机构干部多为借调、转岗而来，有的对驻在单位的业务不熟悉，财务、审计、法律

① 李灵娜，方欣，肖虹．整改居然完成在反馈之前［N］．中国纪检监察报，2019-10-09（001）．

② 四川省甘孜藏族自治州纪委监委课题组．整合派驻力量提升监督合力［N］．中国纪检监察报，2021-01-28（008）．

等专业知识掌握较少，缺乏监督经验，“不会监督”现象较多;① 有的对于审查案件的程序、案件线索的甄别、监督方法的掌握、重点监督环节的把握等了解不足，办案能力不够。三是派驻机构权力有限，且纪委的支持力度不够。派驻效果如何，与许多因素相关，其中派驻机构能否拥有足够的办案权力、能否得到足够的人财物支持等，往往起决定性作用。国家监察体制改革后，派驻机构的监督手段有十余种，但查阅资料、核查领导干部个人有关事项、核实问题线索、采取留置手段等都需经过上级纪委批准，其中大部分规定是必要的，但有些可以灵活处理，否则容易导致案件启动难、线索搜集难、组织协调难，派驻监督权威性难以充分发挥。另外，纪委作为派出机关，是派驻机构的坚强后盾，但派驻机构有时得不到纪委的及时指导和有力支持。如派驻机构报送的案件得不到及时回馈，遇到业务标准难以把握的问题，有时纪委难以给出有力解释等。这些问题的产生，一方面，是由于派驻机构实行统一管理后，纪委需要管理的派驻机构和工作人员急剧增加，需要处理的案件更为复杂，指导不到位的情况增多；另一方面，是由于个别纪委将派驻机构看作下级机构，不愿主动指导，对派驻纪检组“一多三少”，即交代的需要完成的任务多，而开展的业务培训比较少、对他们的关心比较少、落实监督问责比较少②，从而影响了派驻人员开展工作的积极性。四是针对派驻机构干部的晋升通道受阻、考核机制有待完善。目前，派驻干部的晋升较难，影响了他们的工作积极性。派驻纪检组副组长普遍面临着晋升的“天花板”，H省39个派驻纪检组，有80个副组长，任职多年后得到提升的只有1个，不足总数的1.2%。同时，针对派驻机关干部的考核制度还处于探索阶段。结合实际的考核指标来看，有的部门将监督执纪问责工作情况、完成上级安排的重点工作情况等作为主要考核指标；有的单位则将派驻期间审查的腐败案件等作为主要考核依据，考核指标尚不统一、不完善。有的机构考核方法不科学，未充分考虑所派单位工作的差异性与复杂性，体现不出工作量的差别；有的

① 董震．适应司法改革 推进派驻纪检队伍建设［N］．中国纪检监察报，2015-09-25(003)．

② 董震．适应司法改革 推进派驻纪检队伍建设［N］．中国纪检监察报，2015-09-25(003)．

考核体系变动频繁、程序复杂，派驻干部难以适应。总体而言，派驻机构干部的晋升渠道不通畅、考核机制还不够科学完善，影响了他们的工作积极性。

第三，其他具体监督方式亦存在不够完善的地方。党内监督具体形式多样、内容丰富，除上述几种制度外，其他具体监督方式亦存在不完善的地方。一是领导干部报告个人有关事项制度仍需要不断完善。如若要对领导干部的房产展开核查，需要向当地的国土房管部门申请、发函，核查成本高、周期长，漏查现象较多，导致监督不到位；从报告主体看，基层领导干部岗位未实现个人事项报告全覆盖，“小官巨贪”现象即是监督不到位的表现；从报告事项来看，贵重物品、礼品等隐性收入未有效纳入报告范围，隐藏了部分非正常收入，报告范围有待进一步扩展。由于各类原因，领导干部不如实报告的情况时有发生，相关数据显示，党的十八大以来，截至 2017 年 8 月，全国因不如实报告等问题，被处理领导干部众多。其中，1.1 万人被暂缓任用或取消提拔重用资格、后备干部人选资格，10.38 万人被给予批评教育、责令检查，1.98 万人被给予诫勉，651 人被组织处理，移交纪检监察机关处理的有 609 人。① 可见，相关制度需要进一步完善，从源头上遏制不如实报告的问题。二是民主生活会流于形式。多年来，党始终将民主生活会作为党内监督的具体制度加以部署，但这一制度还存在流于形式的问题。其一，思想上不重视，行动上不参与。有的领导干部认为这一制度是形式，时常缺席，对自身及党内其他同志带来不好的影响。2017 年 2 月，湖北建始县对该县民主生活会不规范不严肃的单位和党员干部进行了通报曝光，23 名干部被追责。其中，1 名党组书记、局长与 4 名党员干部都被给予了诫勉谈话处理，处理原因分别为未按要求组织召开民主生活会、未在民主生活会上做深刻检查；其他 18 名党员干部因剖析问题不深刻而被约谈。② 结合实际生活看，部分领导干部思想上的缺口正是从不参与组织生活、“不红脸出汗”这些小问题上被打开的。其二，民主生活会不生动活泼，形式主义、好人主义盛行。缺乏原则性是部分党组织在召开民主生活会时存在的问题，具体表现为在开展自我批评时浮于表面；批评同事，隔靴挠痒，怕得罪人；批评领导，变相表扬，流于

① 管筱璞．对党忠诚的试金石［N］．中国纪检监察报，2019-01-29（004）．

② 建始 23 名干部被问责［N］．湖北日报，2017-02-23（001）．

形式。上述问题，在一定程度上弱化了民主生活会对党员及领导干部的监督效果。另外，述责述廉制度，在实行过程中存在形式主义现象，述责述廉文稿“粘贴复制”，重点不突出、评议与监督程序不完善等问题较为突出。2018年4月30日，相关媒体报道，四川内江18名乡镇（街道）科级领导的述责述廉报告存在抄袭、拼凑现象，报告错别字较多、内容敷衍，为此，18人均被纪委监委通报批评，其中2名相互抄袭的领导干部被责令作出深刻书面检查。[①] 诫勉谈话制度，往往谈工作较多，讲问题较少，存在谈话主体不够重视、谈话程序不够规范、谈话质量与水平有待提高、谈话结果运用不够充分等问题，难以达到监督的效果。领导干部插手干预重大事项记录制度，对于需要记录的情形涉及哪些、如若出现不如实记录问题应该如何处置等，在实践中均需进一步细化相关规定。另外，新形势下，违纪的形式更加隐秘、手段更加多样，网络、高科技手段等作为新时代的监督方式运用得仍不够充分，规范化、制度化水平有待提升。

五、党内民主监督制度科学化规范化水平有待进一步提高

党内民主是党内监督的基础，其发展水平深刻影响党内监督的效果。党内民主监督制度建设在取得显著成就的同时，也存在科学化规范化水平有待提高等问题。具体表现为，党务公开制度不健全，党员掌握的监督信息有限；党员部分民主权利难以落实，存在不敢或不愿监督的畏难情绪。

第一，党务公开制度不完善，党员掌握的监督信息有限。党务公开是加强自下而上民主监督的前提。从访谈结果来看，党务公开制度建设有很大进步，但与此同时，党务公开还存在一些问题，导致党内民主监督有时失灵。一是党务公开内容片面。访谈对象表示，受传统思维限制，部分领导干部认为各项政策的实施会受到公开程度的影响，所以，对党员群众“能公开的就公开，不好公开的就不公开”，有的单位对群众较为关心的领导干部的财产情况、单位人事调动情况、各部门经济利益分配情况等内容“轻描淡写”，或以“条件不成熟”为由暂不公开。中央纪委国家监委网站显示，刘某为A乡党委

---

① 何旭，曹笑．从小细节抠出的大问题［N］．中国纪检监察报，2018-04-30（001）．

副书记，2016 年 9 月，有党员反映乡党委工作经费使用不透明，并按规定提出申请，要求公开相关情况，但刘某以不是行政经费为由多次拒绝公开。至 2017 年 8 月，多名党员到县纪委举报乡党委侵犯了他们的知情权，之后，相关人员受到了应有的处分。① 另外，有的单位与领导干部刻意隐瞒报告事项，不及时向党组织报告或虚假报告，进一步缩减了公开内容。2013 年 6 月，山西省长治市对党务公开工作进行总结，相关数据显示，2011 年以来，有的单位信息公开不全面，对个别内容不公开，有的单位对相关事务假公开，造成了不良后果，据统计，有 67 家单位或个人受到责任追究。说明党务公开内容虚假、不全面的问题依然存在，相关问题仍需进一步解决。二是党务公开方式单一、陈旧，且相关方式运用不充分。虽然党内多次要求丰富党务公开载体，但从党务公开的方式来看，相关方式仍比较陈旧，且对这些方式运用不充分，受众面积较小，降低了公开度。2009 年，沈阳军区某防空旅针对该旅落实党务公开情况进行 5 次专项检查发现，该旅有两个单位存在“工作制度虽然建立了，但并未组织具体的活动，并未有效地利用公示栏与意见箱”等问题，后对此进行了整改，并对 4 名连队主官进行了点名批评。② 另外，访谈还发现，党务公开网站作为一种较好的互联网公开方式，也存在内容陈旧贫乏、分类不清、更新信息迟缓等问题。三是党务公开范围有限。从党务公开的范围来看，纪检监察机关调查领导干部个人的相关内容时，需要经过严格的审批程序，普通党员更是较少看到相关内容。党务公开制度不完善，相关信息不透明，导致信息不对称问题频繁出现，影响了党内监督工作的有效开展。四是党务公开信息滞后。部分单位关于党内各类事项特别是关乎重大事项的讨论与决策，一般存在信息公开滞后的问题，导致党员一般无法对其展开监督，实践中，党员尚不知情，多数事项往往已形成决策，甚至已经落实。

第二，党员民主监督权利保障制度不够完善，存在不敢或不愿监督的现象。党员是党内自下而上民主监督的重要主体。党员选举权、罢免权及检举、揭发、控告权等民主权利是实现党内民主监督的基础与前提。党员民主监督

① 齐英武．不公开党务、政务、村务如何追究党纪责任［N］．中国纪检监察报，2017-10-11（008）．

② 张宗文，海洋，向勇．阳光党务的阳光效应［N］．解放军报，2010-04-04（006）．

权利保障制度建设取得很大进步，但总体来看，相关法律法规供给仍不足，且部分已有的制度或缺乏实施细节、或程序不完善，导致难以落地见效。党员的选举权是一项基本的权利，他们在这一环节肩负着挑选、监督领导干部的责任。但实际执行中，常因个别组织或领导干部的违规操作流于形式。如有的基层组织的选举，有时存在打招呼、行贿受贿等现象。2017 年 2 月，正值换届选举期间，时任广东省东源县古云村党支部书记李某为了拉选票，给支部微信群每位党员发送红包 200 元，经查证，李某在“古云村党总支部”发了微信红包共约 2.4 万元后，当晚又再次发了多个微信红包共计数万元。山东省沂南县马牧池乡党员刘某为拉选票，用 220 元购买香烟贿赂投票人。①经济相对发达的一些地区，在基层选举过程中行贿受贿拉选票的手段则更为多样、行贿金额也更高。这降低了党员参与选举的积极性，难以实现民主监督的效果。另外，党章规定，党员拥有罢免权及揭发、检举、控告权，但由于对举报人信息与安全的保护制度不甚完善，党员批评、监督上级往往需要莫大的勇气，极端情况甚至面临被打击报复、影响前途等问题。总之，由于缺乏制度保障或相关制度难以落实，导致党员一系列权利的使用都受到限制，由此导致了不愿监督、不敢监督的问题。

六、党内外协同监督制度有待进一步健全

党内监督制度建设情况如何，往往与多种因素相关。其中，党外各类监督的发展情况是一个十分重要的影响因素。在我国，党内外各类监督及其包含的具体内容如下表：

表 3　党内外各类监督及其具体内容

党内外各类监督	具体内容
党内监督	中央组织监督、党委监督、纪委监督、基层组织和党员的监督
国家监督	监察监督、人大监督、行政监督、司法监督、审计监督

---

① 王卓．绷紧换届纪律弦［N］．中国纪检监察报，2021-04-12（004）．

续表

党内外各类监督	具体内容
民主监督	人民政协监督
社会监督	人民群众监督、媒体的舆论监督

上述各类监督相辅相成，紧密联系，其中，党的执政地位决定了党内监督制度是第一位的、是基础性的。与此同时，也需看到，党内监督属于同体监督，其监督成效往往与党的自觉性密切相关，监督效力与权威性具有自身的局限性。相比之下，党外监督则在约束力与实效性等方面更具优势，可以有效弥补同体监督的不足，党外监督的充分发展对于党建工作的推进具有重要作用。结合当前的情况来看，党内监督制度建设已取得长足进步，但党内外协同监督机制尚不健全，影响了整体监督效能的有效提升。具体表现为：

第一，党内外各类监督发展不平衡，难以形成协同监督机制。党内监督制度与党外监督制度形成合力的一个重要前提是各类监督充分发展，但目前各类监督发展不平衡的问题较为突出。一是监督权力配置失衡。监督权力的科学配置是党和国家监督体系发挥整体合力的关键。在党和国家监督体系中，各监督主体的地位与职能存在明显差异，相应地，监督权力也应该有所不同，但这种不同应在一定范围内。总体而言，我国各监督主体的监督权力配置差异较大，影响了监督合力的发挥。目前，党内监督与国家监督权威性较强，可运用的资源较多、各类配套制度较为完备，刚性约束较强；民主党派监督则权威性有待提高，由此加大了实行监督的难度，对党的各项权力监督有待增强；群众的表达权、选举权及舆论媒体的监督权等落实不充分，监督渠道有待进一步畅通。法定监督权力有限的情况下，各民主党派与群众更多充当信息搜集的角色，甚至极端情况下存在民主监督与社会监督流于形式的情况，监督力量与实效属于监督体系中的薄弱环节。实现各类监督的协同贯通，强化监督合力，还有待进一步加强监督权力的科学配置。二是党内监督制度与国家监督制度相对健全，民主监督制度与社会监督制度则有待完善。从现有的制度来看，党内监督制度已基本形成体系，国家监督的相关制度也逐步建立。但民主监督、社会监督则缺乏较为健全的制度规范，部分工作缺乏具体的依据与有效的指导。如政协的民主监督，目前较为权威的法规制度仅有两部，即《关于加强和改进人民政协民主监督工作的意见》与政协章程。其中，关于政协民主监督的规定存在较为宏观的问题，仍需进一步细化。同时，政协进行的会议监督、提案监督等实践成果与基本经验等也尚未上升为系统的法规制度，相关工作仍需加强。就群众监督与舆论监督而言，相关规定多渗透在其他法律法规制度当中，专门性的法律法规目前尚未出台，如何规范社会监督、保障监督主体的权利、提高社会监督实效，仍缺乏统一的制度规范。总体而言，民主监督、社会监督的制度化建设相对滞后，不利于形成监督合力。三是各类监督主体的监督积极性与监督能力差异较大。各类监督主体的监督意识与能力关系到监督制度的实施效果与监督合力的发挥。目前，党内监督与国家监督各主体监督积极性与能力较强。政协、群众及舆论媒体等监督主体的监督意识也逐渐复苏、提升，特别是网络监督较为活跃。但相比之下，政协与群众等主体的参与意识与监督能力仍相对较弱。这一监督短板当前已不容忽视。政协监督与群众监督是党内监督的重要补充，可以有效弥补党内监督“少数人盯多数人”的不足。但当前，党外民主人士的民主参与意识仍相对较弱，监督意识有待提升。另外，在群众监督范围内，“不想、不愿、不敢、不会”监督的问题比较普遍。积极参与监督的群众主要是因为自身权益受到了侵害，其他群众则多数抱着“旁观者”的心态远观，参与动力不足。同时，由于监督意识不强、监督渠道较少、公开信息有限、保护性制度不健全等，多数群众“不愿监督、不会监督、不敢监督”。未来，构建多元主体积极参与的监督机制任重道远。

第二，党内外各类监督之间的衔接机制有待完善。当前，党内外各类监督之间初步形成了协同、贯通趋势，但还存在信息交流不畅通、各类监督资源未有效整合的情况，相互之间的衔接机制不健全，这在一定程度上制约了党内外协同监督机制的构建。具体而言，主要表现为信息交流与资源共享机制不畅通、案件查办协同处理制度不健全。从信息交流方面来看，党内外各类监督的管理系统相对封闭，在整体结构上缺乏统一的制度安排，缺乏监督程序、监督内容的有机衔接，缺乏制度化规范化的交流平台。特别是群众监督，其监督主体对党和国家权力运行状况了解较少，同时群众监督对相关信息的掌握与举报等往往依附于党内监督和国家监督，监督效能受到较大影响。党内监督与其他监督在实践过程中无法及时交流与沟通信息、无法很好地利用掌握的资源，无形中弱化了监督合力。从案件查办机制来看，各类监督之间协同办案的能力有待提高。如在重大案件的联合查办、重要问题线索的移交与反馈、监督成果的共享与运用等方面，各监督主体之间有待进一步加强交流与沟通。综上，信息交流不畅通、资源共享不全面、案件查办协同处理机制不健全等导致党内监督无法与党外各类监督融会贯通，对党内监督制度效能的发挥造成一定负面影响。

第三，各类监督的职能划分、职责界定有待进一步完善。监督职能的清晰界定是各类监督工作高效开展的前提，也是各类监督形成合力的基础。长期以来，党和国家监督体系的内容不断健全、整体设计也更加科学合理。但从实践情况来看，各类监督的职能还有待进一步划分、进一步厘清。当前，党内监督各主体的职责界定较为明确，新修订的党内监督条例也对此作出了详细规定，成为开展党内监督工作的重要依据。同时，我国对党内监督理论的研究也较为深入，成果十分丰富，为党内监督各主体的职能划分奠定了良好基础。而国家监督、社会监督等党外监督，其监督职能、监督方式等虽有相关规定，但总体上较为宏观。如国家监督中各主体的相关工作如何具体展开，目前缺乏统一的文件与制度去指导；社会监督中，群众监督、舆论监督的责任与义务等也需进一步细化，需要进一步提供专门的制度予以支撑。结合各类监督工作的实践来看，有的监督机构职能重叠、监督内容交叉，有的监督工作重点不突出，有的领域存在监督空白，此类监督重复、错位、越位、空位的现象，深刻反映了各监督主体对自身监督职责不是很清晰的问题。监督职能与责任界定不清晰，一定程度上影响了各类监督作用的发挥，影响了党内外监督合力的形成。若要充分发挥党内外监督制度的合力，今后还需要进一步加强整体性的规划，解决各类监督的职能、责任边界需进一步厘清的问题。

第四，外部环境对党内外协同监督制度建设造成一定冲击。党内外协同监督制度的构建，不仅与党内外各类监督的发展程度、与党内外协同监督机制的建设程度有关，而且与经济、政治、文化等外部环境密切相关。一是经济发展水平及经济环境中的消极因素对党内外协同监督制度建设造成负面影响。经济的发展是党内外协同监督的物质基础，不仅为相关制度的制定与完善提供良好基础，而且为制度的执行提供基本保障。但有的地区由于经济发展水平有待提高，对党内外监督制度建设的人、财、物投入不够，导致协同监督成效不高。另外，伴随社会主义市场经济的发展，一些消极因素也逐渐渗透到党内和社会上。习近平总书记指出，“改革开放和发展社会主义市场经济，改变了原有的资源配置方式和组织管理模式，越来越多的单位人变成社会人，各种复杂的人际关系和利益关系对党内生活带来不可低估的影响，引发了种种问题”①。极个别同志把市场上的“商品交换原则”运用到权力运行上，严重破坏了党内外协同监督的生态。如极个别党员干部与奸商勾结，搞权钱交易；有的党员干部搞小圈子，相互包庇、“互利互惠”；有的贪慕美色，以权谋私，生活腐化堕落等。这种干部与商人之间及干部与其他社会人士之间的不健康关系，一定程度上导致彼此之间的相互监督关系转变为利益共谋关系，相互监督的基础被严重削弱。二是政治方面，党对党内外协同监督制度建设的领导有待加强、党内民主有待进一步发展。我国各项事业向前发展需要坚持党的领导，发挥其保障作用。党的十八大以前，由于管党治党不力，党的领导在一定程度上有所弱化，这是导致党内外监督统一规划不足、各类监督发展不平衡、衔接机制未有效建立的一个重要因素。另外，党内民主还有待进一步发展，唯有保障党员的选举权、监督权、检举权等民主权利，才能为党内外协同监督奠定基础，才能带动人民民主，提高群众监督的积极性。三是文化方面，还存在一些消极因素阻碍监督合力的形成。具体而言，我国传统文化中制度文化、权力制约与监督文化等积淀不够深厚，底蕴比较薄弱，这影响了部分党员群众制度意识、监督意识的培育，进而制约了党内外协同监督制度的建立健全。另外，伴随中外文化交流的繁盛与中华传统文化的复兴，一些资本主义的腐朽文化与中华传统文化中的糟粕也开始渗透到党员和社会成员的思想中，如潜规则、享乐主义、极端个人主义、关系学、厚黑学、任人唯亲、任人唯利等庸俗腐朽的文化等。这些文化渗透到社会生活的方方面面，导致权力监督与制约的文化氛围欠缺，制约监督合力的形成。

---

① 习近平关于党风廉政建设和反腐败斗争论述摘编［M］. 北京：中央文献出版社、中国方正出版社，2015：37.

第五章

进一步加强党内监督制度建设的实践路径

党内监督制度建设在取得重大成就的同时，还存在许多突出问题。当前，党面临的执政环境和历史方位发生了重大变革。为了解决党内监督制度建设存在的突出问题，积极应对时代的发展与形势任务的变化，未来要围绕责任落实，加强党内监督制度执行主体自身建设；聚焦专责机关监督效能的提升，深化纪检监察体制改革；突出体系化思维，加强相关法规制度制定与执行；坚持问题导向，完善具有中国特色的党内监督方式；着眼于民主监督质效的提升，完善党内民主监督制度；促进各类监督的贯通协同，完善党内外协同监督机制。这些举措，对于未来进一步推进党建工作向前发展具有重要意义，需要全党共同努力，共同完成。

第一节　围绕责任落实，加强党内监督制度执行主体自身建设

任何一项制度的落实都离不开执行主体的积极参与。于党内监督制度建设而言，各监督主体是这一建设过程中最关键最活跃的因素，其监督意识、监督能力等综合素质对制度本身的发展水平具有重要影响。习近平总书记高度重视党内监督制度建设中的主体问题，强调要“坚持行使权力和担当责任相统一。……紧紧咬住‘责任’二字，抓住‘问责’这个要害”①。未来，需

① 十九大以来重要文献选编（上）［M］．北京：中央文献出版社，2019：190.

围绕责任落实，加强党内监督制度建设执行主体的自身建设，其中需要着重突出党委、纪委、基层党组织与党员的责任落实。具体而言，要坚持思想建设与制度建设相结合，落实党委主体责任；打造专业化纪检监察组织队伍，提升纪委监督执纪水平；加强思想教育，提升基层党组织和党员制度意识与担当精神。

一、坚持思想建设与制度建设相结合，落实党委主体责任

各级党委是管党治党的重要主体，在党内监督制度建设中承担主体责任。在实践过程中，要抓住这一主要矛盾，推动党委落实相关责任。具体而言，要加强思想建设，增强党委落实党内监督主体责任的政治意识；建立健全责任清单制度，为主体责任的落实奠定前提基础；构建科学的主体责任考核制度与问责制度，推动主体责任落地生根。

第一，加强思想建设，增强党委落实党内监督主体责任的政治意识。党内监督制度建设不仅与制度本身的完善程度密切相关，而且与党委的制度意识紧密相连。党委的制度意识往往是党内监督制度建设的思想前提，如果党委缺乏制度自觉，党内监督制度的权威性与有效性往往会受到很大影响。故此，推动党委主体责任落实，首先需要加强思想教育，提升党委的制度意识。当前，应以学习党内监督法规制度、学习党委主体责任内容为主要抓手，采取集中培训与专题讲座等方式，推动党委领导干部牢记党内监督首先是党委的政治责任。习近平总书记指出："党内监督是全党的任务，党委（党组）负主体责任，书记是第一责任人，党委常委会委员（党组成员）和党委委员在职责范围内履行监督职责。党的各级领导干部一定要把责任扛在肩上，做到知责、尽责、负责，敢抓敢管，勇于监督。"① 各级党委要增强担当意识，主动抓班子、带队伍，加强对党员干部的监督管理，发挥以上率下的引领作用，带头做到清正廉洁、敢于担责。只有党委强化责任意识，尽心竭力把责任扛在肩上、落到实处，才能营造出良好的政治生态，带动其他主体承担相应的责任，最终推动相关工作继续向前发展。

---

① 十八大以来重要文献选编（下）[M]. 北京：中央文献出版社，2018：461-462.

第二，建立健全责任清单制度，为主体责任的落实奠定前提基础。履行职责的前提是厘清责任。推动党委落实党内监督制度建设主体责任，需要进一步细化主体责任，推动相关责任层层落实。一是要明确党委的集体责任。具体包括：制订党内监督工作计划的组织领导责任；加强对党委成员进行廉洁教育与监督管理的责任；强化对权力的制约与管理责任；支持和保障纪委查处违纪违法问题的责任；对党内监督责任制执行情况进行检查与追究的责任等。二是要明确党委书记"第一责任人"的责任。党委主体责任能不能有效落实，关键在于党委书记能不能带头落实"第一责任人"的责任。党委书记是党委班子的"一把手"，其对党内监督的看法与态度对整个党委履行党内监督职责具有关键性影响。党委书记带头对本地区、本单位的政治生态负责，其他党委成员便会跟着学、照着做，认真落实自身的责任。具体而言，要落实好对下级党委的监管责任，着重强调党委书记领导责任与监督责任，强化对下级"一把手"的监督，对苗头性问题及时提醒，督促并引导班子内部强化监督主体意识，从而实现监督责任的不断明确与层层落实；要主动接受监督，落实好廉政表率的责任，党委书记要带好班子、带好队伍，既关心班子成员的成长与管理，又带头开展批评与自我批评；同时，要做好对党员的教育工作，落实好党风廉政宣传教育责任。三是要明确党委成员的领导责任，坚持"一岗双责"。党委在落实党内监督主体责任的过程中，要将常委会委员的监督职责作为重要部分推进。压实党委常委会委员"一岗双责"的责任，对于党委主体责任的落实意义重大。党委领导班子要定期对分管部门党风廉政建设工作进行指导、研究与部署；经常了解分管部门与分管单位领导干部廉洁自律、遵守党规党纪的情况；加强对分管部门领导干部的监督管理与廉洁教育；定期向党委汇报履行管党治党责任的情况；管好亲属与身边工作人员等，切实履行自身监督责任。

第三，构建科学的主体责任考核制度与问责制度，推动主体责任落地生根。考核制度是否科学，是党委主体责任能否落实的关键要素。制定科学的考核制度，能够为党委落实监督主体责任指明前进方向。当前，要紧密结合党委主体责任落实的实际情况，确定科学的考核制度，以此激发党委履行职责的内生动力。具体而言，有以下几条实践思路。从考核主体来看，要在坚持上级党委考核的基础上，引入群众等评价主体，推广群众满意度测评，推动考核主体多元化、科学化；从考核方式来看，既要优化听取汇报等传统考核方式，也要适当补充、不断创新更为灵活、多样的考核方式，如可以深入党委各部门对党委履行主体责任的情况进行检查，可以在年终考核的基础上，增加日常考核的频率等，确保考核内容深入全面、考核结果真实有效；从考核结果运用来看，要在干部的选拔任用过程中将考核结果作为重要指标进行考量，充分彰显考核的引导作用。除科学的考核制度外，还需进一步完善党委主体责任问责制度，以问责倒逼责任落实。问责制度是推动党委履责的刚性约束与最后防线。上级党组织要加强对党委落实党内监督主体责任的监督力度，对于监督责任缺位、落实责任不力等问题，要坚持失责必问，严肃问责。对于党内发现的违纪问题、腐败问题，既要追究当事人的责任，也要追究相关党委的责任，倒逼党委增强责任意识、做好监督主体本职工作。

二、打造专业化纪检监察组织队伍，提升纪委监督执纪水平

作为党内监督的专责机关，纪检监察机关承担着监督执纪问责的重要使命，其组织队伍建设也因此至关重要。纪检监察组织队伍的监督能力与水平直接影响党内监督制度的建设效果。习近平总书记指出："各级纪检监察机关要加强干部队伍建设，提高履行职责能力和水平，更好发挥监督检查作用。"① 打造一支专业化的纪检监察组织队伍，可以为相关制度建设提供组织保障。针对纪检监察队伍建设存在的问题，要加强思想政治教育，提升纪检监察干部政治素养；优化纪检监察组织队伍结构，进一步释放党内监督动力和活力；与时俱进提升监督能力与本领，增强监督实效；加强自我监督力度，确保监督者必受监督。

第一，加强思想政治教育，提升纪检监察干部政治素养。思想是行动的先导，增强纪检监察干部的思想定力是确保其严格执纪的关键。与普通干部相比，面对腐败分子的拉拢与腐蚀，纪检监察干部更需要坚定信念、保持定力。要不断增强纪检监察干部的政治定力，增强其抵御各类风险与考验的能

---

① 习近平谈治国理政（第1卷）[M]. 北京：外文出版社，2018：389.

力，督促其认真贯彻落实党内监督各项制度。一是要坚持开展党纪学习教育。通过开展党纪教育，做到学纪、知纪、明纪、守纪，搞清楚党的纪律规矩是什么，弄明白能干什么、不能干什么。二是要用习近平新时代中国特色社会主义思想武装头脑。要充分学习党的最新理论成果，特别是习近平总书记关于党内监督制度建设的重要论述。通过学习党的最新理论与党规党纪等，正心修身，廉洁自律，坚定理想信念，增强"四个意识"，自觉抵御歪风邪气的侵蚀。三是开展好榜样教育与警示教育。各级纪检监察机关要学会运用身边的典型事迹，通过召开表彰大会、制作纪录片、现场访谈、演讲等，充分发挥榜样的激励作用。同时，善于运用纪检监察干部身边的违纪违法案例，通过通报批评、制作警示纪录片、召开警示教育大会等形式，充分发挥典型违纪案例的警示作用，为纪检监察干部敲响警钟，督促他们站稳政治立场，提高政治素养。

第二，优化纪检监察组织队伍结构，进一步释放监督活力与动力。结合实践情况来看，针对纪检监察人员专业素养参差不齐、年龄分布不均等结构不够合理的问题，需要完善纪检监察干部准入机制，拓宽选拔渠道。具体而言，要坚持"五湖四海"、德才兼备的原则完善纪检监察干部选拔制度。吸收选拔纪检监察专业知识丰富、科班出身的相关人员，补充纪检监察组织队伍；完善纪检监察机关选调干部的方法，注重从经济、金融、法律等相关专业与相关部门选调人才充实纪检监察组织队伍；有计划地从基层选拔拥有丰富实践经验的一线纪检监察人员，畅通纪检监察机关人员上升渠道，充实上级纪检监察队伍；制定科学的考察考核方式，选拔群众满意、领导推荐的纪检监察干部；同时，还可以从机关之外吸收纪检监察干部，建立健全基层特邀监察员制度，通过吸收不同机关、团体监督人员，增强监督力量。最终，通过优化纪检监察组织结构，建立起一支政治立场坚定、年龄结构合理、学历层次较高、监督能力突出的纪检监察队伍，为党内监督制度建设提供坚强的组织保障。

第三，与时俱进提升纪检监察队伍监督能力与本领，增强监督实效。承担监督执纪问责的重要使命，要求纪检监察队伍必须具备较强的监督能力、拥有扎实的业务能力。针对当前纪检监察组织队伍监督能力与本领有待增强的问题，需要对纪检监察组织队伍的党纪国法知识储备与履职尽责本领等进行全面提升。一是切实提升纪检监察干部的专业理论素养。纪检监察机关应积极开设与党规党纪、监察法等相关的课程，督促纪检监察干部认真学习与党内监督相关的法规制度、国家法律及配套制度，使他们深入理解政治监督的内涵，在理论素养提升的同时不断明确自身职责。二是切实提升纪检监察干部在实践中的执纪执法本领。相近行业与领域的纪检监察干部可以根据实际情况，加强交流与轮训，在实践中锤炼业务技能，提升把理论与实践相结合的能力，增加办案的方法，提升办案的能力。

第四，加强对纪检监察队伍自身的监督力度，确保监督者必受监督。纪检监察干部自身的廉洁程度对党内监督制度建设工作成效具有直接影响，同时关系到人民群众对党内监督工作的看法。党内监督条例强调，信任不能代替监督。只有纪检监察干部自身清正廉洁、尽职尽责，才能保证监察工作顺利展开，这就需要做好以下几方面的监督工作。一是健全纪检监察干部监督室。当前，要继续完善该机构内部的相关制度，对纪检队伍监督执纪、审查调查等工作进行密切监督，保证监督权在正确的轨道运行。二是完善纪检监察干部自我监管制度。要继续健全工作制度，完善内部举报、案件检查、涉案款物管理等工作规范，明确业务分工，确定监督目标与职责，制定科学严密的工作流程、纪律规范与追责制度，从严管理纪检监察干部，确保纪检监察干部正确行使权力，减少失职渎职的情况。三是加强外部监督力度。如可以建立健全党务公开制度，及时公开纪检监察机关对重大案件的处理情况，主动接受人民群众与社会舆论的监督；建立开放日制度，邀请相关代表与群众到纪检监察部门参观，听取其意见，接受其监督等；建立健全下级纪委向上级汇报工作的相关制度等，强化上级监督力度。四是要以“零容忍”的态势严惩监督责任落实不力、违纪违法的纪检监察干部。对于监督责任落实不力的以及知法犯法的干部，要及时通报，严惩不贷，保持队伍纯洁。

三、加强思想教育，提升基层党组织和党员制度意识与担当精神

针对基层党组织与党员制度意识不强、担当精神薄弱的问题，要加强思想教育，强化制度认同，增强基层党组织和党员的制度意识与担当精神，形

成尊崇制度、敬畏制度的良好氛围。相比党内监督制度建设的其他方面，基层党组织与党员的制度认同意识培育起来需要更长的时间，见效也更为缓慢。这就决定了强化制度认同不可能一蹴而就，党委纪委应将这项工作作为一项长远的任务来部署，确保基层党组织与党员能深刻领会党内监督制度建设的内在要求，将自身的监督职责内化于心、外化于行。这是加强党内监督制度建设的基本工作与有效方法。

第一，强化各级党组织与党员的政治意识，打牢尊崇制度的思想根基。政党由特定的阶级组成，其成员的政治意识如何，从根本上决定其组织纪律性。基层党组织与党员的制度意识如何、党内监督制度建设的成效如何，从根本上来说都与各级党组织与党员是否具备强烈的政治意识密切相关，唯有把准政治方向，筑牢政治信仰，党员才能自觉认同并认真践行党的行为规范。要进一步突出政治建设与思想建设，创新党内集中教育方式方法，加强中国化时代化马克思主义最新理论成果、“五史”的学习，督促全党坚定理想信念，夯实政治定力，确保基层党组织与党员始终保持政治正确，为基层党组织与党员自觉执行党内监督制度、自觉履行自身监督职责打牢思想基础。

第二，加强党内监督制度的公开力度、解释力度与教育力度，确保党员将党内监督各项制度的基本内容内化于心、外化于行。一是及时公开党内监督相关制度。制度认同的前提，是对制度的知晓。对于党内颁布的党内监督法规，各级党组织要遵循党务公开条例的规定，及时公布相关内容，同时，可以考虑以党内监督法规制度体系为文本依托，对其进行汇编整理，以供党内成员学习、了解。二是建立党内监督法规制度的适用解释机制。该机制是指，相关制度颁布后，法定的解释机构应及时对这些制度的规范含义及运用等作出解释。该机制对于党员制度认同意识的树立具有重要价值。但目前我国尚未建立起完善的适用解释机制，权威性解释仍较为欠缺。今后要加大法定机关对党内监督法规制度的解释力度，采用多种方式畅通解释渠道，让党员及时了解每一部党内监督法规制度的精神实质、条款内容，在此基础上将遵守党内监督法规制度融入日常工作与生活。三是加强党内监督制度教育，增强抵御庸俗腐朽政治文化的能力。制度意识的树立离不开宣传教育机制的支撑。习近平总书记指出：“要在全党开展法规制度宣传教育，引导广大党员、干部牢固树立法治意识、制度意识、纪律意识，懂法纪、明规矩，知敬畏、存戒惧，形成尊崇制度、遵守制度、捍卫制度的良好氛围。”① 纪检监察机关及各级党校等应综合运用网络、各类集中性教育培训活动、“三会一课”制度等多种方式加强党章及党内监督法规制度的宣传教育，将党内监督制度学习作为必修课，督促干部熟练地掌握运用相关制度，并逐渐形成按制度办事的习惯和党内政治文化。唯有推动党规党纪学习的经常化、制度化，才能真正树立起对党内监督法规制度的敬畏之心。

第二节 聚焦专责机关监督效能的提升，深化纪检监察体制改革

历史表明，党内监督效能如何与相关体制机制是否完善密切相关。针对体制不健全导致的纪委监督效能发挥不充分的问题，要聚焦专责机关监督效能的提升，深化纪检监察体制改革。针对纪检监察领导体制存在的突出问题，要着重理顺党委与纪委的关系，推进纪检监察双重领导体制具体化、程序化、制度化；针对纪检监察合署办公后出现的新情况、新问题，要着重理顺纪委与监委的关系，推动纪检监察合署办公体制科学化。唯有深化纪检监察体制改革，解决好体制方面存在的问题，才能为专责机关监督职能的发挥打好基础。

一、推动纪检监察双重领导体制具体化、程序化、制度化

纪律检查的领导体制在事实上决定了纪检机关在党的各个机构与各项活动中的分工、权力与地位，因而居于十分重要的位置。针对当前纪检机关双重领导体制存在的诸多缺陷，学界提出多种改革方案。方案一：党委与纪委平行的模式。这一观点主要基于权力制衡的理念，主张党委与纪委地位平行。这种改革方案客观上有助于从体制上强化纪委的独立性，增强纪委对同级党

① 习近平关于全面从严治党论述摘编［M］. 北京：中央文献出版社，2016：111.

委的监督力度。但与此同时，也会导致新的问题。目前，我国党代会常任制度尚没有这方面的实践经验，若党委纪委平行，党代会闭会期间，党内将出现纪委与国家权力机关并列的局面，这既不利于党的领导，也不符合权力运行规律。方案二：上级纪委单一领导模式，亦称垂直领导模式。即省及省以下的纪委由其上级纪委领导，相关人事、待遇等也由上级纪委统一管理，不再受同级党委的领导与约束。这一改革方案对于增强纪委独立性具有决定性意义，但改革之后也存在两方面的隐患。一是拥有强大监督权的纪委自身如何被监督？与同级党委相比，上级纪委的监督距离远、成本高、成效低，监督优势并不明显；二是地方党委的统一领导作用难以有效发挥。纪委的任务主要是协助党委管党治党，最终加强而不是脱离党的领导，当纪委实行垂直领导时，无疑会增加与党委之间的摩擦，损害党的集中统一领导。方案三：在坚持双重领导体制的基础上继续完善这一体制，重点加强上级纪委对下级纪委的领导，其落实的关键在于如何通过改革实现双重领导的科学化，既坚持党的领导又尽最大限度避免党委对纪委监督执纪等方面的掣肘。这是符合我国实际的改革方案，也是当前党和国家正在进行的方案。

针对当前党内监督双重领导体制的弊端，党的十八届三中全会提出“两个为主”的改革，强化上级纪委对下级纪委的业务领导权和人事决定权。党的十九大党章在此基础上增加了：“上级党的纪律检查委员会加强对下级纪律检查委员会的领导。”① 党的十九届三中全会进一步明确：“深化党的纪律检查体制改革，推进纪检工作双重领导体制具体化、程序化、制度化，强化上级纪委对下级纪委的领导。”② 新时代，完善党内监督领导体制需要在坚持党中央的正确改革方向上，继续探索有效方法，推动双重领导体制落到实处。

第一，明晰党委、纪委的权力边界，强化纪委对同级党委的监督力度。建党以来，党内监督的一大难点便是纪委难以监督同级党委。究其原因，根本就在于党内监督的双重领导体制不完善，缺乏具体化、程序化、制度化规定。如同级党委的权力边界及对纪委的领导权限、领导范围等不清晰，纪委

---

① 中国共产党历次党章汇编：1921-2017（第2版）[M]. 北京：中国方正出版社，2019：33.

② 中共中央关于深化党和国家机构改革的决定 [N]. 人民日报，2018-03-05（001）.

对同级党委的监督内容、监督范围、监督权限、监督程序、监督制度等缺乏具体规定，最终监督难以有力施行。新时代要改变这一监督困局，首先要考虑的是如何完善领导体制，实现纪委对同级党委的有效监督。具体而言，一是建立党委权力清单，明晰党委权力边界。明晰的权力清单是纪委开展监督的基本前提。目前要科学配置党委权力，并通过清单方式明晰党委特别是党委常委会委员的各项权力，同时，据此厘清党委及其成员的具体责任与义务。纪委根据清单内容，对权力的运行展开针对性监督。二是明确规定党委对纪委的领导内容与纪委对党委的监督内容，并以程序化、制度化方式予以保障。要以党内法规的形式明确规定同级党委领导纪委的范围、方式、权限，确保党委在督促纪委更好履职的同时减少对纪委办案的制约与掣肘。同时，以党内法规形式重点明晰纪委监督同级党委的内容。当前，要重点强化对同级党委的以下几点监督内容：贯彻党和国家大政方针政策的情况、重大决策形成与执行情况、落实党风廉政建设责任制情况、选人用人情况、重大事项报告情况等。三是完善纪委对同级党委的监督方式。首先应赋予纪委对党委相关决策与事项的知情权、审议权、评阅权、核查权。在此基础上，完善党务公开制度，特别是“三重一大”事项，要及时公开，方便纪委对党委重大决策的监督；建立健全廉政预警制度与谈话提醒制度，对于同级党委特别是党委常委领导班子党风廉政方面的苗头性问题，纪委及时预警，并谈话提醒，同级党委需要做出正面回应并采取纠正措施；完善党委选人用人征求同级纪委意见的制度，对纪委发现的存在违纪问题的干部，党委应慎重考虑相关人员的提拔事宜；完善党委述责述廉制度，纪委对党委成员述责述廉的情况做好记录与评议，作为以后提拔的重要参考依据。四是完善并落实纪委对同级党委违纪行为的审查程序。对同级党委特别是党委常委委员违纪问题的介入与调查是完善双重领导体制、强化纪委对同级党委监督的重要环节。党的十九大之前的党章规定，对于同级党委会成员需立案调查的违纪行为，纪委应报同级党委会批准；涉及常务委员的，在报同级党委会后向上一级纪委报告。这在一定程度上弱化了纪委对同级党委的监督。对此，十九大党章作出新规定，取消了同级党委会批准的相关规定：“涉及常务委员的，报告上一级纪律检查委员会，由上一级纪律检查委员会进行初步核实，需要审查的，由上一级纪律检查委员会报它的同级党的委员会批准"①。这对于健全完善双重领导体制、强化纪委对同级党委的监督意义重大。今后要严格遵循党章的规定，将纪委对同级党委的监督审查程序落实到实际政治生活中去。

第二，完善查办案件以上级纪委为主的领导体制。改革党内监督领导体制、提升纪委监督能力，要不断完善查办案件体制机制。为推动双重领导体制改革，增强纪委的独立性，党的十八届三中全会及之后的多次重要会议与文件都明确，纪检机关查办案件以上级纪委领导为主。同时，为整合我国反腐力量，国家成立监察委员会，并与纪委合署办公。在此基础上，要推动查办案件以上级纪委领导为主的领导体制向具体化方向发展，从而不断推进双重领导体制改革。一是加强上级纪委对问题线索与案件审查调查的管理。建立广泛的案件线索搜集网络。通过信访、网络等多种方式建立立体的检举举报平台，加强对问题线索的搜集，同时对问题线索统一登记、分类管理。建立线索处置与案件审查情况汇报制度。党的十九届中纪委五次全会指出："要围绕监督检查、审查调查等关键环节，加强上级纪委监委对下级纪委监委、派出机关对派驻机构的领导。"② 下级纪委监委在处理相关线索与审查案件时，应及时向上级纪委监委汇报案件审查进度。保障相关案件特别是涉及同级党委的大案要案能得到及时处理。二是以上级纪委领导为主建立科学、灵活的办案机制。对于一般案件，按照分级负责的原则，由各级纪委处理；对于复杂案件或不适宜同级纪委处理的案件，应加强上级纪委的领导与监督；针对一些社会影响重大或查办难度较大的案件，可以考虑由上级纪委提级办案；对于难以避免的"熟人案件"，可以考虑由上级纪委从其他地区的纪委调人异地办案；对于群众反映强烈的案件及情况相对复杂的案件，可以考虑上级纪委派员指导并监督案件审查过程；对于涉及多部门、多领域的交叉案件，可以考虑由上级纪委整合相关资源，协同办案；等等。三是建立上级纪委对下级纪委的责任追究制度。有权必有责。加强对下级纪委的责任追究有助于

---

① 中国共产党历次党章汇编：1921-2017（第2版）[M]. 北京：中国方正出版社，2019：35.

② 赵乐际．推动新时代纪检监察工作高质量发展 以优异成绩庆祝中国共产党成立100周年[N]. 人民日报，2021-03-16（002）.

强化下级纪委办案的主动性与责任心。对于问题线索瞒报、案件查办拖延、错办或处理不当的行为，及办案过程中贪污索贿、徇私枉法等行为，应根据相关规定对主要责任人及办案人员分别追责问责，违反党纪政纪的给予党纪政纪处分，构成刑事犯罪的，移交司法机构处理。上级纪委要检查下级纪委对违纪成员的责任追究情况，下级纪委应在规定期限内向上级纪委汇报相关情况。当然在这一过程中也应坚持惩前毖后、治病救人的方针，在严厉惩处的同时帮助犯错误的纪委成员改正错误。

第三，完善上级纪委对下级纪委书记、副书记的提名考察与管理办法，打造一支经得起检验的纪检干部队伍。为了增强纪委的独立性，党的十八届三中全会规定纪委书记与副书记的提名考察以上级纪委会同组织部门为主。2015年颁布的《省（自治区、直辖市）纪委书记、副书记提名考察办法（试行）》对此作出进一步规定。但总体而言上述规定为方向性规定，党内需要以此为指导进一步细化、深化相关内容。具体而言，需要从以下几方面展开：一是细化各级纪委书记、副书记的提名考察办法。在提名条件上，以“敢于监督、善于监督”为方向，细化纪委书记、副书记的选拔条件、选拔范围；在提名、考察程序上，进一步细化提名考察的方法与要求、明确选拔程序与考察程序，明确相关主体的责任与义务。总之，各地要结合当地实际制定适合国家发展要求的办法，推动上级纪委与组织部门的提名考察权落到实处，推动相关程序具体化、制度化，把各级纪委书记、副书记这一“关键少数”选好用好。二是拓宽选人用人渠道，加大干部交流力度。上级纪委与组织部门在选拔人才时，应坚持“五湖四海”的要求，破除选人用人壁垒。既可以从纪检监察系统内选拔专业人才，也可以从系统外提名优秀人才；既可以从本单位提名纪检干部，也可以从其他机关和单位提名纪检干部；既可以从同级别单位选拔纪检干部，也可以从基层提拔表现突出的人才。另外，各级纪委书记、副书记人选一般应交流任职，保持纪检机关的权威性，避免形成“熟人办案难”的困局。总之，各地应畅通纪检干部的入口与出口，把德才兼备的人才选拔上来，把信念不坚定、业务能力不合格的人员及时清理出去，为党内监督工作打造一支经得起检验的干部队伍。三是做好上级纪委对下级纪委人财物的垂直管理。选好人才是基础，管好人才是关键。一方面，要加强对下级纪委领导干部及相关人员的培训与教育，确保其始终坚持正确政治方向、保持高水平业务能力；另一方面，为了减少下级纪委办案的顾虑，保持下级纪委的独立性，上级纪委应强化对下级纪委人财物的领导，统一管理下级纪委的人员配备、薪酬待遇、组织经费等，确保下级纪委能更好地履行监督执纪问责的职能。

二、推动纪检监察合署办公体制科学化

纪检监察合署办公是党和国家预防腐败的重大体制改革，这不仅要求执行机构的重组，更要求实现纪检监察系统内部体制机制的良好衔接。正如赵乐际指出的："纪委监委合署办公重中之重是职能、人员、工作的深度融合，是'形'的重塑、'神'的重铸。"① 唯有推动纪委监委各方面的融合与协作，使二者之间发生"化学反应"，才能发挥最大监督合力。根据当前纪检监察合署办公存在的突出问题，要加强纪委监委内部机构与人员的统筹管理，同时，从文本层面上，出台指导纪委监委合署办公的规范性制度与文件，在执行层面上，既构建科学的"纪法衔接"模式，又坚持好"纪法分开"的基本原则。

第一，加强纪委监委内部机构与人员的统筹管理。实现纪委监委合署办公，首先需要对二者的机构与人员作出合理安排，确保相关部门可以有效运转，相关责任可以有效落实。具体而言，应着重从以下两方面展开：一是完善纪委监委机构内部的统筹管理机制。一方面，要对功能相近的机构进行有机融合。国家机构改革是近年来党和国家体制改革的一项重要工作，其中实行大部制是改革的一个重要思路。从纪委与监委的基本情况来看，二者是党和国家的重要监督机构，分别承担党、政反腐工作，功能与责任有诸多相通之处，这为二者顺利实现有机融合提供了可能。具体而言，可以根据预防腐败与惩治腐败的两重功能进行统筹管理。从侧重预防腐败职能的部门来看，监察机构中，预防腐败局具有丰富的预防腐败的工作经验。同时，根据2018年颁布的《国家监察委员会特约监察员工作办法》，特约监察员也具有宣传监

---

① 中华人民共和国国家监察委员会举行揭牌和宪法宣誓仪式　赵乐际出席并在机关干部大会上讲话［J］. 中国纪检监察，2018（06）：12-13.

察政策、预防腐败的责任与义务。党内监督组织机构中，党风政风监督室、执纪监督室等都具有预防腐败的丰富经验与基本职责。因此，可以考虑将上述功能相近的部门与人员进行统筹管理，强化党和国家监督部门预防腐败的能力。从侧重惩治腐败职能的部门来看，可以考虑把信访部门、案件监督管理部门、审查调查部门、案件审理部门等进行统筹管理，提高线索搜集、案件办理的效率。纪检监委机构中剩余的办公、组织等其他职能部门，可以考虑设置为保障性部门，为纪委监委主体功能的发挥提供有效保障。另一方面，要充分考虑纪委监委工作的不同，保留体现二者本质差异的相关部门。纪委监委内部存在职能相近的部门，同时，二者在具体职能、办案依据、惩处措施等方面又具有各自的特点与不同之处。这就要求统筹管理的过程中要注意这些差异，保留体现二者本质差异的相关部门与工作人员，保持各自的工作优势。二是做好纪委监委工作人员的融合工作。纪检监察的工作人员既包含原单位保留的人员，又包括从检察系统、行政系统等职能相近部门转隶而来的人员。加强纪检监察工作人员的融合工作，成为提升监督效能的基本工作与重要环节。具体来看，首先，要加强思想融合，通过组织相关的理论学习、培训活动与集体活动，增强感情交流，增强对自身工作的认同感与责任感。其次，提升纪检监察业务技能。要提升纪检监察人员对党纪与国法的深刻认识，学会将二者融会贯通。同时，既注重培养纪检监察工作人员的犯罪侦查技能，也注重培养他们的执法监督技能，促使他们更好地适应纪检、监察工作的实际需要。再次，加强工作内容的融合。面对纪检监察交叉类案件、重大疑难复杂案件及纪检监察工作中的其他重大问题，纪委监委人员可以集体讨论，共同出谋划策，作出最佳决策。最后，建立健全纪检、监察工作人员人事关系与福利待遇等事项的统一管理制度。在工作人员的选拔标准、福利待遇、日常管理、晋升渠道等方面实行统一管理，确保在同一场所办公的纪检、监察人员享受公平的待遇与晋升机会，充分调动工作积极性。

第二，从文本层面上出台指导纪委监委合署办公的规范性制度与文件。纪检监察合署办公后，相关工作难以融合，出现一系列新问题的一个重要原因就在于顶层设计上缺乏指导合署办公工作的权威性文件与法规制度。为了确保纪检监察合署办公工作的深入开展，应着重从以下几方面加强规范性文件与制度的制定。一是中央纪委、国家监委共同制定指导纪委监委合署办公的统领性文件。中央纪委与国家监委把纪委关于案件处理程序的党内法规，如关于自身监督执纪工作规则的法规、案件检查工作的法规、案件审理工作的法规等，与监委关于办案程序的法律进行整合，在案件的审批权限与程序上作出详细规定，最终形成二者合署办公的流程设计，对合署工作进行专门指导，实现纪委监委合署办公的科学化发展。二是从文本层面推动党内法规与监察法的有机衔接、监察法与其他法律的有机衔接。纪委监委合署办公必然涉及纪法衔接、法法衔接的问题，对此，首先应从文本层面进行梳理与整合，为纪检监察工作的实际开展提供基本依据。一方面，要推动党内法规与监察法的有机衔接。对党内法规和文件中与纪检监察体制改革精神不配套的法规、与上位党内法规不一致的法规等进行清理或修订，如适应合署办公的需要，当前已废止了《关于加强和改进行政监察工作的意见》等文件。未来还应继续进行清理与修订工作，在党内法规中充分体现纪委监委的合署办公优势。另一方面，要推动监察法与其他法律的有机衔接。文本层面，除了处理好纪法衔接的问题外，还应处理好监察法与其他法律的关系，为纪检监察体制改革提供法律保障与支撑。如加强监察法与宪法、刑法的有机衔接，提高案件处理效率；结合行政监察法律体系对现有监察法体系进行完善与修订，充分体现纪检监察体制改革精神等。三是完善纪检监察配套性法律法规。纪检监察工作的开展，不仅需要主干性、统领性的文件予以指导，也需要相关配套性法律法规予以规范。新时代，应针对监察法中的原则性规定进一步制定配套性法律；针对《中国共产党党内监督条例》中规定不够具体的内容进一步制定配套性法规；同时，完善纪检监察法律法规的实施细则，加强纪检监察工作的可操作性。最终形成完备的纪检法规体系、监察法律体系，有效规范纪检监察工作，推动纪检监察合署办公，提高反腐效率，强化治理效能。

第三，在执行层面上既构建科学的“纪法衔接”模式又坚持好“纪法分开”的基本原则。在我国，纪检监察机构执纪执法的对象有三种情况。一种是非党员身份的公职人员，一种是非公职人员的党员，一种是具有党员身份的公职人员，其中，第三种情况占很高的比例。纪检监察合署办公后，针对前两种情况的执纪执法规则较为清晰，而针对第三种情况的执纪执法规则则仍需完善。针对这一庞大的群体，纪委执纪与监委执法的衔接性问题逐渐凸显，如何更好地坚持纪法分开的问题同样进一步凸显。为此，一是需要构建科学的纪法衔接模式，进一步明晰纪委监委如何介入相关案件的程序。一方面，针对案件的实际情况制定明晰的纪委监委介入程序。如当党员干部违纪违法行为属于单一的严重违纪情况或单一的职务违法情况时，分别由纪委、监委单独介入即可。当党员干部既违纪又违法时，相较而言，若违纪线索更清晰，则应纪委先介入，以确保办案效率；若职务违法线索更清晰，则由监委先介入；若案件责任人涉案情况或自身身份较为特殊，如关涉国家重大问题，则其行为只要涉及职务违法就应由监委先介入，防止相关责任人畏罪潜逃或畏罪自杀。当党员干部既违纪又违法且重点问题不突出时，纪委监委可以同时介入，纪法并行。由于在具体实践过程中可能面临更为复杂的问题，上述建议仅是抛砖引玉，纪委监委应根据实际制订更合理的方案。另一方面，构建科学合理的执纪执法衔接程序。纪委监委要根据案件性质成立案件调查小组，成员从相应的部门调取，对案件办理进行统筹管理，为需要衔接的事务提供组织保障；同时，构建信息共享系统，对案件处理线索与处理进度及时沟通，为需要衔接的事务提供技术保障。二是需要坚持好纪法分开的基本原则。纪检监察合署办公后，由于二者在监督对象、案件处理流程方面有共性，实行纪法衔接属于必然要求。但需要指出的是，党纪与监察法在内涵、外延与执纪流程、处理举措等方面都有不同，因而二者在实际执行中需要严格区分，防止纪法不分导致以纪代法或以法代纪等现象发生。要明确，“合署”不是“合并”，纪法衔接不等于纪法不分。为了有效贯彻“纪法分开”的基本原则，首先，要明确党内法规与监察法各自的地位，细化相关规定。明确党纪与监察法的适用范围、适用条件，规定纪律审查与职务违法的标准、处理程序，保证具体执纪执法时纪委监委可以精准把握二者的边界。其次，纪委监委执纪各司其职，防止以法代纪或以纪代法。纪委、监委办案时，分别依据党纪、监察法执行，若监督对象既违纪又违法，应根据相关规定予以双重处分，并各自做好案件记录与整理工作。坚决防止减轻处分、加重处分及错位处分等情况的发生。总体来看，既做好纪法衔接工作又坚持好纪法分开基本原则才能实现纪检监察的有机统一，确保党内监督法规与国家监察法落到实处。

第三节 突出体系化思维，加强党内监督法规制度制定与执行

法规条文是反腐倡廉的根本保障、是开展相关工作的重要依据。加强党内监督法规制度建设，需要突出体系化思维，指导相关制度制定与执行。具体而言，既通过完善相关法规制度体系，实现有纪可依；又通过严格的制度实施，构建高效的党内监督法规制度执行体系，实现执纪必严。

一、构建科学有效、结构严密、功能完备的党内监督法规制度体系

有纪可依是党内监督的基本前提，为此，需要采取相应的措施做好前提性工作。未来，要通过补充、清理、修订基础性法规、完善专项配套实施细则、加强党纪党规与国家法律的衔接与协调等，构建起科学有效、结构严密、功能完备的党内监督法规制度体系，确保立治有体、施治有序，实现党内监督的制度化、规范化。

第一，及时补充、清理、修订党内监督基础性法规制度。对于基础法规，不能一味地求快、贪多，而是要根据党的建设实际需要，既在原有的制度基础上补充空白制度、清理过时制度，又在原有制度体系内及时修订不完善的制度，疏通原有制度的堵点，提升党内监督法规制度体系的严密性与科学性。针对当前党内监督基础性法规制度存在的不足，应着重从以下几方面采取措施。一是补充缺失的或发展较为薄弱的党内监督基础性法规制度。比如，要专门制定针对党政主要领导干部特别是“一把手”的党内监督制度，强化对领导干部这一“关键少数”的监督力度，解决党内监督中始终存在的难点；专门制定针对基层干部的党内监督法规制度，特别是要完善基层巡察制度、基层领导干部报告个人事项制度，用科学管用的制度治理基层腐败问题；继续出台针对纪检机关自身的党内监督法规制度，堵住监督漏洞；加紧补充事前预防、事中督促的法规制度，为减少违纪现象提供重要保障；积极落实中央纪委国家监委的部署，制定出台《纪检监察机关派驻机构工作规则》《监察

官法》《监察法实施条例》等纪检监察关键性、基础性法规制度，进一步规范纪检监察机构的职能、权限与办案程序；等等。只有及时补充好缺失的或发展较为薄弱的制度，堵住制度之网上的漏洞，才能保证管党治党的制度基础坚实可靠。二是适时清除过时的党内监督法规制度。织密制度之网，不仅需要堵住制度漏洞，而且还需要对过时的制度进行清理，裁剪掉多余的部分，确保制度科学有效。中国共产党成立以来特别是进入新时代，党中央积极规划部署，对包括党内监督制度在内的党内法规制度进行了多次清理，经过“瘦身”的党内法规制度，实施起来更加方便科学，治理效能也进一步增强。今后要继续跟随时代的发展，制订党内监督法规制度的清理计划，对不符合时代发展要求的制度及时废止、简化或删除，增强党内监督法规制度体系的整体力量。三是及时修订完善现有的党内监督法规制度。具体来看，要做到以下几点。要与时俱进修订党章，将有关监督工作的最新精神体现到党章中，为党内监督制度建设提供总依据总遵循；要结合党建工作的实际情况及时修订党内监督的主干准则与条例，当前迫切需要在党内监督条例与纪律处分条例等主干条例中充分体现政治监督特别是政治纪律监督的相关内容，同时还需将党内监督积累的其他实践经验及时体现到基础性制度中，打通实践中存在的监督难点。

第二，制定完善专项配套实施细则，提高相关制度的针对性与操作性。纪委推进监督工作，不仅需要基础性法规搭建起党内监督制度体系的四梁八柱，而且需要配套性措施予以细化。当前，党内监督法规制度体系已经基本建立，但具体实践中仍存在治理效能有待提高的问题。究其原因，主要在于现有制度有的相互脱节，缺乏有效衔接与配合，导致系统性不强，综合效应难以发挥。对此，习近平总书记多次强调：“制度不在多，而在于精，在于务实管用，突出针对性和指导性。……要搞好配套衔接，做到彼此呼应，增强整体功能。”① 新时代，要继续完善党内监督的专项配套制度，打通制度与制度之间的障碍，推动基础性、主干性制度落地生根。具体来看，要着重按照以下几条思路采取有效措施：一是着重制定《中国共产党党内监督条例》等

① 十八大以来重要文献选编（中）［M］. 北京：中央文献出版社，2016：95.

主干制度的解释细则、实施办法，推进党内监督法规制度体系建设。《中国共产党党内监督条例》是党内监督的行动指南，具有统领性。从中央的部署看，“条例没有对中央部委和地方党委制定实施细则作出授权规定，体现全党必须一体执行，防止搞变通、打折扣”①。遵循这一要求，党内监督条例的细化工作可以考虑由中央统一完成。如可以制定一些解释性说明或补充性制度，为党员理解和践行条例提供基本依据；可以根据条例对党内监督主体的划分制定针对各主体实施监督的细则等。其他主干制度的细化工作也应尽量突出问题导向，明确相关主体责任、明确违纪标准、裁量标准、明确执行步骤，从而增强针对性与操作性，减少主观色彩。唯有细化相关规定，主干性制度的执行才能收获预期效果。二是制定地方性配套措施，统筹推进各层面党内监督制度建设。中央层级的党内监督制度颁布后，各省党委应在中央允许范围内，结合具体实际进行相应实施细则的制定，及时构建信息沟通机制和责任传导机制，保证中央与地方有效配合，确保党中央监督要求落到实处。当然，实际执行中，也需要防止照搬照抄机械执行的倾向，防止脱离当地实际情况层层加码的倾向，以及违反中央精神搞变通的倾向。三是着重制定程序性、保障性党内监督制度，统筹推进不同类型党内监督制度的综合发展。当前党内监督实体性法规制度较多，程序性、保障性法规制度相对偏少，导致制度操作性不强。对此，应针对实体性制度制定具体执行方法、步骤，完善程序性制度，确保实体性制度有序执行；同时，要加强保障性制度建设。党委纪委应健全问题线索记录管理制度、党内监督问题整改、结果反馈与信息公开制度、监督者个人信息与人身安全保护制度、监督对象申辩权与申诉权保障制度等，强化保障性制度建设。总之，只有完善各项配套制度，才能避免党内监督基础性、主干性制度空洞乏力，才能确保党内监督制度各子体系平衡发展，增强系统性功能。

第三，注重党内监督法规与国家法律的衔接与协调。在实际工作中，许多案件的处理经常会遇到党纪、国法如何运用的问题。从相关部署来看，党的十八届四中全会、十九大报告等都明确提出党规国法衔接协调、有机统一

---

① 十八大以来重要文献选编（下）[M]. 北京：中央文献出版社，2018：414.

的要求。党内监督法规制度与国家法律是构建党和国家监督体系的制度基础。推动二者的有效融合与贯通还需从以下几方面推进：一是明确党内监督法规制度与国家法律的职能边界，为纪法贯通衔接奠定基本前提。要明确，党内监督法规制度是由党的特定组织制定的监督党组织与党员违纪行为的制度；国家法律是国家立法机关制定的规范全体公民言行的规章制度。前者的要求明显高于后者。全党要坚持纪严于法，防止混淆党内监督制度与国家法律的边界，降低对党员的要求，弱化党纪的权威性与严肃性。明确二者的区分与界限才能为纪法衔接工作奠定认知基础。二是完善党内监督法规制度与国家法律备案审查衔接联动机制。备案审查是指党规、国法及党和国家的规范性文件等在生效之后，按法定时间向法定机关备案，由法定机关分类、存档、监督审查的活动。备案审查有助于防止党规之间、国法之间、党规国法之间发生冲突，是从立法源头上把好党纪国法质量关的重要举措。2012 年，《中国共产党党内法规和规范性文件备案规定》明确要求建立健全党规国法备案审查衔接联动机制。新时代，要认真贯彻相关要求，做好党内监督法规制度备案机构与国家法律备案机构之间的衔接工作，加强信息沟通与联动检查，推动党内监督法规与国法的有机衔接协调，确保党内外公权力得到全面有效监督。三是建立对接互动机制。可以将党内监督法规中成熟的做法，如领导干部财产公开制度等上升为国家法律，提高法律的科学性与时效性；党内法规也应积极借鉴国家法律的专业化、标准化流程，特别是其量化原则，减少党内监督法规制度中较为宽泛、模糊的表述，保障监督的公平性与有效性。通过对接互动，实现纪法衔接，提升党的治理能力。四是坚持问题导向，推动纪法衔接工作向具体化、细致化方向发展。当前二者的衔接多是从党章、监察法、党内监督条例等宏观层面展开，未来应在此基础上进一步细化，将衔接工作推进到具体领域与部门，进一步提升针对性与可操作性，以此提升中国特色监督制度的合力。

二、构建高效的党内监督法规制度实施体系

各项制度能否发挥预期成效，关键取决于他们能否得到有力执行。目前，党内已形成高效的党内法规制度实施体系，但在具体执行层面仍可以进一步

完善。未来，需要进一步强化党内监督法规制度执行力度，并建立健全监督、问责与考核等机制，强化刚性约束力，推动制度落地生根。

第一，强化党内监督法规制度执行力度。制度的生命力在于执行，只有将制度落实于执行层面，才能发挥实效。一定历史时期内，党内腐败现象蔓延、党的领导弱化，一个重要原因就在于好的制度未得到有效落实。对此，习近平总书记指出："要强化制度执行，加强监督检查，确保出台一个就执行落实好一个。"① 这告诉我们，新时代要不断强化党内监督法规制度执行力度，确保好的制度落到实处。一是坚持有纪必依、执纪必严。针对党规党纪的执行，习近平总书记多次强调："要坚持制度面前人人平等、执行制度没有例外，不留'暗门'、不开'天窗'，坚决维护制度的严肃性和权威性，坚决纠正有令不行、有禁不止的行为，使制度成为硬约束而不是橡皮筋。"② 纪检监察机关应遵循这一要求，强化制度执行力度，做到制度执行没有例外，有纪必依、执纪必严，严惩各类违反党纪的行为。同时，要及时纠正党规党纪执行中的形式主义、官僚主义，防止出现党纪执行先紧后松、上紧下松等现象，防止制度在执行中走样、变形。二是发挥领导干部这一"关键少数"的模范带头作用。在党和国家事业中，领导干部掌握重要权力、肩负重要责任。他们的一言一行时刻影响着党员和群众。加强党内监督制度建设要抓住这一"关键少数"，发挥好其引领作用。领导干部对自身要坚持高标准、严要求，磨炼自己、提高自己，在贯彻执行民主集中制、遵守和执行党的纪律、如实汇报个人重大事项上做表率，用自身言行引导广大党员群众自觉守规用规。三是不断巩固与提升纪检监察机关执行党内监督法规制度的能力。党内监督法规制度的执行离不开纪检监察机关这一专责机构，其执纪能力强弱是影响相关制度实施成效的关键因素。顺应党中央强化政治监督的新要求，新时代，要着重培养纪检干部的政治能力与业务能力。既努力提升他们的政治判断力、政治领悟力与政治执行力，又努力提升他们发现问题线索的能力、审理案件的能力，确保相关制度精神得到贯彻落实，相关工作不断向前推进。

---

① 习近平关于严明党的纪律和规矩论述摘编［M］. 北京：中央文献出版社、中国方正出版社，2016：82.

② 十八大以来重要文献选编（中）［M］. 北京：中央文献出版社，2016：95.

第二，强化对制度执行的监督、问责与考核。党内监督法规制度执行力度不够的一个比较重要的原因就在于缺少必要的监督与惩戒机制，违纪成本过低。为此，必须加强对制度执行情况的监督检查、追责问责与考察考核，以外在的强制力督促党内监督法规制度执行。具体而言，要做到以下几方面：一是完善制度执行的监督检查机制。对于下级党委纪委的执规执纪情况，上级党委与纪委要加强日常督查，定期检查下级纪委的执纪档案，对于执纪工作不扎实、执纪力度不到位的及时谈话、提醒，督促相关制度落实；同时，抓住主要矛盾的主要方面，加强专项检查，督促重点部门和重点领域落实党内监督制度，确保党中央精神落到实处。需要指出的是，在日常监督与专项监督的过程中要充分发挥巡视巡察的作用。巡视巡察小组要将党内法规制度实施情况作为重要监督内容，及时发现执纪方面存在的问题，并及时督促相关党委纪委作出整改，以此推动党内监督制度执行。二是对制度执行不力的党员干部强化问责力度。对于党内监督法规制度执行不到位、打折扣的，要按照《中国共产党纪律处分条例》《中国共产党问责条例》及时追责问责、严肃查处，严格落实问责制度，并通过惩戒措施督促党内监督主体积极作为。三是健全考核评价机制。在纪检干部的工作中，考核评价标准具有方向性指引作用。但当前，党内监督工作的考核评价机制还待完善，这在一定程度上降低了纪检干部与党内成员的监督积极性，导致相关制度难以落实。为了提升党内监督法规制度的执行力度，激发全党的监督积极性，有必要建立健全科学的考核评价机制，把制度执行成效作为重要指标纳入考核评价体系。在今后的工作中，要把该考核结果作为干部选拔任用的重要考量，实实在在推动领导干部执行党内监督法规制度，提升制度的治理效能。

第四节　坚持问题导向，完善具有中国特色的党内监督具体方式

党内监督方式是在党内监督实践过程中形成的具有中国特色的党内监督形式，是落实党内监督的具体支撑。未来要突出问题导向，以强化政治性、

组织性与实效性为突破口深化巡视制度改革，确保巡视政治定位准确、巡视队伍专业、巡视结果运用高效；以增强独立性、专业性与规范性为着力点深化派驻制度改革，确保派驻管理体制科学、派驻队伍专业、派驻工作制度健全；以科学管用、锐意创新为导向推动其他党内监督具体方式改革，确保党内监督顶层设计落地生根。

一、着力强化巡视监督政治性、组织性与实效性

作为全面从严治党的重要举措，巡视制度也是党内监督的重要形式。当前，针对巡视制度建设存在的问题，要突出政治巡视并不断完善巡视方法，强化巡视监督政治性；加强巡视队伍建设并强化各部门协调联动，强化巡视监督组织性；进一步增强对巡视结果的整改与运用，提升巡视监督实效性。通过这些切实有效的措施，推动巡视制度向科学化、规范化方向进一步发展。

第一，突出政治巡视并不断完善巡视方法，强化巡视监督政治性与权威性。针对当前少数巡视人员站位不准，以及巡视方法不完善等问题，应着重从以下两方面采取针对性措施。一是突出巡视重点，着力强化政治巡视。巡视监督的初衷是强化政治监督，今后各巡视组应明确重点，突出政治方面的监督。要重点检查被监督对象是不是较好地贯彻了党章及党中央重要决议、重大方针政策；是不是坚持了正确的政治立场，全心全意为人民服务；是不是真正落实了党风廉政建设责任制，遵守了中央八项规定精神；是不是存在徇私枉法、以权谋私、贪污腐败的问题；是不是存在管党治党责任缺失、导致党的领导弱化的问题；等等。唯有定位准确，才能发现政治方面存在的突出问题，更好地实现设立巡视制度的初衷。二是创新巡视方式方法，增强巡视威慑力。传统的受理举报、听取汇报、查阅资料、谈话、走访等方式创新性不足，难以发现深层问题。为此，应着力提升巡视技巧、创新监督方式。具体而言，除传统的常规巡视、专项巡视外，应增强“机动式”巡视，降低被巡视单位提前做面子工程的概率；应考虑根据实际情况开展“提级巡视”与“交叉巡视”，避免“熟人社会”阻碍巡视工作的开展；应把明察与暗访相结合，增强巡视的灵活性与威慑力；还应建立健全巡视巡察信息共享机制，打破信息壁垒，为发现问题线索、推进案件审查提供信息基础；同时，及时

公布巡视巡察结果与相关信息，提升社会参与度与关注度，为群众监督提供必要的渠道，为发现更深层次的问题提供更多可能。

第二，加强巡视队伍建设并强化各部门协调联动，强化巡视监督组织性。针对巡视制度建设过程中，专业化力量有待补充、各部门联动机制有待健全等问题，要从以下两方面采取措施。一是加强巡视队伍建设，为巡视工作提供组织保障。一方面，要加强巡视人才选拔与培养。要按照德才兼备的要求，把党性坚定、敢于担当的人才选拔补充到巡视队伍里来，并注意优化巡视队伍的年龄结构、专业层次，确保巡视队伍结构合理；同时，要不断加强对巡视队伍的教育与培训，特别是一些技术性、专业性较强的领域，需要选拔专业人才并不断强化各类巡视技能，推动巡视队伍专业化、规范化，确保巡视达到理想效果。另一方面，要加强对巡视干部自身的监督与考核。派出机关要加强对巡视小组工作的监督，对于巡视工作中出现失误或徇私枉法提前泄露巡视信息的干部，要予以严惩，切实防止出现“灯下黑”的现象；同时，建立健全可量化的巡视干部考核机制，对于巡视业绩突出的予以提拔重用，对于巡视工作不认真的不予提拔并记录在案，形成有效的制约机制。二是建立健全相关部门的协调联动机制。巡视工作涉及的部门较多、人数较广，为确保巡视工作顺畅有效，需要进一步完善各部门的协调联动机制。具体而言，应根据巡视的标准、要点等建立起标准化的操作流程，为各部门提供基本的参考依据；应进一步健全巡视巡察在各部门运行的配套制度与制约机制，减少各级部门之间的摩擦、督促各部门积极配合。同时，要加快形成巡视巡察上下联动的工作机制。应抓紧制定巡视巡察有效衔接的指导意见，为建立巡视巡察联动工作机制提供有效指导；强化巡视小组对巡察小组的指导，根据各地实际分类施策，推动巡视、巡察同步发展，形成整体监督合力；健全下级巡视巡察小组向上级汇报工作的制度，强化上级对下级的监督，确保巡视巡察工作在每一层级特别是在基层的落实，打通党内监督“最后一公里”。

第三，增强巡视结果的整改与运用，提升巡视监督实效性。针对部分地区巡视结果运用不充分，整改不到位的问题，应从以下几方面采取有效措施，写好巡视监督“后半篇文章”。一是明确巡视结果整改责任，明确整改要求与时间。各相关部门要强化责任意识，在规定时限内做好整改工作，解决好巡视过程中发现的问题。如面对巡视结果，被巡视的党组织应担负起主体责任，对巡视反馈的问题积极制订整改方案，并有效落实整改措施；针对巡视移交的案件问题线索，纪检监察机构要及时处理，严查违纪问题；针对巡视移交的干部选拔与管理问题，组织部门应深入调查，匡正选人用人风气；等等。只有明确整改责任，才能有效避免纸面整改、选择性整改等问题。二是建立健全对整改结果的监督机制与奖惩机制。要建立量化的验收标准，确保整改达到预期效果，同时把上轮整改作为新一轮巡视的重点，确保巡视结果真正得到有效运用。另外，还需根据整改结果建立相应的奖惩机制，对于认认真真整改、切实解决问题的单位与干部予以奖励，并计入工作业绩；对于表面整改、选择性整改的单位与干部予以惩戒。三是逐步建立巡视结果公开机制及相关问题反馈申诉机制。除加强纪检监察机构内部的监督外，巡视结果还应根据问题性质、信息密级等建立起相应的公开机制，接受广大党员和人民群众的监督，确保有权必有责，用权受监督；同时，为了保护被巡视单位或个人的合法权益，还应建立有效的问题反馈申诉制度，防止巡视权力被滥用。

二、逐步增强派驻监督独立性、专业性与规范性

派驻机构是纪委监委的派出机构，是上级监督向下延伸与拓展的重要形式。为了有效解决派驻制度建设存在的突出问题，提高派驻制度的监督效能，要继续深化派驻机构统一管理体制改革，增强派驻监督独立性与权威性；进一步加强派驻监督组织队伍建设，增强派驻队伍专业性；建立健全派驻机构的工作制度，增强派驻监督规范性。唯有采取针对性措施深化派驻制度改革，才能实现党内监督制度的完善，推动党内监督横向到边全覆盖。

第一，继续深化派驻机构统一管理体制改革，增强派驻监督独立性。派驻机构的管理体制，关系派驻机构的独立性，进而关系派驻监督的效果。2004 年以前，派驻机构的人财物等重要人事关系与经济关系主要由驻在单位管理。该体制下，监督者受到被监督者的制约较多，难以展开独立监督。自 2004 年以来，党中央不断探索，加深对派驻机构与驻在部门关系的科学认识，深化派出机关对派驻机构的统一管理。经过改革，派驻体制更加科学合理。但与此同时，仍存在派驻机构的独立性与权威性不够导致监督效果不佳的问

题。新时代，要继续推进纪委监委对派驻机构的直接统一管理，强化派驻监督的独立性与权威性。具体而言，一是加强派出机关对派驻机构人事权的统一管理。人事权是决定党员领导干部政治生命的一项重要权力。为了进一步强化派出机关对派驻机构的领导，可以仿照党内监督双重领导体制“两个为主”的制度，授予纪检监察委员会与组织部门对派驻纪检监察组组长与副组长的提名权与考察权，以及对其他派驻成员录用、培训、交流、考察的权力，确保派出机关与派驻机构在人事关系上实现垂直领导，减少派驻机构的后顾之忧，保证派驻机构对派出机关负责。二是派驻机构所需经费由派出机关统一单列。新世纪以来，派驻体制改革成效显著，我国大部分派驻机构已摆脱了驻在部门在人财物方面对派驻机构的制约。但总体来看，当前仍有少数派驻机构在经费与福利待遇等方面受驻在部门限制，这导致其无法挺直腰板对驻在部门进行监督。今后要进一步加强派出机关对派驻机构人员编制、经费、福利、后勤保障等问题的统一管理，减少驻在部门对派驻机关的经济限制，增强派驻机关的独立性与权威性。三是完善派出机关对派驻机构相关工作的领导制度与监督制度。如建立派驻机关定期向派出机关汇报工作的制度、派驻机构定期听取派出机关意见的制度、派出机关对派驻机构相关工作的考核制度等，通过科学合理的制度增强派驻机构干部工作的积极性，为派驻监督提供正确的方向指引。

第二，进一步加强派驻监督组织队伍建设，增强派驻监督专业性。派驻制度的实施，离不开专业的组织队伍。针对当前派驻监督组织队伍建设存在的突出问题，需要从以下几方面采取有力措施：一是提升派驻干部的专业素养。派驻监督是一项专业素质要求较高的监督方式，特别是对重大问题决策与项目实施、大额资金使用等的监督，专业要求更高，实践中部分干部存在“想为、敢为”但“不会为”的问题。为此，要加强对常用制度、常见问题的梳理，并编印成册，为派驻干部提供清晰的监督执纪标准与守则；要根据不同派驻干部的具体工作，调整培训内容，特别是要深化对驻在部门财务、人事、项目等的了解，增强培训的针对性与实效性，掌握驻在部门的最新动态，强化监督的专业性；要经常开展业务考核与评比，强化派驻干部对法律知识、组织纪律、监督常识的了解等。通过上述措施，既提高领导干部的政治素养，又提高领导干部的业务素养，保障派驻监督落到实处。二是优化派驻监督组织队伍的配置方式。针对派驻队伍人数较少、力量薄弱的现实情况，一方面，要坚持“五湖四海”、德才兼备的标准进一步补充派驻干部；另一方面，也是更为重要的方面，是要优化现有的派驻机构与人员配置。如针对项目重大、资金较多、贪腐风险较高的单位，可以单独设立派驻机构，针对工作性质相近、地域毗邻的单位采取综合派驻，着力提升派驻监督覆盖的全面性；同时，依照各部门派驻监督工作的复杂程度、反腐败斗争的任务轻重等合理配备派驻干部，争取发挥出派驻监督与其他监督方式的最大合力。三是强化派出机关对派驻机构的支持，提升派驻干部的归属感。派出机关是派驻机构最坚实的后盾。派出机关应强化责任担当，加强对派驻机构的指导与帮助。如对于派驻机构反映的问题线索，要及时处理；在监督经费、福利待遇等方面对派驻机构提供充分保障；同时强化对派驻干部的管理与考核，增加对派驻干部的关心与爱护，给予派驻组织队伍充分的归属感，确保派驻组织工作始终是“一盘棋”、派驻队伍始终是“一家人”。

第三，建立健全派驻机构的工作制度，增强派驻监督规范性。派驻机构的工作制度关系派驻监督的运行与实效。新时代，我国许多地区探索了派驻机构内部的工作制度，但总体呈现出原则性较强、制度细化不够、内容差异较大的问题。为此，各地有必要在中共中央印发《纪检监察机关派驻机构工作规则》的基础上，因地制宜，完善派驻工作。具体而言，应突出以下几方面内容：一是明确派驻机构的职能定位与主要责任。准确的定位与清晰的责任是开展监督工作的基本前提，有助于克服派驻监督中的职能错位、越位、缺位等问题。习近平总书记多次强调：“纪检组长要一心一意履行监督职责，不要分管其他业务，如果都‘打成一片’、混成一锅粥了，还怎么行使监督职责呢?”① 因此，相关制度中要明确派驻机构的首要职责是监督，主要业务应围绕被监督单位的党风廉政建设和反腐败斗争展开，尽量减少其他业务，真正做到“不越位”“不缺位”。二是明确派驻机构的监督权限。一段时间内，派驻机构的监督权力受到诸多审批程序上的限制，这导致派驻机构无法很好

① 习近平关于全面从严治党论述摘编［M］. 北京：中央文献出版社，2016：203.

地履行监督职责。为此，应在相关制度中适当扩大派驻机构的权力，如可以根据实际情况授予派驻机构留置权、搜查权，对于授予方式可以试行一次一授权的方式，成熟之后再进行长久性授权。另外，适应国家监察体制改革后纪检监察合署办公的要求，应授予派驻机构监察权，实现责权对等，充分发挥派驻制度监督效能。三是规范派驻机构内部的具体管理制度。目前派驻机构的相关工作制度尚不够健全，派驻监督的规范化程度有待提高。应根据管党治党的需要，明确规定派驻机构内部的议事制度、派驻机构对问题线索的管理制度及其考核制度等，通过制定详细的规章制度，推动派驻监督向科学化、规范化、具体化方向迈进。

三、增强其他党内监督方式针对性与创新性

除巡视制度、派驻制度外，党还创造了许多其他的具体监督形式。结合当前存在的实际问题来看，今后还需突出针对性，重点完善领导干部报告个人有关事项制度、述责述廉制度、领导干部插手干预重大事项记录制度、诫勉谈话制度等其他党内监督具体方式。同时，注重发展信息技术，借力信息技术手段创新党内监督方式。继续丰富完善党内监督具体形式与方法，对于党内监督制度建设具有重要意义，为党内监督顶层设计落地生根提供具体的制度支撑。

第一，完善领导干部报告个人有关事项制度。领导干部报告个人有关事项制度是党内监督的重要制度之一。为了进一步优化该项制度，充分释放治理效能，应从以下几方面采取措施：一是适度扩大报告主体的覆盖范围。当前，职级相对较高的领导干部基本实现个人有关事项报告全覆盖，但基层党员干部及一些重要领域的党员干部未实现全覆盖。未来应考虑将基层重要党员干部及司法、税务、海关等重要领域的党员干部纳入报告主体。此外，还应考虑将市厅级以上领导干部的家属纳入报告主体，从腐败风险相对较高的人群着手加强监督。二是适度扩大报告事项范围。当前，领导干部上报的范围仅限于正常收入及有形财产，但从以往的腐败案例来看，多数腐败行为较为隐蔽，仅报告这两项内容很难发现深层的问题。为此，应考虑把贵重物品、礼品等隐性收入、债权等无形财产、生活中的重大财产交易与重大的投资经

营等也纳入报告范围，从存在腐败高风险的事项释放治理效能。三是完善配套措施，降低领导干部个人事项核查难度。领导干部个人事项的核查往往牵涉多个部门，如房产、金融资产等的核查，通常需要多部门联动。为了减少领导干部不如实报告的现象，未来应加强相关配套制度建设。如建立与国土房管部门的对接机制，畅通对领导干部房产查询的通道，减少查询成本与时间、提高查询精确度；完善金融监管制度，落实储蓄实名制度与金融报告制度，及时发现可疑金融交易信息，降低领导干部腐败风险；完善个人征信制度，把重要领导干部涉及金融、税务、司法等方面的信息有机整合，依据相关法律实现信息共享，及时发现问题线索，同时推进信用立法，建立相应的奖惩制度，形成党风廉政建设的重要参考。

第二，完善述责述廉制度、领导干部插手干预重大事项记录制度、诫勉谈话等其他党内监督具体方式。除巡视制度、派驻制度外，述责述廉制度、领导干部插手干预重大事项记录制度、诫勉谈话等也是党内监督的具体形式与方法。新时代要继续丰富、完善这些形式与方法，为党内监督提供具体的制度支撑。一是继续完善述责述廉制度。要规范述责述廉的形式，既要结合民主生活会进行，也要在党委常委会（或党组）扩大会议上进行，让领导干部受到党组织和党内同志的广泛监督；要注重述责述廉的评议环节建设，及时检验和督促领导干部述责述廉，避免制度流于形式；要突出述责述廉的重点，汇报全面从严治党主体责任的落实情况与廉洁自律的基本情况；要将述责述廉报告载入廉洁档案并在一定范围公开，既确保有据可查，又确保形成监督与震慑。二是完善领导干部插手干预重大事项记录制度。要进一步明确哪些情形需要记录，除正常的工作范畴外，应把司法办案、干部选拔、项目安排等重大事项以及来自特定关系、熟人的请托等都纳入其中。同时，对不如实填报的，根据情况进行处分与问责。如对上述情况不如实记录的，对记录人员给予纪律处分；主管领导授意不如实记录的，对主管领导问责。唯有关好插手相关案件的“后门”，才能维护党纪的权威性，确保权力为民所用。三是完善诫勉谈话制度。诫勉谈话是党内监督条例规定的一项重要的监督制度。针对当前诫勉谈话存在的问题，需要对谈话人进行教育，使其进一步重视谈话的意义，认真领会党的要求并完成相关任务；要切实规范诫勉谈话的程序，提前拟订谈话方案与提纲、严格谈话启动程序、把握谈话时机、规范谈话场所、做好谈话记录；要注重提高谈话的质量与水平，既要有力度、又要有温度；同时，还需做好谈话结果的综合运用，既对被谈话人的改进情况进行追踪，又对谈话人的谈话能力与工作进行考核，任何一方存在问题，都需严肃问责。

第三，借力信息技术创新党内监督方式。科技作为现代化的产物，对党的自身建设产生着深刻影响。于党内监督而言，科技是提升党内监督效率、有效制约公权力的重要变量，党内监督的开展离不开信息技术的支撑。当前，要充分运用信息技术手段展开党内监督，推动监督方式智能化、科学化。一是充分利用大数据展开监督。大数据是提高党内监督效率的重要方式。近年来由于大数据运用不充分，部分党内监督工作仍不能较好地展开。为了减少纪检监察机构的工作量，提高监督效率，应充分运用大数据搜集案件线索，搜集领导干部个人重大事项等相关信息，并建立科学的信息处理机制，强化信息处理能力。更为重要的是，通过大数据实现数据的互联互通共享，对党性不足、存在腐败风险的领导干部进行预警，逐步建立事前预防机制，把党内存在的政治风险降到最低。二是科学运用网络系统展开监督。网络监督具有方便、快捷、覆盖范围广等特点。今后要充分利用网络论坛、微信公众号、微博等拓展党员的网络监督渠道，充分发挥互联网的监督功效。与此同时也应注意，网络不是法外之地，网络监督也应遵守法律法规，要切实防止网络暴力、造谣诬陷等问题的产生，防止对党的领导干部带来不必要的伤害。三是建立健全信息技术监督绩效评价机制。信息化建设是未来党内监督的重要发展方向，应考虑将党内监督信息技术建设纳入纪检监察机构的年度考核，推动各纪检监察机构强化科技意识，充分发挥信息技术在党内监督制度建设中的作用，为党内监督工作提供坚实的技术基础。

第五节　着眼于民主监督质效的提升，加强党内民主监督制度建设

民主是监督的基础与前提。针对自下而上的民主监督因缺乏相应的制度

支撑而作用发挥不足的问题，要继续完善党内民主监督制度。党的十九大报告指出，“扩大党内基层民主，推进党务公开，畅通党员参与党内事务、监督党的组织和干部、向上级党组织提出意见和建议的渠道。”① 新形势下，针对党内民主监督制度建设存在的突出问题，要抓住主要矛盾，着眼于民主监督质效的全面提升，完善党务公开制度与方式方法，推动党务公开规范化与常态化；健全党员民主权利保障制度，确保党员监督权利充分实现。

一、推动党务公开规范化与常态化

在法定范围内实行党务公开，确保党员知情权，实现监督者与被监督者之间的信息对称，是有效开展党内监督的基本前提。新发展阶段，针对党务公开制度存在的突出问题，要完善与党务公开相关的各类制度，推动相关工作按照程序，规范化运行。同时，丰富党务公开的方式方法，推动公开工作常态化，确保权力在阳光下运行。

第一，完善与党务公开相关的各类制度，进一步规范党务公开。推动党务公开健康发展，制度是关键。针对当前部分地区党务公开内容不全、公开范围待扩大等问题，要进一步完善党务公开相关制度，逐步实现党务公开规范化。一是进一步细化党务公开的基本内容、规范党务公开的基本程序。《中国共产党党务公开条例（试行）》规定：“党的组织将其实施党的领导活动、加强党的建设工作的有关事务，按规定在党内或者向党外公开。”② 各级党组织应在遵循这一要求的基础上进一步细化党务公开的基本内容，把群众最关心的事情予以重点公开，如重大事项的决策情况、领导干部廉洁勤政的情况、涉及群众切身利益的事项等，强化党员群众对权力的监督。当然，党务公开也有自身的特殊性，对于涉及党和国家秘密、危及政治安全、经济安全及其他各类安全的党务，不得随意公开。同时，还需进一步规范公开程序，按照提出、审核、审批、实施等程序进行③，减少主观随意性。二是建立健全各类配套制度与保障制度。规范党务公开程序、克服党务公开中的形式主义现象，

---

① 习近平谈治国理政（第3卷）［M］. 北京：外文出版社，2020：51.

② 中国共产党党务公开条例（试行）［M］. 北京：人民出版社，2017：1.

③ 中国共产党党务公开条例（试行）［M］. 北京：人民出版社，2017：18.

还需进一步完善配套制度与保障制度，减少推进党务公开工作的其他制约性因素。就配套性制度而言，要建立健全党员群众申请公开制度及党情民意反映制度。当前党务公开主要是“自上而下”单项告知，缺乏群众向党组织反映意见的渠道。为此，需要建立相关制度，确保“下情上达”。如对于符合党务公开基本内容但未作出详细公布的，党员群众有权申请公开；同时，对于党务公开内容与细则的制定应积极征求群众意见，对于党务公开绩效的评定，应把党员群众的评价纳入其中。如此，才能确保党员群众的监督权进一步落实到位。另外，还需要完善决策咨询与论证等相关制度。对于一些涉及重大现实问题的决策，应及时征求专家学者及涉及切身利益的群众的意见，作出科学合理的分析、评估。这是推动党务公开、强化监督力度、实现决策科学化的重要举措。就保障性制度而言，要完善党务公开监督制度与考核制度。党务公开的落实离不开有效的监督制度，要健全上级党组织对下级党组织党务公开的监督制度，畅通党员、群众、新闻媒体等对党组织党务公开的监督、举报渠道，同时，设立党务公开监督员，及时对党务公开情况进行监督、反馈、通报，通过全方位、多层级的监督确保党务公开及时、全面、有效。另外，需要有效的考核制度来保障党务公开的落实。要构建科学的党务公开评价体系，把公开程序的规范性、内容的全面性与及时性、群众反馈信息的整改情况等作为重要的考核指标，把考核结果作为相关党员干部的晋升依据，确保各级党组织落实好党务公开的相关工作。

第二，丰富党务公开的方式方法，推动党务公开常态化。当前，党务公开的方式方法仍较为单一、陈旧，这在一定程度上限制了党务公开的范围，弱化了这一工作的预期效果。为确保工作实效，各级党组织需要结合实际情况与时俱进地丰富工作方式方法，“选择适当的公开方式”①。当前，较为迫切的是要利用好新媒体技术，充分发挥新媒体技术在推进党务公开工作中的独特优势。应充分利用互联网、大数据、模块链等先进技术，实现信息共享、权责透明，确保及时统计并公布党务公开的基本信息；可以打造党务公开特色网站，根据不同领域、不同事务设定不同的公开模块，引导人们快速查询

---

① 中国共产党党务公开条例（试行）［M］. 北京：人民出版社，2017：9.

想要关注的内容；可以通过开通热线电话等构建在线交流机制，扩大受众面；还可以通过定期进行网络直播、定期开通夜间广播等方式把党的领导活动、党的自身建设状况等及时介绍给广大党员群众，其中，群众最关心的事情要予以详细公开，并及时获取群众的反馈，增强党务公开的可信度、实效性，纠正以往信息仅仅向少数人公开的做法，减少工作中的失误。另外，需要指出的是，党务公开应确保实效性、突出重点，对于长期不更新、或公开的信息冗长、无用等问题要及时整改，对于不及时调整的，要予以惩处。总之，各地要结合本地实际，建立灵活、多样、便捷的工作平台，做到受众在哪里，该平台就建设到哪里，从全方位推动党务公开常态化，确保党员对党内事务的知情权。

二、健全党员民主权利保障制度

党章规定，党员拥有选举权、罢免权、揭发权、检举权、控告权、监督权等民主权利，这是党员监督党组织与党的领导干部的重要基础。当前，党员民主监督权利基本明确，主要问题是相关权利在实践中难以充分落实。造成这一问题的原因是多方面的，其中最为主要的是相关制度有待完善。为此，要不断完善党员民主权利保障制度，确保上述问题得到彻底解决，为党内监督工作的推进奠定基础。

第一，健全保护党员民主权利的实体性制度。当前，《党章》《中国共产党党员权利保障条例》等法规制度中都对党员的民主权利进行了明确规定。但是总体来看，相关规定仍需要进一步细化。今后要着重完善以下内容：一是要完善党内选举制度，保证党员能公平公正地行使选举权。作为对党代表或党的领导干部表达自身意见的途径，选举也是一种有效的监督方式。党内要进一步探索充分体现选举人意志的选举办法，如在相关制度中改善对候选人的介绍办法、完善差额选举制度、逐步试行竞争选举制度等，防止个别领导以任命或变相任命等形式影响选举。二是要完善党务公开制度，保证党员知情权落到实处。要完善各层级的党内情况通报制度，细化通报内容与通报方式，让党员及时了解党内决策情况、党费开支情况及党的领导干部的任免与履职情况等；要建立健全党员查阅党内会议记录与相关文件的制度，明确规定可查阅的内容、完善文件解密制度等，确保党员知情党内事务。三是完善党内民主决策制度、民主议事制度、集体领导制度等，保证党员相关权利的行使不受干扰。要在党内法规中明确规定需要讨论的重大事项、明确规定党组织每年集体组织讨论的最低次数、明确以不记名的方式行使表决权，确保党员真正参加党内事务，防止党员的参与权、表决权等被无形忽视，防止主要领导干部在重大问题上犯个人独断的错误，滥用手中权力。四是建立健全党内情况反映制度，疏通意见反映渠道，维护好党员的检举权、批评权、控告权与监督权等权利。要完善来信来访处理制度、建立党代表联系党员群众制度、完善党员民主评议领导干部制度等，积极疏通下情上达的渠道，确保党员的批评、建议及对问题线索的举报等可以顺利反映到上级党组织或纪委。严肃处理压制批评，甚至打击报复等损害党员民主权利的行为。总之，只有完善相关制度，进一步明确、细化党员的民主权利，才能为党员民主权利的行使奠定基础。

第二，完善落实党员民主权利的程序性制度。健全规范的程序性制度对于党员行使民主权利具有重要意义。过去，人们通常习惯于从结果来考察事物的发展，却忽视了过程正当的重要价值，在党员民主权利保障制度建设过程中也存在类似的现象。当前，党员民主权利得不到有效保障固然与实体性制度不够细化密切相关，但实际上，另外一个更为重要的原因在于程序性制度不完善，程序性制度不完善导致实体性制度难以运行，党员权利不易有效落实。因此，保护党员民主权利，必须摒弃过去只重结果却忽视过程的观念，加强程序性制度建设，避免制度运行过程中党员民主权利遭到侵犯、漠视等问题。目前，要在《党章》与《中国共产党党员权利保障条例》的基础上加强落实党员民主权利的程序性制度立法，既可以将程序性制度单独立法，也可以以办法、细则等党内法规的形式予以规定，关键是要对党员行使每一项民主权利的过程作出细化的规定，尽量减少人为操纵的可能、减少形式主义的现象。另外，应明确规定破坏相关程序的行为类型，并制定相应的惩处条款，对行使民主权利过程中侵犯党员民主权利的行为一一进行惩处、追责，用制度的约束力与震慑力确保个别领导干部不敢和不能随意侵犯党员民主权利。

第三，完善落实党员民主权利的保障性制度。一是构建全党共抓党员民主权利保障的合作机制。各级党委要强化对党员民主权利保障工作的领导，保障主体责任落实；各级纪委要做好监督检查工作，认真处理党员的检举、控告与申诉，对于侵犯党员民主权利的领导干部要予以执纪、问责；党的各类工作机构要在实际工作中为党员行使民主权利创造有利条件，确保本单位职责范围内的保障工作做到位；党的领导干部要坚持以身作则，发挥好模范带头作用，带动党员群众正确行使民主权利、积极履行自身义务等。唯有明确各主体的责任，增强全党合力，才能为党员民主权利落实提供基本保障。二是健全对行使民主权利的党员的保护机制。党和国家应完善监督风险评估机制，根据党员行使监督权、检举权、控告权的实际情况进行风险评估，切实维护他们的合法权益；同时，还要建立党员自我保护机制，教育引导党员群众提高民主意识、提高运用党内法规的基本素养，当自身民主权益遭到侵犯，行使监督权遭到报复时，能科学运用法律维护自身权利。三是加强对侵犯、漠视党员权利行为的监督与责任追究力度。纪委要加强监督，对于个别党组织或领导干部侵犯党员民主权利的行为，要及时监督并追究相关责任人的责任。同时，对党员滥用民主权利损害党和国家利益的行为也应予以严惩。

第六节　以党内监督为主导，推动各类监督贯通协同

系统论认为，系统是相互关联的要素构成的一个整体，“整体大于部分之和”的非加和性原则是系统要素的最基本原则。党内监督制度建设不仅需要党内监督各要素发挥作用，而且需要党外监督制度的协作配合。党的十九届四中全会提出：“必须健全党统一领导、全面覆盖、权威高效的监督体系，增强监督严肃性、协同性、有效性”①，这为党内监督制度建设指明了方向。加强党内监督制度建设必须以党内监督为主导推动各类监督贯通协同，确保各类监督既各负其责、正确履职，又有序衔接、协同发力，从而展现党和国家

① 十九大以来重要文献选编（中）［M］. 北京：中央文献出版社，2021：295.

监督系统独有的新功能，产生“1+1>2”的监督合力，实现整个监督系统效能的最大化。针对党内外协同监督机制不健全的问题，未来需要促进党内外各类监督平衡发展、健全党内外监督的衔接机制、优化党内外协同监督的外部环境。

一、促进党内外各类监督平衡发展

针对各类监督发展不平衡导致的党内外监督合力不够的问题，未来需要促进党内外各类监督协调发展，为形成监督合力打好基础。具体而言，要优化党内外各类监督之间的监督权力（利）配置，奠定协调发展的前提基础；加快推进党内外各类监督的相关制度建设，实现制度上的均衡协调发展；同时，还需提高党内外各类监督主体的监督积极性与监督能力，构建多元主体积极参与机制。

第一，优化党内外各类监督之间的监督权力（利）配置。监督权力（利）的科学配置是党内外各类监督协调发展的前提基础。针对当前党内监督与国家监督各主体监督权力较大，政协民主监督、群众监督、舆论监督等各类监督法定监督权利较小、监督权威性不足的问题，需要进一步优化监督权力（利）配置，为增强党内外监督合力奠定基础。一是要通过制度明确规定党内外各类监督主体的工作权限。党和国家要根据各监督主体的地位与职能明确其权力（利）分工，并通过制定相关制度与配套机制予以明确，确保各监督主体的监督权限既可以明确界定又可以有效落实。唯有清晰界定各监督主体的监督权限，才能确保各监督主体既具有独立性，又可以有效交流与配合。二是要根据实际情况做好监督权力（利）的合理倾斜。各民主党派的监督、群众监督、舆论监督等是党内监督的重要补充，在完善党内监督制度、强化党内监督权威性的同时，也应把监督权力（利）向党外监督主体适当倾斜。如监督权要适当向各民主党派倾斜。为了督促各民主党派深入了解权力运行过程，并积极行使监督权，“各级党组织应当支持民主党派履行监督职能，重视民主党派和无党派人士提出的意见、批评、建议，完善知情、沟通、反馈、落实等机制”①。监督权还需适当向群众与媒体倾斜，各级党组织要认真对待他们提出的问题与意见，虚心接受监督。唯有适当扩大并切实保证党外各主体的监督权，才能形成对党的全方位监督，增强相关工作的成效。三是优化监督权运行机制。在明确各监督主体的监督权分工之后，还需优化监督权的运行机制。要以党内监督为主导，加强党内外各类监督主体监督权的配合与交流，织密监督之网，优化监督权的使用，弥补党内监督的缺陷，覆盖党内监督存在的盲点。

第二，加快推进党内外各类监督的相关制度建设。制度具有根本性、全局性，是党内外监督形成合力的重要保障与有力支撑。中国共产党成立以来，十分重视各类监督的制度建设，并取得显著成效。但取得成效的同时，还存在一些不足。当前我国各类监督的制度建设是不平衡的。有的形成了较为完善的制度体系，如党内监督制度、国家监督制度，有的则缺乏有效的制度设计，如政协民主监督、群众监督。制度建设情况对我国监督工作的成效具有重要影响，是实现各类监督贯通协同的前提条件。因此，必须加快推进各类监督制度的均衡协调发展，为相关工作的开展提供制度保障。一是重点加强群众监督制度建设。群众监督是社会监督的重要组成部分，要充分发挥其“探照灯”功能，实现对权力的全方位、深层次监督。未来加强群众监督制度建设，要以专门的法律法规明确规定人民群众的监督权利、监督义务、监督渠道，打牢制度之基；要建立高效的舆情收集、反馈与处理机制，确保群众监督程序合理、运行高效，保证群众监督权利落到实处；同时，相关制度要特别关注因经济贫困而参与社会监督不足的基层弱势群体，为他们提供合适的参与渠道，充分释放群众监督制度的优势，对党内监督制度建设形成强有力的补充。二是着力强化政协民主监督制度建设。政协民主监督是对党内监督的重要补充。推进民主监督制度建设，要针对《关于加强和改进人民政协民主监督工作的意见》出台相应的配套制度，细化宏观性的规定，强化可操作性；同时，要及时把多年来政协监督积累的经验上升为系统的法规制度，为当前的监督工作提供基本依据。三是继续完善党内监督制度建设、国家监

① 中国共产党党内监督条例［M］. 北京：人民出版社，2016：21-22.

督制度建设。要强化党内监督配套制度建设，确保其主干制度发挥效能；继续健全人大监督制度，确保在议行合一的条件下，人大可以充分行使监督权，继续完善司法监督制度，特别是审计监督制度，补齐国家监督制度的短板。总之，促进各监督制度均衡协调发展要坚持做到，“制度不在多，而在于精，在于务实管用，突出针对性和指导性”①。要确保制度制定一个，监督工作便向前推进一步。

第三，提高党内外各类监督主体的监督积极性与监督能力。各主体的监督意识与能力关系到监督制度的实施效果与监督合力的发挥，针对部分监督主体特别是群众、政协等监督主体监督积极性不高、监督能力不强的问题，应从以下几方面采取有力措施。一是强化各监督主体的监督意识，调动监督积极性。如针对党内监督与国家监督的各个主体，应通过专业学习的方式，提高各主体对监督工作的重视程度。特别是各监督主体中的领导干部，应加强制度意识，强化对监督制度的运用，发挥好模范作用，带动其他党员干部与监督主体积极参与到党和国家监督活动中来。针对政协、群众、媒体等民主监督与社会监督主体，应更多地开拓监督渠道、完善信息公开制度，确保他们的监督权利可以有效行使；应积极处理群众、媒体等监督主体反映的问题线索，并及时反馈处理结果，强化其监督积极性；应积极引导各监督主体学会运用监督制度指导自身监督行为、维护自身权益与社会权益，在实践中强化监督动力；同时，强化保护性制度建设，保护好监督者的个人信息与人身安全，防止被打击报复。二是提高各监督主体的监督能力。做好监督工作、发挥监督合力，要不断提升监督主体的监督素质与能力。对于纪检监察干部等专职监督人员，他们的监督能力已处于较高水平，未来要在此基础上继续加强学习教育，并开展有针对性的业务培训，补齐工作中的短板；对于国家监督的各主体，应在提高业务能力的同时，提高配合纪检监察机关做好监督工作的能力；对于政协、群众与媒体等监督主体，纪检机关应强化监督工作的宣传力度，引导他们开展监督实践活动，并在实践中给予指导与协助，同时帮助群众掌握科学的监督方法，在积极互动的监督过程中，提高他们的监

① 十八大以来重要文献选编（中）［M］. 北京：中央文献出版社，2016：95.

督能力。

二、健全党内外监督的衔接机制

针对党内外各类监督责任界定不够清晰、信息交流与资源共享制度仍待完善等原因导致的党内外监督合力不足的问题，需要采取针对性措施，构建党内外协同监督机制。具体而言，要以纪检监察机关为主导成立协同监督领导小组，为协同监督机制的建立提供组织基础；建立党内外联动的监督格局，形成对党内监督的有力补充；建立各监督主体协同监督体制机制，为实现党内外监督有效衔接奠定制度基础。

第一，以纪检监察机关为主导成立协同监督领导小组。统筹党内外各类监督，厘清各主体的职责与关系，实现各类监督之间的信息畅通、制度衔接等，是一项复杂的工程。为此，有必要成立协同监督领导小组，统筹协调相关工作。作为党内监督的专责机关，纪检监察机关具有充分的监督职权，各项制度与配套设施也发展得较为完善，在实践中往往能够得到群众的支持，对其他各类监督也具有引导示范作用。这决定了纪检监察机关在党和国家监督体系中享有较高的权威，是联通各类监督的枢纽。鉴于此，协同领导小组应以纪检监察机关为主导，确保各类监督之间的互动合作。从小组的构建来看，应逐步建立起中央、省、市、县等各级协同领导小组，为构建各层级的联动机制奠定组织基础；从成员的组成来看，各级协同监督领导小组，应以纪检监察机关为主导，组长由党委分管纪检监察工作的副书记担任，成员由国家监督、政协民主监督等其他各类监督的主要负责人组成；从小组的工作内容来看，各级协同监督领导小组主要负责制定协同监督的各项规章制度与指导意见，领导建立协同监督的平台、体制、机制，组织协调协同监督的实践工作，并运用好协同监督的成果与经验，统筹党和国家监督全局工作。唯有建立好以纪检监察机关为主导的协同监督领导小组，才可以最大限度地调动各类监督的力量，确保党和国家监督体系高效运转，从而充分发挥我国监督优势，形成对党员及各级领导干部的全方位监督。

第二，建立党内外联动的监督格局。构建党内外联动的“大监督”格局，一是要从顶层设计上明确各监督主体的职能，为各监督主体发挥好自身作用提供依据。在党和国家监督体系的链条中，党内外各类监督都不可或缺。只有明确界定各自的职能边界，才能为各类监督本职功能的发挥进而为推进整体监督功能的发挥奠定基础。当前，党外各类监督的职能定位还相对不够清晰。未来应在明确党内监督统领地位的基础上，结合各类监督的优势规划其职能定位。如于国家监督而言，它可以对党内监督无法覆盖或不适用党纪的公职人员进行监督，其应处于对党内监督的有力补充地位；于政协民主监督与社会监督而言，二者就像一双“无处不在的眼睛”，使党和国家公职人员时刻处于日常的监督与评判中，因而应处于国家监督与党内监督的基础补充地位。另外，还应根据职能定位进一步明晰各类监督的监督内容、监督对象、监督目标、监督方式等。唯有明晰各类监督的职能定位与职能内容才能为构建党内外联动监督格局奠定基础。二是要处理好党内监督与党外各类监督的协调联动关系。具体而言，要加强党内监督与国家监督的有机贯通，把党内监督的多种形式与具体方法贯穿到国家监督中，督促其更好地发挥自身作用；加强党内监督与民主监督的有机贯通，强化纪检监察机关对民主党派监督的重视程度，拓宽与优化监督渠道，弥补民主监督“协商有余、监督力度不足”的缺陷；加强党内监督与社会监督的有机贯通，建立党内监督与社会监督的衔接通道，拓宽党务公开渠道、信访举报渠道，充分落实群众的选举权、表达权、参与权、监督权，通过党内监督的制度化、科学化带动群众监督、媒体监督的积极性与可能性，发挥社会监督的日常性、广泛性优势，形成对党内监督的有力补充。

第三，建立各监督主体协同监督体制机制。协同监督制度化是实现各类监督协同高效监督的基础。为了建立健全协同监督体制机制，应加强各监督主体间的信息共享、协同会商，加强重要问题线索移交与反馈、重大案件联合查办等方面的制度建设，强化综合分析，统筹协同监督布局，补齐短板漏洞，发挥协同监督制度优势。具体而言，应着重实施以下几方面举措。一是建立监督信息、资源共享平台。当前，监督信息交流不畅通、各类监督资源未有效整合等问题无形中弱化了监督合力，降低了党内外监督制度的监督效能。为此，要充分运用大数据平台管理系统，推动监督信息共享，打通协同监督的中枢。习近平总书记指出：“善于运用网络了解民意、开展工作，是新形势下领导干部做好工作的基本功。”① 协同监督领导小组应加强与国家大数据权威部门的合作，把大数据融合到党和国家监督体系中，建立起各类监督主体间的信息共享平台。各监督主体负责把职权范围内的重要监督信息上传至该平台，通过平台实现信息共享、线索会商、结果查询等，提升协同监督效率、彰显协同监督体制机制优势与治理效能。二是建立健全各监督主体间案件查办协同处理机制。如健全重要问题线索移交反馈制度。即人民检察院、人民法院、审计机关等国家机关发现公职人员违法犯罪问题应把相关线索移交给纪检监察机关。应以纪检监察机关为主导，制定相关制度，详细规定问题线索移交的原则、程序、范围以及问题线索结果的处理与反馈等基本问题。唯有建立健全问题线索移交反馈制度，才能进一步捋顺纪检监察机关与其他国家监督机关之间的关系，确保纪法衔接、法法衔接，才能发挥各监督要素协同治理效能，避免九龙治水而水不治的现象，最终为实现协同监督奠定制度基础。另外，还需继续完善重大案件联合查办、监督责任共担成果共享等方面的制度，为涉及多个主体、多个领域的复杂案件的办理提供良好的基础，为监督党的领导干部提供良好的基础。

三、优化党内外协同监督的政治、经济与文化环境

党内外协同监督制度的建立健全有赖于外部环境的支撑。雄厚的经济基础、健康的政治环境、良好的文化氛围都是党内外协同监督的有力保障。未来需要大力发展生产力，构建亲清型政商关系，为党内外协同制度的建立提供坚实的经济基础与良好的经济环境；加强党对党内外协同监督的领导，同时充分发扬党内民主，为党内外协同监督制度的建立提供组织力量与健康的政治环境；培育制度文化，并弘扬优秀政治文化、抵御庸俗腐朽的不良文化，为党内外协同监督制度的建立提供良好的文化氛围。

第一，优化经济环境。政治与经济密切相关，加强党内外协同监督制度建设，离不开周围的经济环境。一方面，要大力发展生产力，为党内外协同监督制度的建立健全提供坚实的物质基础。未来各地要加强经济建设，为党

---

① 习近平谈治国理政（第2卷）［M］. 北京：外文出版社，2017：336.

内外协同监督制度的完善提供更多的手段与载体、提供更多的人财物方面的支持，确保相关制度既可以及时制定又可以有效落实。同时，大力发展经济，为党员、人民群众民主法制观念的形成提供基础，激发各监督主体的主动性。另一方面，要构建亲清新型政商关系，为党内外协同监督制度建设提供良好的经济生态。要建立健全社会主义市场经济体制机制，完善市场监管制度等，规范市场行为，督促市场主体公平竞争、遵纪守法，客观减少各市场主体与掌握重要经济权力的党政部门之间的不正当行为，减少政商勾结、非法获利现象与“围猎”干部的现象。同时，通过领导干部的带头作用、健全制度等规范政商关系，构建亲清型政商关系，防止党内外各监督主体之间的相互监督关系演变为“利益共谋关系”。具体而言，党政机关的领导干部在处理与市场主体的关系时，要坚守底线，不允许以权谋私；党委与政府要完善党务政务公开制度，确保权力运行公开透明；建立健全政商沟通的相关制度，如通过建立健全领导干部插手干预重大经济事项的记录制度、完善政商关系的监督检查制度、建立相应的问责惩戒机制等规范党政机关与市场主体的行为，破除不良政商关系，构建起亲清新型政商关系，从经济环境方面为党内外协同监督制度的建立提供基础，推动相关工作向前发展。

第二，营造良好政治环境。事物之间相互联系。政治环境健康优良，党内外协同监督就立得稳、站得住、各主体就能够积极参与，相关制度就能够得到有效执行；政治环境不健康，就会出现党的领导弱化、政治生态恶化，各监督主体不敢监督、不愿监督等问题。多年来，党始终致力于营造良好的政治环境。未来进一步优化政治环境还需要从以下两方面进行。一是加强党的领导，为党内外协同监督制度的建立健全提供坚强领导核心。历史表明，党的领导是党和国家各项事业向前发展的根本保障，党内外协同监督制度的建立健全同样离不开党的集中统一领导。未来，需要进一步加强和巩固党对党内外协同监督工作的领导，在党的领导下设立专门的领导小组协调党内外监督工作，通过有力的领导消除来自多方面的阻力。二是发扬党内民主，并以此带动人民民主，夯实党内外协同监督制度的民主根基。党内民主是党内监督的前提，亦是带动人民民主的重要基础。未来，要进一步发扬党内民主，完善党务公开制度，维护党员选举权、监督权、检举控告权等民主权利，做好党内批评与自我批评工作等，确保党员民主权利得到落实，确保党内民主监督工作可以有效开展。同时，要发挥党内民主的带动作用，保证国家机关、民主党派、人民群众、舆论媒体等主体的监督权利也可以得到有效落实，调动国家监督、社会监督的积极性，为党内外协同监督工作的开展营造良好的政治环境。

第三，优化文化环境。文化，从深层次反映一个国家的传统与底蕴，潜移默化影响社会成员及政党成员的思想行为。营造良好的党内外协同监督氛围，离不开文化的浸润滋养。根据我国的文化传统与党的实际情况，未来需要从以下两个方面做起。一是培育制度文化、权力制约文化，为党内外协同监督制度建设提供良好的文化氛围。我国传统文化重人情、轻制度，这是导致党内外各监督主体监督积极性不高的一个重要因素。未来无疑要从培育制度文化、强化制度意识做起，加强党内外协同监督薄弱环节的建设。通过完善党内外协同监督相关制度、强化制度执行等，引导党内外成员了解相关制度规范、遵守相关制度规范、运用相关制度规范，并在制度执行中把相关规范内化于心、外化于行，深切体会遵守制度、维护制度带来的益处，切实解决部分监督主体意愿不高、能力不强等一系列问题。二是坚持破立结合，加强党内政治文化建设。一方面，要弘扬健康向上的政治文化。"倡导和弘扬忠诚老实、光明坦荡、公道正派、实事求是、艰苦奋斗、清正廉洁等价值观"①，并加强思想教育，内化共产党人价值观，增强党员政治定力，并以党内良好风气带动社会风气的改善，增强党内外成员抵御落后腐朽文化的能力，提高遵守纪律的意识。另一方面，有重点地破除落后腐朽政治文化，旗帜鲜明划出底线。要以群众关切为现实导向，"旗帜鲜明抵制和反对关系学、厚黑学、官场术、'潜规则'等庸俗腐朽的政治文化"②，肃清封建文化糟粕的遗毒影响，防止资本主义腐朽文化的渗入，抵制商品交换原则的腐蚀。在扶正祛邪中，扬清风、树正气，剜除破坏政治生态与社会风气的病根与毒瘤，提升全党与全社会的文化素养，为调动党内外各监督主体的监督积极性提供良好的文化氛围。

---

① 习近平谈治国理政（第2卷）[M]. 北京：外文出版社，2017：181.

② 习近平谈治国理政（第2卷）[M]. 北京：外文出版社，2017：181.

结　语

本书为作者2023年承担的陕西省社会科学基金项目研究成果，立项号：2023B016。党内监督制度建设是管党治党的基础性工程，是党勇于直面问题、勇于自我革命的直接体现与基本标志。本书以“党内监督制度建设的历史发展与现实推进研究”为主题，界定了“监督”“党内监督”“党内监督制度”“党内监督制度建设”的基本内涵，挖掘了党内监督制度建设的理论基础；梳理与总结了党内监督制度建设的演进历程；总结了党内监督制度建设的主要成就、经验与问题；结合历史与现实，提出了进一步加强党内监督制度建设的实践路径。具体有以下结论：

第一，党内监督制度建设积累了丰富的经验。加强党内监督制度建设需要坚持党的领导，为党内监督制度建设提供坚强保障；充分发扬党内民主，夯实党内监督制度建设基础；科学处理纪委与党委、监委的关系，理顺党内监督体制；坚持制度制定与执行并重，增强党内监督制度实效性与权威性；发挥巡视等监督方式的优势，提升党内监督制度治理效能；坚持党内外监督相结合，增强监督合力。

第二，党内监督制度建设取得了重大成就。形成了较为成熟的党内监督制度建设理论、建立了相对完善的制度框架体系、增强了全党自觉尊崇党内监督制度的观念与意识、实现了党内监督制度优势向治理效能的高效转化。

第三，党内监督制度建设存在一定问题。党内监督制度执行主体的自身建设有待加强、党内监督体制性障碍依然存在、党内监督法规制度严密性与执行力有待增强、巡视等具体监督方式仍需完善与创新、党内民主监督制度科学化规范化水平有待提高、党内外协同监督制度有待健全。

第四，未来进一步加强党内监督制度建设应围绕责任落实，加强党内监督制度执行主体自身建设；应聚焦专责机关监督效能的提升，深化纪检监察体制改革；应突出体系化思维，加强党内监督法规制度制定与执行；应坚持问题导向，完善具有中国特色的党内监督具体方式；应着眼于民主监督质效的提升，加强党内民主监督制度建设；应以党内监督为主导，推动各类监督贯通协同。

需要指出的是，党内监督制度建设相关工作复杂，研究具有一定难度，由于个人知识水平与研究能力有限，对党内监督制度建设的研究还存在理解粗浅、认识不足之处。如党内监督制度建设包含的内容丰富，需要协调的事宜众多。它不仅与制度本身相关，而且与党的自身建设的其他方面内容密切相关，今后对这一问题的研究视野与研究思路还需进一步拓展。今后，笔者将在前人研究的基础上，继续深化对党内监督制度建设相关问题的研究。欢迎广大读者批评指正。

参考文献

经典著作与重要文献：

［1］马克思恩格斯选集（第1-4卷）［M］. 北京：人民出版社，2012.

［2］马克思恩格斯文集（第4、10卷）［M］. 北京：人民出版社，2009.

［3］马克思恩格斯全集（第10、17、29、34、37、38、42卷）［M］. 北京：人民出版社，1998、1963、1972、1972、1971、1972、1979.

［4］列宁选集（第1-4卷）［M］. 北京：人民出版社，2012.

［5］列宁全集（第8-14卷）［M］. 北京：人民出版社，2017.

［6］列宁全集（第33-43卷）［M］. 北京：人民出版社，2017.

［7］毛泽东选集（第1-4卷）［M］. 北京：人民出版社，1991.

［8］毛泽东文集（第1-2卷）［M］. 北京：人民出版社，1993.

［9］毛泽东文集（第3-5卷）［M］. 北京：人民出版社，1996.

［10］毛泽东文集（第6-8卷）［M］. 北京：人民出版社，1999.

［11］邓小平文选（第1、2、3卷）［M］. 北京：人民出版社，1994、1994、1993.

［12］江泽民文选（第1-3卷）［M］. 北京：人民出版社，2006.

［13］江泽民. 论党的建设［M］. 北京：中央文献出版社，2001.

［14］胡锦涛文选（第1-3卷）［M］. 北京：人民出版社，2016.

［15］习近平谈治国理政（第1、2、3、4卷）［M］. 北京：外文出版社，2018、2017、2020、2022.

［16］苏联共产党代表大会、代表会议和中央全会决议汇编（第1-2分

册）［M］. 北京：人民出版社，1964.

［17］建党以来重要文献选编（1921-1949）（第 1-26 册）［M］. 北京：中央文献出版社，2011.

［18］中共中央文件选集（一九四九年十月——一九六六年五月）（第 1-50 册）［M］. 北京：人民出版社，2013.

［19］建国以来重要文献选编（第 1-20 册）［M］. 北京：中央文献出版社，2011.

［20］三中全会以来重要文献选编（上、下）［M］. 北京：人民出版社，1982.

［21］改革开放三十年重要文献选编（上、下）［M］. 北京：中央文献出版社，2008.

［22］十二大以来重要文献选编（上、中、下）［M］. 北京：人民出版社，1986、1986、1988.

［23］十三大以来重要文献选编（上、中、下）［M］. 北京：人民出版社，1991、1991、1993.

［24］十四大以来重要文献选编（上、中、下）［M］. 北京：人民出版社，1996、1997、1999.

［25］十五大以来重要文献选编（上、中、下）［M］. 北京：人民出版社，2000、2001、2003.

［26］十六大以来重要文献选编（上、中、下）［M］. 北京：中央文献出版社，2011.

［27］十七大以来重要文献选编（上、中、下）［M］. 北京：中央文献出版社，2009、2011、2013.

［28］十八大以来重要文献选编（上、中、下）［M］. 北京：中央文献出版社，2014、2016、2018.

［29］十九大以来重要文献选编（上、中）［M］. 北京：中央文献出版社，2019、2021.

［30］中国共产党第十二次全国代表大会文件汇编［M］. 北京：人民出版社，1982.

[31] 中国共产党第十三次全国代表大会文件汇编 [M]. 北京：人民出版社，1987.

[32] 中国共产党第十四次全国代表大会文件汇编 [M]. 北京：人民出版社，1992.

[33] 中国共产党第十五次全国代表大会文件汇编 [M]. 北京：人民出版社，1997.

[34] 中国共产党第十六次全国代表大会文件汇编 [M]. 北京：人民出版社，2002.

[35] 中国共产党第十七次全国代表大会文件汇编 [M]. 北京：人民出版社，2007.

[36] 中国共产党第十八次全国代表大会文件汇编 [M]. 北京：人民出版社，2012.

[37] 中国共产党第十九次全国代表大会文件汇编 [M]. 北京：人民出版社，2017.

[38] 中国共产党第二十次全国代表大会文件汇编 [M]. 北京：人民出版社，2022.

[39] 高举中国特色社会主义伟大旗帜 为全面建设社会主义现代化国家而团结奋斗：在中国共产党第二十次全国代表大会上的报告 [M]. 北京：人民出版社，2022.

[40] 习近平关于坚持和完善党和国家监督体系论述摘编 [M]. 北京：中央文献出版社、中国方正出版社，2022.

[41] 习近平关于全面从严治党论述摘编 [M]. 北京：中央文献出版社，2016.

[42] 习近平关于严明党的纪律和规矩论述摘编 [M]. 北京：中央文献出版社、中国方正出版社，2016.

[43] 习近平关于党风廉政建设和反腐败斗争论述摘编 [M]. 北京：中央文献出版社、中国方正出版社，2015.

[44] 中国共产党历史（第一、二卷）（上、下）[M]. 北京：中共党史出版社，2011.

［45］中国共产党历次党章汇编：1921-2017（第2版）［M］. 北京：中国方正出版社，2019.

［46］中国共产党党内监督条例［M］. 北京：人民出版社，2016.

［47］中共中央纪律检查委员会办公厅编．中国共产党党风廉政建设文献选编（1921-2000）（第6卷）［M］. 中国方正出版社，2001.

［48］中央纪委办公厅，中央纪委研究室编．党的十四大以来中共中央纪律检查委员会历次全会工作报告汇编［M］. 北京：中国方正出版社，2005.

［49］中国共产党党员权利保障条例［M］. 北京：人民出版社，2021.

［50］中国共产党党务公开条例（试行）［M］. 北京：人民出版社，2017.

学术著作：

［1］王沪宁主编．政治的逻辑：马克思主义政治学原理［M］. 上海：上海人民出版社，2004.

［2］李君如主编．中国共产党建设史（上、下）［M］. 福州：福建人民出版社，2011.

［3］田克勤，李彩华，孙堂厚．中国化马克思主义通论［M］. 北京：人民出版社，2013.

［4］王炳林．党的历史与党的建设研究［M］. 北京：人民出版社，2016.

［5］辛向阳，陈建波．中国特色反腐倡廉道路研究［M］. 天津：天津人民出版社，2015.

［6］李慎明．全球化背景下的中国大党建［M］. 北京：人民出版社，2010.

［7］艾四林主编．新形势下全面从严治党的理论与实践研究［M］. 北京：中国文史出版社，2016.

［8］陈金龙，周建伟，董海军．新时代全面从严治党的理论创新［M］. 广州：中山大学出版社，2021.

［9］齐卫平．“四个伟大”与新时代中国共产党的历史使命［M］. 北京：人民出版社，2019.

［10］郑荣华．中国共产党纪律学［M］．北京：人民出版社，2009.

［11］沈传亮主编．党史上的纪律和规矩［M］．北京：中国方正出版社，2018.

［12］本书编写组编．严肃党内政治生活 强化党内监督［M］．北京：中国方正出版社，2017.

［13］李雪勤主编．探索与辉煌：建国以来中国共产党纪律检查工作及其基本经验［M］．北京：中国方正出版社，1999.

［14］曾繁茂主编．中国共产党纪律检查概论［M］．北京：中国方正出版社，1995.

［15］李雪勤主编．中国共产党纪律检查工作60年：1949－2008［M］．北京：中国方正出版社，2009.

［16］过勇，宋伟．中国县级纪检监察机关改革研究［M］．北京：清华大学出版社，2014.

［17］谢志高．党内监督概论［M］．北京：中国方正出版社，2004.

［18］李斌雄．扎紧制度的笼子：中国共产党党内法规制度的重大发展研究［M］．武汉：武汉出版社，2017.

［19］黄宇．中国共产党党内监督史论［M］．北京：社会科学文献出版社，2012.

［20］张德友．党内监督概论［M］．长沙：湖南人民出版社，2004.

［21］陈国权．权力制约监督论［M］．杭州：浙江大学出版社，2013.

［22］陈先达．马克思主义基础理论若干重大问题研究［M］．北京：经济科学出版社，2009.

［23］董瑛．党内干部监督制度建设论［M］．北京：人民出版社，2010.

［24］王爱琦，王寿林．权力制约和监督专题研究［M］．北京：中共中央党校出版社，2007.

［25］王诚安主编．中国政党监督理论和实践研究［M］．西安：陕西人民出版社，2002.

［26］王韶兴．党的监督：理论·经验·思考［M］．济南：山东大学出版社，2001.

[27] 王寿林. 权力制约和监督研究 [M]. 北京：中共中央党校出版社，2007.

[28]《关于新形势下党内政治生活的若干准则》《中国共产党党内监督条例》辅导读本 [M]. 北京：人民出版社，2016.

[29] 金太军，张劲松，沈承诚. 政治文明建设与权力监督机制研究 [M]. 北京：人民出版社，2010.

[30] 李景田，许成庚. 新时期中国共产党党内监督机制问题研究 [M]. 北京：中国方正出版社，2004.

[31] 李宗楼. 马克思主义民主与监督理论若干问题研究 [M]. 武汉：华中师范大学出版社，2009.

[32] 林喆. 权力腐败与权力制约 [M]. 济南：山东人民出版社，2012.

[33] 刘赋. 中国共产党舆论监督工作研究 [M]. 北京：中国社会科学出版社，2012.

[34] 任喜荣. 地方人大监督权论 [M]. 北京：中国人民大学出版社，2013.

[35] 石国亮. 党内监督的威力和潜力 [M]. 北京：东方出版社，2016.

[36] 苏新建. 人大监督程序研究：基于议事程序的视角 [M]. 北京：中国法制出版社，2014.

[37] 孙道祥，任建明. 中国特色反腐倡廉理论研究 [M]. 北京：中国方正出版社，2010.

[38] 孙逸民主编. 社会主义监督学概论 [M]. 北京：中共中央党校出版社，1990.

[39] 莫吉武. 当代中国政治监督体制研究 [M]. 北京：中国社会科学出版社，2002.

[40] 项晌. 探索——中国共产党纪律监督论 [M]. 北京：中共中央党校出版社，2009.

[41] 尤光付. 中外监督制度比较 [M]. 北京：商务印书馆，2003.

[42] 徐能毅. 无产阶级执政党党内监督问题研究 [M]. 北京：党建读物出版社，2000.

[43] 阎德民. 中国特色权力制约和监督机制构建研究 [M]. 北京：人民出版社，2011.

[44] 杨长青. 领导干部权力监督研究 [M]. 北京：中央文献出版社，2003.

[45] 邓频声. 中国特色社会主义权力监督体系研究 [M]. 北京：时事出版社，2011.

[46] 郎加主编. 监督制度创新 [M]. 北京：国家行政学院出版社，2005.

[47] 戴维新，戴芳. 公共权力的制约与监督机制研究 [M]. 银川：宁夏人民出版社，2007.

[48] 林尚立. 党内民主：中国共产党的理论与实践 [M]. 上海：上海社会科学院出版社，2001.

[49] 王勇兵. 党内民主的制度创新与路径选择 [M]. 北京：中央编译出版社，2010.

[50] 詹福满. 科学发展观与反腐倡廉建设 [M]. 北京：人民出版社，2007.

[51] 张建明. 党内监督机制研究 [M]. 北京：光明日报出版社，2008.

[52] 宫杰，于贤成，李熙. 新时期的党内监督 [M]. 北京：中共中央党校出版社，1992.

[53] 张穹，张智辉主编. 权力制约与反腐倡廉 [M]. 北京：中国方正出版社，2009.

[54] 张晞海主编. 民主监督——中国共产党的理论与实践 [M]. 北京：中国方正出版社，2006.

[55] 赵振宇. 程序的监督与监督的程序 [M]. 北京：社会科学文献出版社，2008.

[56] 甄小英主编.《中国共产党党内监督条例（试行）》学习大纲 [M]. 北京：中共中央党校出版社，2004.

[57] 郑长忠. 中国共产党党内民主制度创新 [M]. 天津：天津人民出版社，2005.

[58] 周敬青．党的制度创新与执行成效研究［M］．北京：人民出版社，2014.

[59] 左连璧主编．中国监察制度研究［M］．北京：人民出版社，2004.

[60]〔法〕卢梭．社会契约论［M］．何兆武，译．北京：商务印书馆，2003.

[61]〔古希腊〕亚里士多德．政治学［M］．吴寿彭，译．北京：商务印书馆，1981.

[62]〔美〕彼得·布劳．社会生活中的交换与权力［M］．孙非，张黎勤，译．北京：华夏出版社，1988.

[63]〔美〕丹尼斯·朗．权力论［M］．陆震纶，郑明哲，译．北京：中国社会科学出版社，2001.

[64]〔美〕塞缪尔·亨廷顿．变化社会中的政治秩序［M］．王冠华，刘为，等译．上海：上海人民出版社，2021.

期刊论文：

[1] 包心鉴．在深化制度治党中完善党内法规制度［J］．理论与改革，2017（03）.

[2] 包心鉴．政治体制改革：中国特色反腐倡廉必由之路［J］．新视野，2013（01）.

[3] 蔡文成．新时代党和国家监督体系的治理逻辑［J］．人民论坛，2021（31）.

[4] 蔡文华．党内监督制度体系的存在形态及其优化路径［J］．理论探索，2017（05）.

[5] 蔡志强．大力推进党内监督制度建设［J］．理论探索，2016（06）.

[6] 曹雪松．党的十八大以来党内监督理念与实践的新发展［J］．社会主义研究，2016（04）.

[7] 曹雪松．党内监督优势与实现路径［J］．中国特色社会主义研究，2016（04）.

[8] 陈建华．论党内监督体系的科学化［J］．江汉论坛，2009（01）.

[9] 陈建平，郑雯雯．监督下沉：市县实施巡察制度面临的困境及其优化路径 [J]．河南社会科学，2019 (09).

[10] 陈金龙．新时代制度治党的科学指南 [J]．理论学刊，2019 (01).

[11] 陈进．中共党内监督机制的历史考察及其启示 [J]．山东社会科学，2011 (03).

[12] 陈进．中国共产党党内监督问题研究综述 [J]．内蒙古社会科学 (汉文版)，2010 (06).

[13] 陈诗怡．市县党委巡察制度调适：理论依据、现实动因与路径选择 [J]．中州学刊，2019 (09).

[14] 陈松友，王珈榕．市县党委巡察制度：全面从严治党向基层延伸的重要路径 [J]．东北师大学报 (哲学社会科学版)，2021 (02).

[15] 程竹汝．论政治体制改革的重点与国家治理体系现代化 [J]．上海行政学院学报，2014 (02).

[16] 褚尔康，赵宇霞．党内监督与政治生态 [J]．毛泽东邓小平理论研究，2016 (01).

[17] 崔会敏．监察体制改革背景下提高派驻机构监督有效性的思考 [J]．社会科学战线，2019 (09).

[18] 崔禄春．领导干部要做严肃党内政治生活和加强党内监督的表率 [J]．党建，2017 (03).

[19] 丁俊萍，廖义军．中国共产党党内监督机构的发展历程及其启示 [J]．同济大学学报 (社会科学版)，2008 (06).

[20] 丁俊萍，许春涛．中国共产党纪律检查机关的职责演变及其特点、启示 [J]．探索，2018 (03).

[21] 段妍，刘俊霞．改革开放以来党内政治文化建设发展历程与基本经验 [J]．东岳论丛，2020 (06).

[22] 段妍，刘俊霞．改革开放以来中国共产党政治纪律建设历程与基本经验 [J]．理论探讨，2020 (02).

[23] 段妍，张丽丽．抗战时期坚持“党是领导一切的”思想的历史考察 [J]．思想理论教育导刊，2018 (06).

[24] 段妍．毛泽东加强党的政治纪律建设的实践探索及现实启示 [J]．湘潭大学学报（哲学社会科学版），2021（01）．

[25] 段妍．民主革命时期党内巡视的实践探索及现实启示 [J]．马克思主义理论学科研究，2020（02）．

[26] 段妍．新时代中国共产党以自我革命应对风险考验的现实路径 [J]．求索，2022（03）．

[27] 段妍．新中国成立初期加强党内监督的实践探索及现实启示 [J]．思想理论教育导刊，2020（07）．

[28] 段妍．中国共产党百年纪律建设的基本经验 [J]．马克思主义理论学科研究，2021（06）．

[29] 段妍．中国共产党党性教育百年探索历程与经验启示 [J]．马克思主义研究，2021（02）．

[30] 段妍．中国共产党维护党中央权威和集中统一领导的百年历程与经验启示 [J]．安徽师范大学学报（人文社会科学版），2021（04）．

[31] 段妍．中国共产党政治纪律的思想探源及其制度建设 [J]．马克思主义研究，2020（04）．

[32] 范颖一，徐玉生．运用监督执纪“四种形态”强化党内监督 [J]．学校党建与思想教育，2017（23）．

[33] 冯颜利．全面从严治党的常态化制度化——把握《中国共产党党内监督条例》的核心要义 [J]．河南社会科学，2017（01）．

[34] 高春花．以党内监督的切实成效推进全面从严治党伟大工程 [J]．思想教育研究，2016（12）．

[35] 韩强．论党内监督体制的改革与完善 [J]．理论学刊，2000（06）．

[36] 何旗．让党内监督威力充分释放出来——学习习近平关于强化党内监督的重要论述 [J]．党的文献，2019（02）．

[37] 胡云生．1949—2019：中国共产党巡视制度述略 [J]．中州学刊，2019（07）．

[38] 黄晓辉．党内监督工作领导体制的历史演变与新发展 [J]．福建师范大学学报（哲学社会科学版），2014（06）．

[39] 蒋来用，王阳．健全和完善党内监督体系的系统性、协调性和有效性 [J]．重庆社会科学，2020 (04)．

[40] 蒋来用．监督执纪“四种形态”的理论体系与战略价值 [J]．河南社会科学，2018 (01)．

[41] 蒋来用．有关派驻监督的几点探讨 [J]．理论探索，2018 (05)．

[42] 蒋其琴．加强基层党内监督的实践路径 [J]．南京师大学报（社会科学版），2017 (02)．

[43] 靳诺．党内监督：推进全面从严治党的利器 [J]．中国高校社会科学，2017 (01)．

[44] 蒯正明，覃紫瑜．全面从严治党背景下完善党的纪检机关领导体制路径探析 [J]．理论探讨，2018 (05)．

[45] 蒯正明．中国共产党党内监督制度建设的历史进程与基本经验 [J]．内蒙古社会科学（汉文版），2011 (03)．

[46] 郎佩娟，陈炫佑．2016 党内监督条例新增哪些内容，有何重大意义 [J]．人民论坛，2017 (02)．

[47] 李斌雄，廖明．新时代中国共产党党内法规制度实施探讨 [J]．马克思主义研究，2019 (10)．

[48] 李斌雄．中国共产党党内法规的重大创新——党的十八届六中全会精神理论研读 [J]．学习与实践，2016 (11)．

[49] 李伯超，田良富．新中国成立以来党内巡视制度的历史嬗变与启示 [J]．湘潭大学学报（哲学社会科学版），2019 (02)．

[50] 李海滢．加强党内监督制度化建设必须注意四个问题 [J]．理论探讨，2010 (04)．

[51] 李华．苏共党内监督机制缺失的严重后果及现实启迪 [J]．南京社会科学，2007 (06)．

[52] 李景平，曹阳．新中国成立 70 年来党内监督体系的历史嬗变与现实启示 [J]．北京行政学院学报，2019 (05)．

[53] 李景治．党政一把手权力运行机制的完善 [J]．学术界，2014 (04)．

[54] 李小珊．执政党党内监督理论创新［J］．科学社会主义，2016（06）．

[55] 李毅弘，张苏．列宁党内监督思想及启示［J］．理论探讨，2011（03）．

[56] 刘长秋，史聪．新中国成立70年来我国纪检监察机关构建的经验与启示［J］．理论与改革，2019（06）．

[57] 刘红凛．信息化时代的党务公开与党的建设“改革开放”［J］．上海行政学院学报，2015（01）．

[58] 刘焕明，刘晓彤．新时代党内巡视制度的政治功能［J］．学校党建与思想教育，2021（02）．

[59] 刘金程．中国共产党纪检监察领导体制的演化：90年的回顾与展望［J］．河南社会科学，2011（05）．

[60] 刘金如．毛泽东党内监督思想论略［J］．湖南科技大学学报（社会科学版），2004（01）．

[61] 刘俊霞．马克思恩格斯关于维护无产阶级政党权威的思想及其启示［J］．延边大学学报（社会科学版），2021（04）．

[62] 刘俊霞．习近平关于党内政治文化建设重要论述的核心要义［J］．江西财经大学学报，2022（01）．

[63] 刘俊霞．新时代完善党的自我革命制度规范体系的基本原则与实践要点［J］．思想政治教育研究，2024（03）．

[64] 刘梦然，冯留建．以党内政治巡视推进党内政治生活建设［J］．新视野，2021（02）．

[65] 刘先春，王光明．新时代党内法规制度体系建设：价值、逻辑和路径［J］．理论探讨，2019（05）．

[66] 刘洋．国家治理体系现代化与廉洁政治建设［J］．学习与实践，2014（10）．

[67] 罗星．新中国70年来党内监督理论与实践的发展［J］．广西社会科学，2020（03）．

[68] 罗重一，张楠．改革和完善党内监督机制的若干思考［J］．理论探

讨，2014（05）.

［69］莫广明，祝捷．《中国共产党党内监督条例》的理论与实践创新［J］．新视野，2017（04）.

［70］牟广东，唐晓清．论巡视制度在党内监督体系中的地位和作用［J］．理论探讨，2010（03）.

［71］潘春玲．十八大以来党内监督创新发展的依据、路径及成效分析［J］．河南社会科学，2019（06）.

［72］齐卫平．全面从严治党制度化的重大成果——新《中国共产党党内监督条例》解析［J］．理论探讨，2017（01）.

［73］齐卫平．新形势下全面从严治党的重大部署——着力严肃党内政治生活和强化党内监督［J］．思想理论教育，2017（01）.

［74］任建明，薛彤彤．实践运用“四种形态”遇到的主要问题与应对策略［J］．河南社会科学，2018（01）.

［75］任建明．党内监督体系的制度化科学化新境界［J］．人民论坛·学术前沿，2018（18）.

［76］任祥，杨春华．中国共产党巡视制度的理论逻辑、历史演变与框架体系［J］．云南社会科学，2020（04）.

［77］任晓伟．新中国成立以来中国共产党探索党内监督的历史经验和时代创新［J］．理论学刊，2017（01）.

［78］宋俭，杨攀．中共五大创设党内监督机构的初步探索及其影响［J］．广州大学学报（社会科学版），2012（02）.

［79］孙功．党内监督制度的历史考察［J］．理论视野，2010（09）.

［80］谭献民，刘忠耿．习近平党内监督思想研究述评［J］．湖南社会科学，2018（05）.

［81］汤涛．民主革命时期中共党内监督的历史沿革及其特点［J］．中共党史研究，2006（06）.

［82］唐皇凤，毕鸿昌．中国共产党加强党内监督的百年历程与基本经验［J］．江汉论坛，2021（06）.

［83］唐皇凤，杨洁．中国共产党百年纪检监察领导体制的历史演变与基

本经验 [J]. 治理研究, 2021 (04).

[84] 滕明政. 十八大以来党内监督理论与实践研究综述 [J]. 理论与改革, 2017 (06).

[85] 滕明政. 中国共产党十八大以来党内监督的鲜明特点 [J]. 重庆社会科学, 2021 (01).

[86] 田雪梅, 张旭. 巡察治理"微腐败"的价值、困境及策略 [J]. 中州学刊, 2020 (10).

[87] 王翠芳. 发展党内民主——党内监督的基础政治生态建设之关键 [J]. 社会主义研究, 2010 (05).

[88] 王翠芳. 前苏共党内监督的变异及历史教训 [J]. 社会主义研究, 2012 (02).

[89] 王翠芳. 强化党内监督重点指向探讨 [J]. 中国特色社会主义研究, 2014 (05).

[90] 王翠芳. 新时代党内监督的创新发展 [J]. 中国特色社会主义研究, 2020 (03).

[91] 王翠芳. 中共党内监督存在的现实问题及其成因 [J]. 社会主义研究, 2011 (04).

[92] 王峰. 中国共产党纪律检查制度的历史考察 [J]. 中国高校社会科学, 2018 (02).

[93] 王进芬. 列宁加强党内监督的理论逻辑、现实考量和制度设计 [J]. 南京师大学报 (社会科学版), 2019 (03).

[94] 王韶兴. 论苏共党内监督的历史经验 [J]. 山东大学学报 (哲学社会科学版), 2000 (06).

[95] 魏晓文, 吕新海. 监督执纪"四种形态"的内涵、价值与践行路径 [J]. 当代世界社会主义问题, 2019 (01).

[96] 文丰安. 党内监督科学化的困境及途径探究 [J]. 理论探讨, 2015 (01).

[97] 文丰安. 党内监督科学化之理性审视 [J]. 西南民族大学学报 (人文社会科学版), 2015 (01).

[98] 文丰安．论中国共产党党内监督的历史流变与时代创新 [J]．河南师范大学学报（哲学社会科学版），2019（04）．

[99] 邬思源，崔丽莹．十六大以来中共党内监督的创新与发展 [J]．理论探讨，2008（03）．

[100] 邬思源．论30年来中国共产党党内监督实践的特征 [J]．江汉论坛，2008（12）．

[101] 邬思源．论马克思恩格斯权力监督与制约思想 [J]．求实，2008（06）．

[102] 吴海红．党内监督路径创新探讨 [J]．新视野，2009（02）．

[103] 吴纪树．基层巡察的实践逻辑及其制度完善 [J]．求实，2017（10）．

[104] 肖贵清，杨万山．党的十八届六中全会对制度治党的新发展 [J]．思想理论教育导刊，2017（01）．

[105] 谢撼澜，谢卓芝．改革开放以来党和国家监督制度建设的进程与经验 [J]．探索，2018（05）．

[106] 谢俊，徐岩．新时代开创党内监督新局面的实践路径 [J]．重庆社会科学，2019（05）．

[107] 徐雅芬，樊东光．当前党内监督问题及对策分析 [J]．人民论坛，2015（11）．

[108] 徐雅芬．习近平新时代党内监督思想内涵探析 [J]．广西民族大学学报（哲学社会科学版），2018（05）．

[109] 颜杰峰，唐锡康．党的纪检监察派驻制度的历史脉络及其经验启示 [J]．毛泽东邓小平理论研究，2020（07）．

[110] 颜杰峰，夏婉玉．新民主主义革命时期党内巡视制度的历史考察及其思考 [J]．学校党建与思想教育，2019（13）．

[111] 尹韵公．坚持和推进党内监督与舆论监督相结合 [J]．党的文献，2017（03）．

[112] 尤仁林．论邓小平的党内监督思想 [J]．云南民族大学学报（哲学社会科学版），2004（06）．

[113] 于铭松. 以制度创新推进党内监督机制完善 [J]. 中国特色社会主义研究, 2004 (06).

[114] 于学强. 论党内巡视的制度优势及其治理效能的转化 [J]. 探索, 2020 (03).

[115] 张斌. 党内监督制约机制建设中的问题与对策研究 [J]. 湖南社会科学, 2009 (04).

[116] 张凤华, 王晓埂. 习近平党内监督思想探析 [J]. 中南民族大学学报 (人文社会科学版), 2018 (01).

[117] 张舒平. 论改革开放30年党内监督的基本经验 [J]. 东岳论丛, 2008 (06).

[118] 张旭昆. 制度的定义与分类 [J]. 浙江社会科学, 2002 (06).

[119] 赵颖. 习近平党内监督重要论述的逻辑与路径探析 [J]. 思想理论教育导刊, 2020 (01).

[120] 郑超华. 新时代党内监督的逻辑理路、运行状况与效能提升 [J]. 求实, 2020 (05).

[121] 郑传坤, 黄清吉. 健全党内监督与完善巡视制度 [J]. 政治学研究, 2009 (05).

[122] 郑永年. 中共长期执政的挑战与智慧 [J]. 人民论坛, 2013 (13).

[123] 郑志强. 土地革命战争时期党内巡视制度对维护中央权威的作用 [J]. 广西社会科学, 2020 (11).

[124] 周磊, 陈洪治. 新时代派驻监督体制改革: 内容、成效与展望 [J]. 河南社会科学, 2019 (06).

[125] 周磊, 焦利. 构建中国特色国家监察官制度: 背景与建议 [J]. 北京行政学院学报, 2019 (03).

[126] 周良书. 党内监督机构和体制的历史演进 [J]. 人民论坛, 2016 (S2).

[127] 朱洲. 习近平党内监督制度建设思想研究 [J]. 思想理论教育导刊, 2018 (06).

[128] 庄德水. 纪检体制改革的职能分析及其实践要求 [J]. 理论与改革, 2015 (01).

报纸:

[1] 习近平. 高举中国特色社会主义伟大旗帜 为全面建设社会主义现代化国家而团结奋斗 [N]. 人民日报, 2022-10-26 (001) .

[2] 中共中央关于坚持和完善中国特色社会主义制度 推进国家治理体系和治理能力现代化若干重大问题的决定 [N]. 人民日报, 2019-11-06 (001).

[3] 习近平. 关于《中共中央关于坚持和完善中国特色社会主义制度 推进国家治理体系和治理能力现代化若干重大问题的决定》的说明 [N]. 人民日报, 2019-11-06 (004).

[4] 习近平. 在纪念马克思诞辰200周年大会上的讲话 [N]. 人民日报, 2018-05-05 (002).

[5] 习近平. 在庆祝中国共产党成立95周年大会上的讲话 [N]. 人民日报, 2016-07-02 (002).

[6] 习近平. 在第十八届中央纪律检查委员会第六次全体会议上的讲话 [N]. 人民日报, 2016-05-03 (002).

[7] 习近平. 认真学习党章 严格遵守党章 [N]. 人民日报, 2012-11-20 (001).

[8] 王岐山. 聚焦中心任务 创新体制机制 深入推进党风廉政建设和反腐败斗争 [N]. 人民日报, 2014-01-28 (002).

[9] 赵乐际. 坚持和完善党和国家监督体系 为全面建成小康社会提供坚强保障 [N]. 人民日报, 2020-02-25 (003).

[10] 赵乐际. 运用党的百年奋斗历史经验 推动纪检监察工作高质量发展 迎接党的二十大胜利召开 [N]. 人民日报, 2022-02-25 (002).

[11]《中国共产党纪律处分条例》[N]. 人民日报, 2015-10-22 (006).

[12] 关于新形势下党内政治生活的若干准则 [N]. 人民日报, 2016-11-03 (005).

[13] 中国共产党党内监督条例 [N]. 人民日报，2016-11-03 (006).

[14] 中国共产党第十八届中央纪律检查委员会第六次全体会议公报 [N]. 人民日报，2016-01-15 (001).

[15] 中共中央印发中国共产党党员权利保障条例 [N]. 人民日报，2021-01-05 (001).

[16] 中国共产党纪律检查机关监督执纪工作规则（试行）[N]. 人民日报，2017-01-21 (003).

[17] 中央党内法规制定工作五年规划纲要 [N]. 人民日报，2013-11-28 (010).

[18] 中共中央关于加强党的政治建设的意见 [N]. 人民日报，2019-02-28 (001).

[19] 中共中央关于党的百年奋斗重大成就和历史经验的决议 [N]. 人民日报，2021-11-17 (001).

[20] 中共中央关于深化党和国家机构改革的决定 [N]. 人民日报，2018-03-05 (001).

[21]《关于加强党内法规制度建设的意见》[N]. 人民日报，2017-06-26 (001).

[22] 十八届中央纪律检查委员会向中国共产党第十九次全国代表大会的工作报告 [N]. 人民日报，2017-10-30 (001).

[23] 使各项监督更加规范、更加有力、更加有效 [N]. 光明日报，2022-01-22 (001).

[24] 姜洁. 以解决突出问题为突破口和主抓手 推动党的十八届六中全会精神落到实处 [N]. 人民日报，2017-02-14 (001).

[25] 王昊魁. 开创全面从严治党新局面 [N]. 光明日报，2016-10-31 (004).

[26] 邵景均. 探索强化党内监督的有效途径 [N]. 人民日报，2016-02-05 (007).

[27] 姜洁. 全面从严治党 严明党的纪律 把握运用监督执纪“四种形态”[N]. 人民日报，2015-09-27 (004).

附　录

《党内监督制度建设历史发展与现实推进研究》访谈提纲

尊敬的纪检监察工作人员：

您好！感谢您接受关于党内监督制度建设历史发展与现实推进研究的访谈。如访谈中涉及敏感信息，您可匿名表述。您有权随时召回或删除所提供的访谈信息。感谢您的理解、支持和帮助！

1. 请简单介绍一下，您从事纪检监察工作的基本情况。

（访谈提示：您从事纪检监察工作有多久？在此之前从事什么岗位的工作，大概有多久？是否有其他纪检监察机关工作经历？）

2. 结合您的工作经历，您认为建党百余年来特别是新时代党内监督制度建设取得了哪些成绩？贵单位哪些方面的工作有了明显改善？

（访谈提示：国家及贵单位出台的党内监督相关制度有哪些？党员的党内监督制度意识是否有所提升？党内监督制度建设在管党治党、推动改革发展、提升治理体系和治理能力现代化水平等方面发挥了哪些作用，贵单位哪些方面的工作有了明显改善？）

3. 您认为党内监督制度建设还存在哪些问题？

（访谈提示：党内监督法规制度是否完善，所在单位党委、纪委与党员落实党内监督法规制度的情况如何？新时代实行双重领导体制以上级纪委领导为主的改革后，您所在单位纪委对党委的监督情况如何？纪委监委合署办公后，工作当中是否遇到了问题？巡视制度、派驻制度的建设情况如何？党内外各类监督是否形成监督合力？）

4. 您认为导致上述问题的原因是什么？

5. 您认为进一步加强党内监督制度建设的举措有哪些？